Arbeitszeitflexibilisierung in Arbeitsmärkten mit Tarifverhandlungen

Europäische Hochschulschriften
Publications Universitaires Européennes
European University Studies

Reihe V
Volks- und Betriebswirtschaft

Série V Series V
Sciences économiques, gestion d'entreprise
Economics and Management

Bd./Vol. 3073

PETER LANG
Frankfurt am Main · Berlin · Bern · Bruxelles · New York · Oxford · Wien

Andrea Pöschl

Arbeitszeitflexibilisierung in Arbeitsmärkten mit Tarifverhandlungen

PETER LANG
Europäischer Verlag der Wissenschaften

Bibliografische Information Der Deutschen Bibliothek
Die Deutsche Bibliothek verzeichnet diese Publikation in der Deutschen Nationalbibliografie; detaillierte bibliografische Daten sind im Internet über <http://dnb.ddb.de> abrufbar.

Gedruckt mit Unterstützung des Bundesministeriums für Bildung, Wissenschaft und Kultur in Wien.

ISSN 0531-7339
ISBN 3-631-52039-5

© Peter Lang GmbH
Europäischer Verlag der Wissenschaften
Frankfurt am Main 2004

www.peterlang.de

Inhaltsverzeichnis

1 Einleitung

Gemeinsam mit der Wahrnehmung der Arbeitsmarktprobleme hat in den letzten Jahren auch das öffentliche Interesse am Thema Arbeitszeitflexibilisierung zugenommen. Neue Formen der Arbeitszeitgestaltung könnten zu einer Trendwende am Arbeitsmarkt beitragen und positive Beschäftigungsimpulse geben, heißt es. Zudem wecken persönliche Erfahrungen als Arbeitnehmer bei vielen den Wunsch nach einer besseren Vereinbarkeit von Beruf und Privatleben, und aus der Sicht der Unternehmen verspricht Arbeitszeitflexibilisierung eine Möglichkeit, die Auslastung der Produktionskapazitäten rasch an auftretende Marktschwankungen anzupassen.

Ziel der vorliegenden Arbeit ist eine eingehende ökonomische Analyse der Arbeitszeitflexibilisierung, insbesondere um eine Antwort darauf zu finden, wie die Beschäftigungs- und Arbeitszeitnachfragen in flexiblen und starren Arbeitszeitsystemen voneinander abweichen. Dazu wird zunächst (in Kapitel 1) auf den Stellenwert der Arbeitszeitflexibilisierung im Kontext weiterer Formen der Arbeitsmarktflexibilität eingegangen. Entwicklungstrends am deutschen Arbeitsmarkt werden anhand internationaler Vergleiche illustriert und die historische Entwicklung der Arbeitszeiten skizziert. Anschließend erfolgt eine Abgrenzung des Begriffs der Arbeitszeitflexibilisierung.

Da unter der Bezeichnung Arbeitszeitflexibilisierung häufig auf eine Reihe sehr verschiedener Konzepte Bezug genommen wird, ohne dabei klare Trennungen vorzunehmen, werden die vielfältigen Formen der Arbeitszeitflexibilisierung in Kapitel 2 kategorisiert, vergleichend besprochen sowie formal dargestellt. Die eindeutige Abgrenzung und formale Beschreibung bietet eine Basis dafür, in den folgenden Kapiteln flexible Arbeitszeiten in einen arbeitsmarkttheoretischen Modellansatz zu integrieren.

Aufgrund der institutionellen Gegebenheiten in Deutschland erscheint es angemessen, flexible Arbeitszeiten im Rahmen eines Gewerkschaftsmodells zu untersuchen. Kapitel 3 gibt einen Überblick über die Prämissen des für die Analyse gewählten Right-to-Manage-Ansatzes und dessen Unterschiede zum Modell effizienter Verhandlungen. Nach einer kurzen Beschreibung bereits vorhandener Gewerkschaftsmodelle mit Arbeitszeit wird in Abgrenzung zu den vorgestellten theoretischen Arbeiten auf die Fragestellung der anschließenden Modellanalyse eingegangen: Wie weichen Beschäftigung und Arbeitsdauer in flexiblen und starren

Arbeitszeitsystemen voneinander ab? Welche Effekte auf Löhne, Beschäftigung, Arbeitszeiten, Einkommen, Profite und Gewerkschaftsnutzen sind zu erwarten, wenn Rahmenbedingungen wie die Personalfixkosten, das Alternativeinkommen bei Beschäftigungslosigkeit oder der Überstundenzuschlag verändert werden?

In Kapitel 4 wird das Right-to-Manage-Modell mit flexibler Arbeitszeit entworfen. Dazu werden Überstunden – die einfachste Organisationsform flexibler Arbeitszeiten – in den Verhandlungsansatz integriert und deren Einflüsse auf den Unternehmensgewinn und den Gewerkschaftsnutzen modelliert.

Um das Modell mit flexibler Arbeitszeit analytisch zu lösen, wird die Modellanalyse in Kapitel 5 im Rahmen eines Monopolmodells weitergeführt. Unter der Annahme, dass es der Gewerkschaft nicht möglich ist, die Arbeitszeitnachfrage des Unternehmens perfekt vorherzusehen, und sie die Unternehmensreaktion daher nur näherungsweise berücksichtigt, lässt sich eine analytische Lösung ermitteln. Diese Lösung bildet die Grundlage für die späteren komparativen Analysen und numerischen Simulationen.

Ausgehend von der ermittelten Lösung des asymmetrischen Monopolmodells werden in Kapitel 6 zunächst die komparativ statischen Effekte von Veränderungen der Personalfixkosten, des Alternativeinkommens sowie des Überstundenzuschlags im flexiblen Arbeitszeitsystem bestimmt. Danach wird die Analyse auf ein starres Arbeitszeitsystem ohne Überstunden ausgedehnt, in dem das Unternehmen die tarifliche Arbeitszeit nicht überschreiten darf und nur die Zahl der Beschäftigten bestimmen kann. Die Ergebnisse des Modells mit flexiblen und mit starren Arbeitszeiten werden miteinander verglichen.

Aufgrund der komparativen Analysen in Kapitel 6 lassen sich zahlreiche Bedingungen für die Richtung der Arbeitszeit- und Beschäftigungseffekte ableiten; um zu konkreteren Ergebnissen zu gelangen, werden in Kapitel 7 numerische Simulationen durchgeführt. Nach einer Plausibilitätsprüfung der zugrundeliegenden Parameterannahmen werden die Effekte von Veränderungen der Fixkosten, des Alternativeinkommens, des Überstundenzuschlags sowie der gesetzlich maximal zulässigen Arbeitsdauer simuliert, was schließlich einen Vergleich der Niveaus der Beschäftigungseffekte bei unterschiedlichen Parametervariationen ermöglicht. Zudem werden die Gründe für die Unterschiede zwischen den Effekten im starren und im flexiblen Simulationsmodell erläutert und Schlussfolgerungen über die Beschäftigungs- und Arbeitszeiteffekte bei Arbeitszeitflexibilität und korrekter Vorwegnahme der Faktornachfragen (Modell ohne Asymmetrien) gezogen.

Kapitel 8 fasst die wesentlichen Ergebnisse der durchgeführten Modellanalyse zusammen.

1.1 Flexibilität am Arbeitsmarkt

Angesichts des gesteigerten internationalen Wettbewerbs sowie der anhaltenden Arbeitsmarktprobleme in Europa rückte in den vergangenen Jahrzehnten das Thema Arbeitsmarktflexibilität ins Zentrum des öffentlichen Interesses. Die europäische Situation wurde vor allem im Vergleich zu den Verhältnissen in den USA betrachtet und als zu rigide befunden. In Europa, so diese Ansicht, existieren zahlreiche Institutionen, Regulierungen und politische Praktiken, die es den Unternehmen erschweren, effizient und kompetitiv auf den globalen Märkten zu agieren. Um die Arbeitsmarktflexibilität zu erhöhen, wurden Forderungen nach deregulierten arbeitsrechtlichen Grundlagen und Tarifabschlüssen, mobileren Arbeitskräften, variableren Lohnkosten sowie neuen Formen der Arbeitszeitgestaltung und Arbeitsorganisation erhoben (siehe z.B. OECD, 1994).

Mikroökonomisch, vom Blickwinkel des Unternehmens aus betrachtet, lassen sich drei Formen unterscheiden, die für die Flexibilität im Umgang mit dem Produktionsfaktor Arbeit stehen: die numerische, die funktionale und die Lohn-Flexibilität. Unter numerischer Flexibilität sind zum einen die Anpassung der Zahl der Beschäftigten, zum anderen mögliche Veränderungen der Arbeits- und Betriebszeiten[1] zu verstehen. Im ersten Fall handelt es sich um eine externe, im zweiten Fall um eine interne numerische Lösung. Funktionale Flexibilität bedeutet den flexiblen Personaleinsatz der im Untenehmen beschäftigten Arbeitnehmer. Sich wandelnden Anforderungen wird dabei in erster Linie mittels Qualifikationsmaßnahmen, der Reorganisation von Aufgabenbereichen oder der Umbesetzung von Arbeitsplätzen begegnet. Lohnflexibilität betrifft die Variabilität der Lohnkosten und somit des Arbeitsentgelts. Sie kann eingesetzt werden, um die numerische Flexibilität zu steuern bzw. um – mit entsprechenden Produktivitätsanreizen – die funktionale Flexibilität zu unterstützen (Delsen, 1995). Bellmann et al. (1997) nutzten die Daten des IAB-Betriebspanels für eine Analyse der Flexibilitätsmuster in (west-)deutschen Unternehmen. Dabei stellte sich heraus, dass sowohl von Betrieben des produzierenden Gewerbes als auch von Betrieben im

[1] Als Betriebszeit wird die Zeit, in welcher der Betrieb als Ganzes zur Produktion bereitsteht, bezeichnet. Im Gegensatz dazu ist die Arbeitszeit personenbezogen definiert, als die Zeit, die ein Arbeitnehmer der Einkommenserzielung (und nicht der Freizeit) widmet. Während der Arbeitszeit steht die Arbeitskraft dem Arbeitgeber zur Verfügung.

Dienstleistungssektor[2] am häufigsten interne numerische Lösungen gewählt wurden, um auf Nachfrage- oder Produktionsschwankungen zu reagieren (Tabelle 1.1).

Tabelle 1.1 Prozentanteil der Betriebe, die die genannten Flexibilitätsmaßnahmen anwenden, Westdeutschland 1993

	Produzierendes Gewerbe	**Dienstleistungssektor**
Intern numerisch		
Erhöhung bzw. Reduktion von Überstunden / Zusatzschichen / Kurzarbeit	70,8	53,3
Vorziehen / Aufschub von Urlaubszeiten	44,5	41,5
Mindestens eine interne numerische Maßnahme	**82,1**	**68,3**
Extern numerisch		
Befristete Beschäftigung / „heuern und feuern" / Vertragsauflösung	48,5	41,5
Unterlassene Nachbesetzung bei natürlichen Abgängen	10,3	8,3
Mindestens eine externe numerische Maßnahme	**53,0**	**43,7**
Intern funktional		
Beschäftigtentransfer innerhalb des Unternehmens	20,3	21,8
Veränderte Auftragsbearbeitung	28,0	13,5
Mindestens eine interne funktionale Maßnahme	**41,5**	**32,4**
Extern funktional		
Subaufträge etc.	23,3	12,3
Mindestens eine externe funktionale Maßnahme	**23,3**	**12,3**

Quelle: Bellmann et al. (1997).

Bosch (2001) erkennt derzeit zwei unterschiedliche Entwicklungen auf dem Gebiet der Arbeitsorganisation: Ein Teil der Unternehmen setzt auf Beschäftigungsstabilität, Qualifizierung, Teamarbeit sowie Selbstverantwortung und forciert die

[2] Dienstleistungssektor ohne private Haushalte und Non-Profit-Organisationen.

Arbeitszeitflexibilität ihrer Stammbelegschaften. Parallel dazu gibt es in personalintensiven Sektoren, in denen Preiswettbewerb herrscht und die Nachfrage sehr kostenelastisch ist (z.B. einige Dienstleistungsbranchen, Baugewerbe), einen Trend zu sehr hierarchischen Formen der Arbeitsteilung mit variablen Randbelegschaften und einer Konzentration der Kompetenz auf wenige qualifizierte Beschäftigte im Unternehmen. Während in der ersten Gruppe von Unternehmen (mit „post-tayloristischer" Arbeitsorganisation) intern numerische und funktionale Flexibilität miteinander verknüpft werden, basiert die Anpassungsfähigkeit an Nachfrageschwankungen der zweiten Gruppe (mit „tayloristischer" Arbeitsorganisation) auf der – extern – numerischen Flexibilität über die Steuerung der Anzahl der Randbeschäftigten.[3]

Einen allgemeinen Flexibilisierungstrend am deutschen Arbeitsmarkt ermitteln Hoffmann und Walwei (1998) aus den Daten des Mikrozensus. Sie analysieren die Entwicklung der Erwerbsformen in Westdeutschland für den Zeitraum 1985 bis 1995 und kommen zu dem Ergebnis, dass der Anteil des sogenannten Normalarbeitsverhältnisses gegenüber anormalen bzw. atypischen Beschäftigungsformen abgenommen hat. Als atypische Erwerbsformen zählen befristete Beschäftigungsverhältnisse, Leiharbeit, Heimarbeit, Teilzeit- und geringfügige Beschäftigung sowie Scheinselbständigkeit, während unter dem Normalarbeitsverhältnis eine abhängige Vollzeitbeschäftigung von unbefristeter Dauer verstanden wird. In der Zeit zwischen 1985 und 1990 blieb die Bedeutung der Normalarbeitsverhältnisse nahezu unverändert, danach sank der Anteil der unbefristet in Vollzeit beschäftigten Arbeiter und Angestellten an allen Erwerbstätigen bis zum Jahr 1995 um mehr als drei Prozentpunkte auf 56,2 Prozent. Dieser Bedeutungsverlust vollzog sich vor allem zugunsten von abhängiger Teilzeitbeschäftigung und selbständiger Arbeit. Anders als der Anteil von Leiharbeit und befristeten (Vollzeit-) Beschäftigungsverhältnissen, der 1995 unverändert bei etwas über drei Prozent lag, stieg die Teilzeitquote von 11,3 auf 18,5 Prozent, die Selbständigenquote (außerhalb der Landwirtschaft) von 8,1 auf 9,3 Prozent. Bei den Teilzeitkräften handelte es sich vorwiegend um unbefristet Beschäftigte. Nur 1,5 Prozent aller Erwerbstätigen gingen 1995 einer befristeten oder einer Leih-Teilzeitarbeit nach. Die Flexibilisierung des Arbeitsmarktes vollzog sich demnach nicht auf der extern numerischen Ebene. Hoffmann und Walwei (1998) erklären dies damit, dass die Betriebe in Deutschland stabile Beschäftigungsverhältnisse noch immer als relevanten Produktivfaktor einschätzen.

---

[3] Als Bedingungen der „Re-Taylorisierung" sieht Bosch (2001) Lohndifferenzen zwischen qualifizierter und weniger qualifizierter Arbeit sowie verfügbare Pools an weniger qualifizierten Arbeitskräften.

Der Stabilität bzw. Flexibilität von Beschäftigungsverhältnissen lässt sich anhand des Flexibilitätsgrades der Komponenten Entgelt, Kündigungsschutz, Arbeitszeit und Betriebszeit charakterisieren (Walwei, 1997). So kann das Einkommen der Arbeitnehmer gewinnbezogen gestaltet sein oder nicht; das Arbeitsverhältnis jederzeit aufgelöst werden oder ein rigider Kündigungsschutz bestehen; die Länge der Arbeitszeit variabel sein oder durch feste Wochenarbeitszeiten bestimmt; die Betriebszeiten von den Arbeitszeiten entkoppelt oder von diesen abhängig sein. Wenn alle Komponenten völlig inflexibel festgelegt wären, würde wirtschaftliches Produzieren unmöglich. Starre Regeln in einem Bereich des Arbeitsverhältnisses erfordern Flexibilität in anderen Bereichen. Ein starker Kündigungsschutz erhöht so den Bedarf nach flexiblen Gestaltungsmöglichkeiten der Arbeitsdauer und/oder der Löhne. Umgekehrt erfordert die Flexibilität der Mitarbeiter auf einem Gebiet stabile Bedingungen in anderen Bereichen. Der multifunktionale Einsatz von Beschäftigten baut beispielsweise auf einer grundlegenden Beschäftigungsstabilität auf.

Neben arbeitsrechtlichen Bedingungen[4] sind weitere Faktoren wie die Höhe der Arbeitskosten, das Steuer- und Transfersystem, der Strukturwandel, die Arbeitsmarktsituation und arbeitsorganisatorische Tendenzen entscheidend dafür, welche Art von Beschäftigungsverhältnissen gewählt wird. Eine flexiblere Rechtsordnung des Arbeitsmarktes ist nicht notwendigerweise mit vielfältigeren Beschäftigungsformen und mehr Beschäftigung verbunden (Walwei, 1998). Wie sich an den zuvor genannten Zahlen zum Wandel der Erwerbsformen ablesen lässt, blieben die quantitativen Effekte der seit 1985 erweiterten Zulässigkeit von atypischen Arbeitsverhältnissen im Bereich der Arbeitnehmerüberlassung (Leiharbeit) und der befristeten Beschäftigung hinter den Erwartungen zurück. Die Deregulierung des Kündigungsschutzes beim Normalarbeitsverhältnis machte in Deutschland Ausweichreaktionen zu befristeten Arbeitsverhältnissen weniger erforderlich.[5] Die Zunahme von Werkverträgen an Selbständige sowie von geringfügigen Beschäftigungsverhältnissen wurde durch den Anstieg der Arbeitskosten sozialversicherungspflichtiger Beschäftigung bedingt. Erhöhte Sozialversicherungsbeiträge führten dazu, dass Erwerbsformen, die nicht der Sozialversicherungspflicht unterliegen, attraktiver wurden. Zudem bewirkten neue Outsourcingtrends

---

[4] Die Rahmenbedingungen für die konkrete Ausgestaltung eines Arbeitsverhältnisses sind in Tarifvereinbarungen und gesetzlichen Vorschriften festgelegt.

[5] Ab 1. Oktober 1996: Anhebung des betrieblichen Schwellenwertes für die Anwendbarkeit des Kündigungsschutzes von sechs auf elf Beschäftigte; Stärkere Berücksichtigung betrieblicher Interessen und Beschränkung der Sozialauswahl auf die Kriterien Betriebszugehörigkeit, Alter und Unterhaltspflichten (Walwei, 1998).

vor dem Hintergrund stärkeren globalen Wettbewerbs häufigere Auftragsvergaben an Selbständige, auch um tarifliche Entgelt- oder Arbeitszeitvereinbarungen zu umgehen. Die Einführung flexibler (Jahres-) Arbeitszeitmodelle[6], die es ermöglichen, die Arbeitszeiten an bessere oder schlechtere Auftragslagen anzupassen (interne numerische Flexibilität), verringert den betrieblichen Bedarf an temporären Beschäftigungsformen (externe numerische Flexibilität). Flexible Arbeitszeiten und ein verringertes Personalkostenrisiko werden insbesondere auch von kleinen Unternehmen im Dienstleistungssektor benötigt, die sehr flexibel auf Marktprozesse reagieren müssen. Im Vergleich zu den Großbetrieben des produzierenden Gewerbes, deren Beschäftigtenzahlen strukturwandelbedingt zurückgehen, wird ihre Bedeutung zunehmen.

Wie ausgeprägt und in welcher Form sich die Flexibilisierungstendenzen am Arbeitsmarkt fortsetzen werden, bleibt abzuwarten. Die bisher betrachteten Arbeitsmarktdaten legen nahe, dass in Deutschland der – internen numerischen – Flexibilität von Arbeits- und Betriebszeiten besondere Bedeutung zukommt.

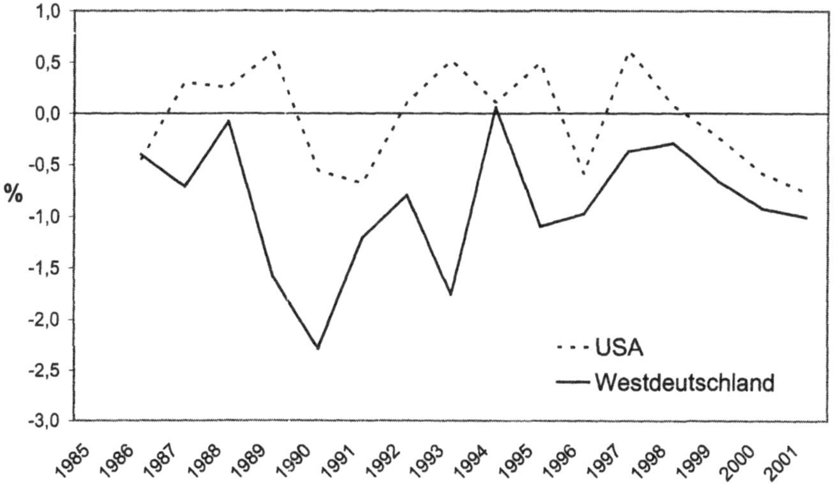

Abbildung 1.1 Prozentuelle Veränderung der durchschnittlichen Jahresarbeitsstunden pro Beschäftigten, USA und Westdeutschland 1986 – 2001; Quelle: OECD (2002c), eigene Berechnungen.

6 Siehe Abschnitt 2.2.2.

Auch ein Vergleich der Arbeitsstundenfluktuation in (West-)Deutschland und in den USA zeigt, dass Deutschland deutlichere Veränderungsraten der durchschnittlichen Jahresarbeitsstunden pro Beschäftigten aufweist (Abbildung 1.1). Bei den deutschen Arbeitszeitveränderungen handelt es sich beinah ausschließlich um Arbeitszeitverkürzungen. In den 90ern sind die Arbeitszeiten in Deutschland nur in den Jahren 1994, 1997 und 1998 etwa konstant geblieben. Die Veränderungsraten in den USA bewegten sich dagegen stets um null (zwischen + und – 0,5) Prozent.

Ist nun am deutschen Arbeitsmarkt die intern numerische Flexibilität vorherrschend, während in den USA die extern numerische Flexibilität über die Anpassung der Zahl der Beschäftigten dominiert? Tatsächlich korreliert die Veränderung der Beschäftigungsraten in den USA etwas stärker mit dem Wirtschaftswachstum als in Deutschland.[7] Das lässt darauf schließen, dass der amerikanische Arbeitsmarkt durch eine ausgeprägtere – extern numerische – Flexibilität gekennzeichnet ist als der deutsche. Allerdings sind die ermittelten Unterschiede weniger deutlich, als es die Diskussion um die Gegensätzlichkeit des europäischen und des amerikanischen Modells erwarten ließe.

Näherungsweise lässt sich die Wachstumsrate des Bruttoinlandsprodukts pro Kopf als Summe der Veränderungsraten von Arbeitszeit, Stundenproduktivität und Beschäftigungsgrad berechnen: Δ(BIP/Einwohner) = Δ(BIP/Arbeitsstunde) + Δ(Arbeitsstunden/Beschäftigten) + Δ(Beschäftigte/Einwohner).[8]

Wirtschaftswachstum führt daher nur dann zu mehr Beschäftigung, wenn es nicht durch die Zunahme der Stundenproduktivität und/oder der Arbeitsstunden je Beschäftigten überkompensiert wird. Arbeitszeitverkürzungen können den Beschäftigungsgrad nur dann erhöhen, wenn das Wirtschaftswachstum nicht abnimmt und der Produktivitätsfortschritt pro Stunde die Arbeitszeitreduktion nicht wettmacht. Da offene Stellen auch mit Personen aus der „stillen Reserve" besetzt werden, muss das Beschäftigungswachstum zudem über den Zuwachsraten des Arbeitskräftepotentials liegen, um die Arbeitslosenrate zu senken. Abbildung 1.2 zeigt die Entwicklung in Deutschland[9] zwischen 1985 und 2001. In Jahren negativen Beschäftigungswachstums (1992-94, 96 und 97) ist die Arbeitslosenrate in Deutschland stark angestiegen. Zu deutlicheren Zunahmen des Beschäftigungsgrades (um etwa zwei Prozent) kam es nur in den Jahren 1986, 90, 91 und 98, die

---

[7] Siehe Korrelationsdiagramme 9.1 und 9.2 im Anhang (Abschnitt 9.1).

[8] Vgl. Schmid/Helmer (1996).

[9] Die Daten vor der Wiedervereinigung beziehen sich auf Westdeutschland.

durch BIP-Wachstumsraten von mehr als zwei Prozent und Arbeitszeitverkürzungen gekennzeichnet waren. In Jahren wie 1992 und 1994 wurde das Wirtschaftswachstum offensichtlich durch Produktivitätssteigerungen überkompensiert und führte nicht zu höheren Beschäftigungsraten.

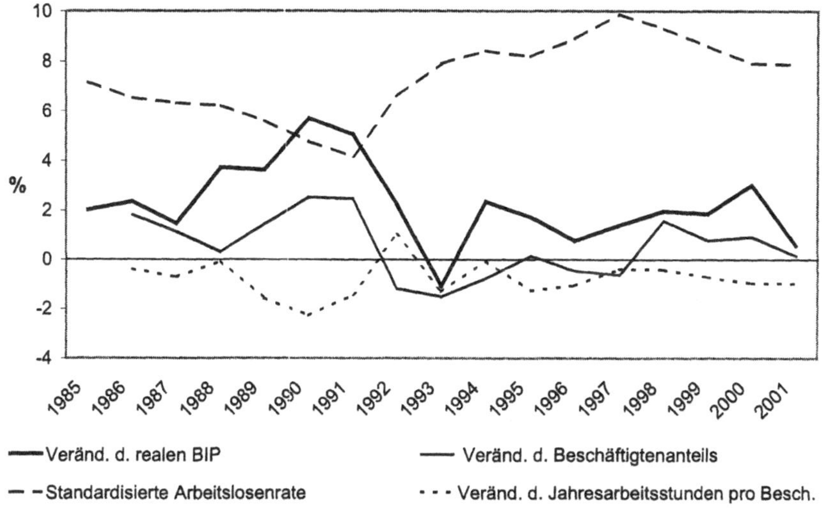

Abbildung 1.2 Arbeitslosenrate, Wirtschaftswachstum und jährliche Veränderung von Beschäftigungsrate und durchschnittlichen Jahresarbeitsstunden pro Beschäftigten, Deutschland 1985 – 2001
Quelle: OECD (2002a, 2002c, 2002d), eigene Berechnungen.

Hohe Arbeitslosigkeit stellt einen „Push-Faktor“ bezüglich atypischer Arbeitsverhältnisse dar, denn atypische Erwerbsformen können besonders bei Arbeitslosigkeit einen Einstieg in die Beschäftigung bedeuten (Walwei, 1998). Zwar ist für den Arbeitnehmer beispielsweise ein befristetes Beschäftigungsverhältnis nachteiliger als ein unbefristeter Vertrag, als Arbeitsloser würde er aber den Kontakt zum Berufsleben verlieren und deshalb am Arbeitsmarkt auf ein abnehmendes Interesse seitens der Arbeitgeber treffen. Dies spricht für die Annahme einer befristeten Stelle. Aus der Sicht der Arbeitgeber bieten temporäre Beschäftigungsformen die Möglichkeit, Arbeitskräfte (auch Erst- und Wiedereinsteiger) „unverbindlich“ zu erproben und damit die Auswahl der Mitarbeiter zu optimieren. Aufgrund ihrer positiven Rolle bei der Integration arbeitsloser Personen in den Arbeitsmarkt befürwortet es Walwei (1997), atypische Beschäftigungsformen weitgehend in das gesetzlich abgesicherte Beschäftigungssystem einzubeziehen – der institutionelle Rahmen des Arbeitsrechts sollte freiwilligen Vereinbarungen atypischer Arbeitsverhältnisse nicht entgegenstehen. Wenn soziale Absicherungen, arbeits- und familienrechtliche Regelungen nur auf das Normalarbeitsverhältnis gerichtet sind, führt dies zu einer Diskriminierung der abweichenden, atypischen Arbeitszeiten und Beschäftigungsverhältnisse (Hielscher, 2000). Atypisch Beschäftigte in möglichst vielen Bereichen den „normalen" Erwerbstätigen gleichzustellen, nimmt atypischen Arbeitsverhältnissen deren prekären Charakter.

Flexibilisierungspräferenzen bestehen nicht nur seitens der Arbeitgeber, sondern auch seitens der Arbeitnehmer – und zwar insbesondere im Hinblick auf die Arbeitszeitgestaltung. 1998 wurde in den 15 EU-Mitgliedstaaten und Norwegen eine umfangreiche Befragung über Erwerbswünsche durchgeführt (Bielenski et al., 2001). Dabei zeigte sich, dass viele Beschäftigte ihre Arbeitszeit im Laufe des Erwerbslebens variieren möchten. 57 Prozent der Befragten in den 16 Ländern wünschen Erwerbsunterbrechungen für ein Sabbatical, und 12 Prozent der Vollzeitbeschäftigten wollen vorübergehend in Teilzeit arbeiten. Von den Befragten wünschen sich 71 Prozent eine tatsächliche Wochenarbeitszeit zwischen 30 und 40 Stunden: Während vor allem Beschäftigte mit überdurchschnittlich langen Arbeitszeiten kürzer arbeiten wollen, möchten viele der marginal Teilzeitarbeitenden in eine substanzielle Teilzeitbeschäftigung wechseln. Viele derzeit nicht Erwerbstätige wollen eine bezahlte Arbeit aufnehmen, allerdings zu kürzeren Arbeitszeiten als die bisher Beschäftigten.

Die genannten Ergebnisse für die EU und Norwegen stehen im Einklang mit Analysen der Arbeitszeitpräferenzen in Deutschland aufgrund des Sozioökonomischen Panels 1997 (Schulze Buschoff/Rückert-John, 2000). In Westdeutschland wünschen sich 45 Prozent der Erwerbstätigen und in Ostdeutschland 54 Prozent eine Reduktion der tatsächlichen Wochenarbeitszeit[10] um mindestens drei Stunden – und zwar unter Berücksichtigung entsprechender Einkommenseinbußen. Besonderer Bedarf besteht an Arbeitszeiten zwischen 30 und 34 Stunden pro Woche in Westdeutschland bzw. zwischen 35 und 39 Wochenstunden in Ostdeutschland. Unter den geringfügig Beschäftigten würden 47 Prozent im Westen und 59 Prozent im Osten ihre tatsächliche Arbeitszeit gerne um mindestens drei Stunden ausdehnen.

[10] Durchschnittlich 39 Stunden pro Woche in Westdeutschland bzw. 43,5 Stunden pro Woche in Ostdeutschland.

1.2 Entwicklung der Arbeitszeiten in historischer Perspektive[11]

Bis zum Beginn der Industrialisierung im 19. Jahrhundert war der Tag-Nacht-Rhythmus arbeitszeitbestimmend. Weder in zeitlicher noch in räumlicher Hinsicht fand eine Trennung zwischen Arbeit und Privatleben statt. Der – natürlich gegebene – Arbeitstag entsprach dem „Lichttag“, und die Arbeit wurde aufgabenbezogen, nach dem zu erbringenden Tagewerk vergütet. Der Tagelohn war allgemein üblich. Der Übergang zur Produktion in Fabriken machte dann allerdings eine neue Organisation der Arbeit notwendig, die individuellen Arbeitszeiten mussten koordiniert und synchronisiert werden. Jedoch war die frühindustrielle Arbeit noch dadurch gekennzeichnet, dass für die Arbeitskräfte keine strikten Grenzen zwischen Arbeitszeit und Freizeit wie im industriellen Zeitarrangement ab Ende des 19. Jahrhunderts galten. Zwar existierte bereits ein formaler Arbeitszeitrahmen, doch am Arbeitsplatz wurde auch gegessen, getrunken und geschlafen. Soziale Kommunikation oder Besuche (beispielsweise durch Familienangehörigen, die Essen brachten) fanden ebenso statt.

Zu verbindlicheren, standardisierten Arbeitszeitregelungen kam es schließlich auf Forderung der Arbeiter, die eine Begrenzung und Verkürzung der Arbeitszeiten durchsetzen wollten. Den Arbeitgebern wurde dafür das Zugeständnis gemacht, die entlohnte Zeit möglichst intensiv zur Produktion zu nutzen. Dadurch wurde die Arbeitszeit zu einem quantitativen Wertmaßstab der Arbeitskraft, zu einem geldwerten Objekt. Im 20. Jahrhundert wurde die Arbeit zeitökonomisch weiter rationalisiert (Taylorismus, Fordismus). Das Privatleben spielte sich nur noch in der Freizeit ab, die strikte Trennung von Arbeitszeit und Freizeit wurde forciert. Auf der Basis kollektiver Verhandlungen und Regulierungen von Arbeitszeiten etablierte sich das heute vorhandene System der Normalarbeitszeitstandards: Während die Rahmenbedingungen für den Einsatz von Arbeitskräften in Arbeitszeitvereinbarungen fixiert werden, bleibt die Intensität der Arbeitskraftnutzung weitgehend den Unternehmungen überlassen.

Normalarbeitszeitstandards sind Ergebnisse gesellschaftlicher Aushandlungsprozesse zwischen gewerkschaftlichen Organisationen, Unternehmen und Staat und erfüllen aus der Sicht der Arbeitnehmer folgende Arbeitsmarktfunktionen (vgl. Zühlke-Robinet, 1997): Sie erzeugen eine Verlässlichkeit der Arbeitszeiten und damit einen Schutz der individuellen Freizeit (Freizeitschutzfunktion). Sie verhindern, dass sich die Arbeitnehmer durch Arbeitszeitverlängerung – was einer Stundenlohnsenkung gleichkäme – gegenseitig unterbieten (Konkurrenzbeschrän-

[11] Vgl. Hielscher, 2000.

kungsfunktion). Normalarbeitszeitstandards stellen zudem sicher, dass vereinbarte Einkommensverbesserungen nicht von den Unternehmen durch die Einführung verlängerter Arbeitszeiten kompensiert werden (Sperrklinkenfunktion). Außerdem führt die Vereinbarung allgemeiner gesellschaftlicher Standards dazu, dass für die unteren Lohngruppen bei normaler Vollzeitarbeit ein existenzsicherndes Einkommen festgesetzt wird (Garantiefunktion).

Der Acht-Stunden-Arbeitstag wurde bereits 1889 von der Arbeiterseite gefordert, ließ sich aber erst schrittweise bis nach dem ersten Weltkrieg durchsetzen. Weitere Verkürzungen der Arbeitszeit erfolgten über die Zunahme der arbeitsfreien Tage. Ende der 1970er Jahre war in Deutschland in vielen Branchen ein 8-5-30-Standard üblich (Acht-Stunden-Arbeitstag an fünf Tagen in der Woche und dreißig Urlaubstage im Jahr). Flexiblere Arbeitszeiten spielten in der Tarifpolitik eine untergeordnete Rolle. Die Einführung der Gleitzeit in den 70er Jahren war in erster Linie auf eine Erweiterung der Gestaltungsspielräume für die Mitarbeiter gerichtet. Sie lag im Interesse der Arbeitnehmer nach vermehrter Zeitsouveränität, um die berufliche Tätigkeit besser mit anderen Lebensbereichen vereinbaren zu können (vgl. Hoff/Weidinger, 1999).

In Anbetracht der zunehmenden Arbeitslosigkeit wurde zu Beginn der 1980er Jahre von den Gewerkschaften in Deutschland die Forderung nach einer kollektiven Verkürzung der tariflichen Wochenarbeitszeit – auf 35 Stunden mit „vollem" Lohnausgleich – erhoben. Im Metalltarifabschluss von 1984 wurde erstmals die 40-Stunden-Woche unterschritten und eine Reduktion der wöchentlichen Arbeitszeit auf 38,5 Stunden (ab 1. April 1985) vereinbart. In der Folge fanden in nahezu allen Branchen tarifliche Arbeitszeitverkürzungen statt. Wie Hunt (1999) aufgrund der Daten des deutschen Sozio-ökonomischen Panels zeigt, kam es im verarbeitenden Gewerbe in den Jahren zwischen 1984 und 1994 zu beinahe vollem Lohnausgleich. Arbeitszeitverkürzungen um eine Stunde bzw. 2,6 Prozent waren mit Stundenlohnerhöhungen um zwei bis 2,4 Prozent verbunden.

Ausgelöst durch die Forderungen der Gewerkschaften nach verkürzten Arbeitszeiten zur Sicherung bzw. Förderung der Beschäftigung, wurde in der ersten Hälfte der 80er auf der Arbeitgeberseite der Ruf nach einer Erweiterung des betrieblichen Handlungsspielraumes hinsichtlich flexibler und differenzierter Arbeitszeitvereinbarungen laut. Motiv dafür war das Interesse der Unternehmen, die Arbeits- und Betriebszeiten rasch und kostengünstig an Marktschwankungen anzupassen sowie ihre (kapitalintensiven) Produktionskapazitäten auszulasten.

Im Zuge der Tarifverhandlungen verständigten sich die Arbeitsmarktparteien auf einen Tausch von verkürzten gegen flexiblere Arbeitszeiten. So wurden im Metalltarifabschluss von 1984 die ungleichmäßige Verteilung der individuellen Arbeitszeiten sowie längere Arbeitszeiten für einzelne Beschäftigtengruppen zugelassen. Allerdings wurden die neu geschaffenen Möglichkeiten anfangs nur von wenigen Betrieben genutzt. Auf die relativ geringe Stundenreduzierung von 1985 reagierte ein Großteil von Betrieben mit wochenendnahen Arbeitszeitverkürzungen, was auch zu entsprechend reduzierten Betriebszeiten führte (vgl. Zühlke-Robinet, 1997). Obwohl die Gewerkschaften lediglich einen gewissen Ausbau der in den 70er Jahren eingeführten Gleitzeitsysteme begrüßten und ansonsten der Arbeitszeitflexibilisierung eher skeptisch gegenüber standen, war die geringe Inanspruchnahme der neuen Flexibilisierungsoptionen nicht auf den Widerstand der Beschäftigten zurückzuführen, sondern auf ein begrenztes Interesse des Managements in den Betrieben, modernere Instrumente als Mehrarbeit, Kurzarbeit oder Gleitzeit zu erproben.

Dagegen setzte in den 90er Jahren eine Welle der Einführung neuer Arbeitszeitsysteme ein. Die Unternehmen erkannten die Bedeutung neuer Arbeitszeitsysteme, um nicht unter den veränderten Rahmenbedingungen, zu denen neben den Effekten des zunehmenden globalen Wettbewerbs auch weitere Arbeitszeitverkürzungen[12] zählten, die Betriebszeiten und die Produktion einschränken zu müssen. Hand in Hand mit dem Bedeutungsgewinn des Flexibilisierungsthemas ging eine Verlagerung des Aushandlungsprozesses zur Reglementierung der Arbeitszeiten von der Branchenebene in die Betriebe.
Der 28,8-Stunden-Tarifvertrag zur Beschäftigungssicherung bei Volkswagen setzte 1994 einen weiteren Meilenstein. Dieser Ansatz fand deutschlandweit in einigen Betrieben und Branchen Verbreitung. Zur Bewältigung von (betrieblichen) Beschäftigungskrisen kommen dabei Arbeitszeitverkürzungen ohne „vollen" Lohnausgleich zum Einsatz. Einzelbetrieblich sind die Aussichten auf ein Gelingen der Arbeitsumverteilung mittels kürzerer, flexiblerer Arbeitszeiten – und Lohnzugeständnissen von Seiten der Arbeitnehmer – erfolgsversprechender als auf Branchen- bzw. auf gesamtwirtschaftlicher Ebene.

In der zweiten Hälfte der 90er Jahre haben die Auseinandersetzungen zum Thema Arbeitszeitflexibilisierung an Polarisierung verloren. Die Gewerkschaften konzentrieren sich seither nicht mehr vor allem darauf die Flexibilisierung zu begrenzen (z.B. Verhindern von Nachtarbeit etc.), sondern sind bemüht, Einfluss auf die

[12] In der (west-)deutschen Metall- und Elektroindustrie wurde die 35-Stunden-Woche am 1. Oktober 1995 zum Standard.

Gestaltung neuer Arbeitszeitmodelle zu nehmen, um die Zeitsouveränität der Beschäftigten zu fördern und möglichst positive beschäftigungspolitische Wirkungen zu erreichen. Eine zunehmende Zahl an Tarifverträgen eröffnen den Betriebsparteien nun immer weitere Spielräume, die auch mehr und mehr genutzt werden. Beispiele für tarifvertragliche Regelungen, die auf betrieblicher bzw. individueller Ebene ausgestaltet werden können, finden sich in der Metallindustrie, wo mit 13 bis 18 Prozent der Beschäftigten eine 40-Stundenwoche anstelle der Regelarbeitszeit von 35 Stunden vereinbart werden kann. In der chemischen Industrie gilt ein Arbeitszeitkorridor zwischen 35 und 40 Stunden, innerhalb dessen die Betriebspartner ihren Arbeitszeitstandard festlegen müssen (BMA, 2002b). Durch derartige tarifliche Öffnungsklauseln[13] haben Differenzierung und Dezentralisierung deutlich zugenommen. Die Öffnungsklauseln zum Thema Arbeitszeit betreffen in erster Linie Arbeitszeitverlängerungen, Arbeitszeitkorridore sowie befristete Arbeitszeitverkürzungen ohne Lohnausgleich (siehe WSI-Tarifarchiv, 1999). Die zunehmende Bedeutung der betrieblichen Ebene in der Tarifpolitik lässt sich zudem an der wachsenden Anzahl der Unternehmen mit Firmentarifverträgen erkennen. Zum Jahresende 2001 waren ca. 6800 Firmentarifverträge gültig.[14] 7,3 Prozent der westdeutschen Arbeitnehmer und 9,9 Prozent der Arbeitnehmer in Ostdeutschland arbeiteten im Jahr 2000 in Betrieben mit Firmentarifverträgen; die Anteile der an Verbandstarifverträge gebundenen Arbeitsverhältnisse betrugen 62,8 bzw. 45,5 Prozent in West- und Ostdeutschland (BMA, 2002b).

An dieser Stelle soll nun ein kurzer Überblick über die in Deutschland derzeit gültigen arbeitsrechtlichen Rahmenbedingungen gegeben werden (vgl. Hölting, 1999). Das rechtliche Rahmenwerk hinsichtlich der Arbeitszeit ist hierarchisch aufgebaut und setzt sich aus Gesetzen, Tarifverträgen, Betriebsvereinbarungen und schließlich einzelarbeitsvertraglichen Regelungen zusammen. Da sich die staatliche Arbeitszeitpolitik weitgehend darauf beschränkt, gesetzliche Mindest- bzw. Maximalstandards vorzugeben, spielen die anderen Akteure – Arbeitgeberverbände und Gewerkschaften bzw. auf betrieblicher Ebene Unternehmen und betriebliche Interessenvertretungen – die aktivere Rolle. Insbesondere durch das Arbeitszeitgesetz (ArbZG), das im Jahr 1994 in Kraft trat, wird der äußerste Rahmen, die Grenze der Zulässigkeit, vorgegeben. Regelungen niedrigeren Ranges

---

[13] Tarifverträge mit Öffnungsklauseln lassen zu, dass auf betrieblicher Ebene vereinbart wird, wie die tarifvertraglichen Rahmenbestimmungen auszugestalten sind. Sie enthalten ausdrückliche Hinweise auf betriebliche Vereinbarungen zur Arbeitszeitgestaltung bzw. zur konkreten Umsetzung der tariflichen Regelungen.

[14] Insgesamt waren 2001 mehr als 57000 Tarifverträge gültig.

dürfen die gesetzlichen Standards nicht verschlechtern, Abweichungen sind dann zulässig, wenn günstigere Verhältnisse für die Beschäftigten geschaffen werden.

Nach dem Arbeitszeitgesetz darf die werktägliche Arbeitszeit der Arbeitnehmer acht Stunden grundsätzlich nicht überschreiten, kann jedoch in Ausnahmefällen auf bis zu zehn Stunden ausgedehnt werden, wenn innerhalb von sechs Kalendermonaten bzw. innerhalb von 24 Wochen im Durchschnitt acht Stunden pro Werktag nicht überschritten werden (§ 3 ArbZG). Da der Samstag als normaler Werktag angesehen wird, ist also eine wöchentliche Arbeitszeit von 48 Stunden zulässig, die in Ausnahmefällen auf bis zu 60 Stunden pro Woche ausgedehnt werden darf.
Das Ermöglichen einer ungleichmäßigen Verteilung der Arbeitszeit sollte nach den Vorstellungen des Gesetzgebers sowohl den betrieblichen Interessen an flexibleren Arbeitszeiten als auch den Wünschen der Arbeitnehmer nach mehr Zeitsouveränität dienen. Das Arbeitszeitgesetz gestattet den Tarifvertragsparteien, auch längere Ausgleichszeiträume zu beschließen, sodass betriebsnahe Lösungen vereinbart werden können.

Die Ausgleichszeiträume, die wie die Dauer der Wochenarbeitszeit in Tarifverträgen festgelegt werden, umfassen derzeit meist zwölf Monate (siehe Abschnitt 2.2.2). Gemeinsam mit den anderen Tarifnormen des Tarifvertrages[15], die den Inhalt von Arbeitsverhältnissen ordnen, gelten die tariflich fixierten Arbeitszeitregelungen unmittelbar und zwingend zwischen beiderseits tarifgebundenen Arbeitsvertragsparteien (§ 4 Abs. 1 TVG). Abweichende Abmachungen sind nur zulässig, soweit sie durch den Tarifvertrag gestattet sind (sog. Öffnungsklauseln) oder eine Änderung der Regelung zugunsten des Arbeitnehmers enthalten (Günstigkeitsprinzip) (§ 4 Abs. 3 TVG). Das Günstigkeitsprinzip gilt auch bezüglich freiwillig vereinbarter Arbeitszeitverlängerungen. Wenn ein Arbeitnehmer das höhere Einkommen aufgrund längerer Arbeitszeiten der Freizeit vorzieht, kann er sich zu über den tariflichen Standard hinausgehenden Arbeitszeiten verpflichten.

Mehr als acht bzw. zehn Stunden pro Tag oder dementsprechend 48 bzw. 60 Stunden pro Woche können auch unter Zuhilfenahme des Günstigkeitsprinzips

[15] Es gibt Lohn-/Gehaltstarifverträge, Lohn-/Gehaltsrahmentarifverträge und Manteltarifverträge. Manteltarifverträge enthalten Bestimmungen über sonstige Arbeitsbedingungen (z.B. Arbeitszeit, Zuschläge für Mehr-, Nacht- und Schichtarbeit, Urlaub, Kündigungsvoraussetzungen und Kündigungsfristen).

einzelvertraglich nicht vereinbart werden.[16] Des weiteren sind bei einer Arbeitszeit von mehr als sechs Stunden im voraus feststehende Ruhepausen von mindestens 30 Minuten einzuhalten, bei mehr als neun Stunden mindestens 45 Minuten. Die Ruhepausen können in Zeitabschnitte von jeweils mindestens 15 Minuten aufgeteilt werden; länger als sechs Stunden hintereinander dürfen Arbeitnehmer jedoch nicht ohne Ruhepausen beschäftigt werden (§ 4 ArbZG). An Sonn- und Feiertagen besteht für Arbeitnehmer ein grundsätzliches Arbeitsverbot (§ 9 ArbZG).[17]

1.3 Zum Begriff der Arbeitszeitflexibilisierung

Weder in der politischen Arbeitszeitdebatte noch in der Arbeitszeitforschung existiert eine allgemeinverbindliche Definition der Arbeitszeitflexibilisierung (Hielscher, 2000). Unter dem Begriff Arbeitszeitflexibilisierung werden häufig alle Arbeitszeitformen diskutiert, die vom traditionellen Normalarbeitszeitmuster abweichen (vgl. Schulze Buschoff/Rückert-John, 2000).

Ziel der Arbeitszeitflexibilisierung ist die Auflösung des Normalarbeitszeitstandards. Sie wird aus unterschiedlichen Motiven angestrebt. Die Interessen der Arbeitgeberseite an neuen Arbeitszeitmodellen spiegeln die internationalen Wettbewerbsverhältnisse und den damit einher gehenden Kosten- und Innovationsdruck wider. Ziel der Unternehmen ist die rasche und kostengünstige Anpassung der Arbeits- und Betriebszeiten an Marktschwankungen sowie die rationelle Auslastung ihrer Produktionskapazitäten. Der Wunsch der Arbeitnehmer richtet sich auf mehr Zeitsouveränität und eine bessere Vereinbarkeit von Beruf und anderen Lebensbereichen. Die Politik versucht schließlich, den Prozess der Arbeitszeitflexibilisierung so zu steuern, dass beschäftigungsfördernde Effekte resultieren.

Da das gemeinsame Ziel der Arbeitszeitflexibilisierung die Auflösung des Normalarbeitszeitstandards ist, lässt sich der gesellschaftliche Umgestaltungsprozess zur Überwindung des bestehenden Normalarbeitszeitstandards mit dem Begriff

---

[16] Aus dem öffentlich-rechtlichen Charakter der Vorschriften des Arbeitszeitgesetzes folgt, dass Arbeitgeber, Arbeitnehmer und Tarifvertragsparteien von ihnen nicht abweichen können, es sei denn, Tarifvertrag oder Betriebsvereinbarung lassen eine Abweichung (nach §§ 7, 12, 14, 15 ArbZG) ausdrücklich zu.

[17] Zu den Ausnahmetatbeständen gehören in erster Linie die Bereiche der Daseinsvorsorge (Not- und Rettungsdienste, Krankenhäuser etc.) sowie der Dienstleistungsbereich (Hotels, Gaststätten etc.), aber auch genehmigungspflichtige Sonn- und Feiertagsarbeit zur Beschäftigungssicherung, wenn die Wettbewerbsfähigkeit gegenüber dem Ausland wegen der Betriebszeiten beeinträchtigt ist.

Arbeitszeitflexibilisierung bezeichnen (vgl. Zühlke-Robinet, 1997). Normalarbeitszeitstandards sind, wie schon in der Darstellung der Entwicklung der Arbeitszeiten in Deutschland deutlich wurde, historisch fixierte Ergebnisse gesellschaftlicher Zeitarrangements. Die Zeitarrangements spiegeln sich in den arbeitsrechtlichen sowie tarifvertraglichen Regelungen zur Arbeitszeit wider.

Darüber, wie der heute gültige Normalarbeitszeitstandard operationalisiert werden kann, bestehen unterschiedliche Ansichten. In den seit 1987 durchgeführten Arbeitszeiterhebungen des ISO-Instituts gilt eine der Vollzeitbeschäftigung entsprechende Arbeitszeit zwischen 35 und 40 Stunden, welche sich auf fünf Wochentage verteilt, in der Lage nicht variiert und von montags bis freitags tagsüber ausgeübt wird, als Normalarbeitszeit. Nach dieser sehr rigorosen Definition trafen 1995 nur noch auf 19 Prozent aller abhängigen Beschäftigten Normalarbeitszeiten zu (Bauer et al., 1996a), im Jahr 1999 nur noch auf 15 Prozent (Bundesmann-Jansen et al., 2000). Das strenge ISO-Konzept entspricht allerdings nicht mehr dem gängigen Verständnis von normalen Arbeitszeiten. Um auch Gleitzeit, Schichtarbeit, gelegentliche Wochenendarbeit und ein geringes Ausmaß an Überstunden (höchstens zwei Stunden pro Woche) zu berücksichtigen, entwickelte Kurz-Scherf (1995) das Konzept der normgeprägten Arbeitszeit. Demnach waren 49 Prozent der abhängig Beschäftigten in Berlin im Jahre 1994 in normgeprägten Arbeitszeiten tätig. Eine Normalarbeitszeit nach strenger Definition hatten nur noch 17 Prozent der abhängig Beschäftigten in Berlin.

2 Formen der Arbeitszeitflexibilisierung

Unter der Bezeichnung Arbeitszeitflexibilisierung wird stets auf eine Reihe mitunter sehr verschiedener Konzepte Bezug genommen. Jahresarbeitszeitmodelle und Arbeitszeitkorridore stehen ebenso zur Diskussion wie unterschiedliche Schichtsysteme, selbstbestimmte Arbeitszeiten und vieles mehr. Auf der Basis einer Analyse von 140 Unternehmen unterscheiden Linnenkohl und Rauschenberg (1996) elf Grundmuster der Arbeitszeitflexibilisierung: Teilzeitarbeit; Mehrarbeit (Überstunden); Schichtarbeit; Freischichten; einfache Gleitzeit; qualifizierte Gleitzeit; Altersteilzeit; kapazitätsorientierte variable Arbeitszeit; Arbeitsplatzteilung (Job Sharing, Job Pairing, Job Splitting und Split Level Sharing); „amorphe Arbeitszeit" (ungleichmäßige Verteilung der Arbeitszeit); selbstbestimmte Arbeitszeit. In der zweiten Hälfte der 90er Jahre nahm besonders die Verbreitung neuerer Arbeitszeitformen, die (kurzfristige) Anpassungen der Betriebs- und Arbeitszeiten an Schwankungen der Auftragslage ermöglichen, zu (Lindecke/Lehndorff, 1997).

Wie beschrieben eröffnen die Tarifverträge insbesondere seit den 1990er Jahren den Betriebsparteien immer weitere Spielräume, die auch zunehmend genutzt werden. Über das tarifliche Niveau hinausgehende Verlängerungen der individuellen regelmäßigen Wochenarbeitszeit für Teile der Belegschaft[18] sowie Arbeitszeitverkürzungen durch individuelle bzw. kollektive Freischichten zählen zu den bereits etablierten Flexibilisierungsinstrumenten. Das Instrument der sogenannten Beschäftigungssicherungstarifverträge vereint Arbeitszeitverkürzungen mit einer Reduzierung des Entgelts und einer Beschäftigungsgarantie. In einigen Tarifverträgen gelten Arbeitszeitkorridore, innerhalb derer die regelmäßige Arbeitszeit auf Betriebsebene verkürzt oder verlängert werden können. Beispiel dafür ist die chemische Industrie: seit 1993 gilt dort eine Bandbreite von +/- 2,5 Stunden gegenüber der tarifvertraglichen Wochenarbeitszeit von 37,5 Stunden.
In der Praxis werden die Flexibilisierungsinstrumente nicht immer in Reinform angewandt, sondern miteinander kombiniert, was häufig zu größeren Flexibilitäts-

---

[18] Beispielsweise werden in den Tarifverträgen der Metallindustrie längere Arbeitszeiten für einzelne Beschäftigtengruppen bereits seit 1984 ermöglicht. Die regelmäßige persönliche Arbeitszeit ist diejenige Stundenzahl, die der Arbeitnehmer dem Arbeitgeber unter normalen Bedingungen innerhalb des Bezugszeitraumes regelmäßig mit seiner Arbeitsleistung zur Verfügung stehen muss. Davon begrifflich abzugrenzen ist die betriebsübliche Arbeitszeit. Sie entspricht oft der tariflichen Arbeitszeit, weil ihre Dauer gewöhnlich in Tarifverträgen vereinbart wird (Hüpen, 1994).

spielräumen führt. Manche Unternehmen erproben auch weitergehende Flexibilisierungsformen, die auf einer reinen Ergebnisorientierung basieren. Dabei stimmen sich die einzelnen Mitarbeitergruppen innerhalb kundenorientierter Besetzungsvorgaben völlig eigenverantwortlich ab (Hoff/Weidinger, 1999).

Die eben skizzierte Vielfalt der Formen lässt sich dennoch kategorisieren. Als Abgrenzungskriterien können die Dimensionen der Arbeitszeit herangezogen werden: zum einen die Dauer und zum anderen Lage bzw. Verteilung der Arbeitszeit. Arbeitszeit ist als die Zeit, in der ein Arbeitnehmer einer Tätigkeit zur Einkommenserzielung nachgeht, definiert. Zur vollständigen Beschreibung der individuellen Arbeitszeit sind sowohl Angaben zu ihrer Dauer als auch zu ihrer Lage hinsichtlich eines Referenzzeitraumes nötig. Die Dauer gilt als chronometrische Dimension der Arbeitszeit, die Lage der Arbeitszeit entspricht der chronologischen Dimension. Beide Dimensionen lassen sich nur in Bezug auf einen Referenzzeitraum sinnvoll quantifizieren. Als Referenzzeitrahmen bieten sich Kalenderzeiträume (Tag, Woche, Monat, Jahr) oder auch die gesamte Lebenszeit an. Diese Referenzzeiträume muss der einzelne Arbeitnehmer jeweils in Arbeitszeit und Freizeit aufteilen. Die Dauer der Arbeitszeit (chronometrische Dimension) lässt sich als Quotient zweier Zeiteinheiten – Arbeitszeitvolumen pro Bezugszeitraum wie z.B. Stunden pro Woche – konkretisieren. Die Lage der Arbeitszeit (chronologische Dimension) wird durch Angaben zur Verteilung des Arbeitszeitvolumens innerhalb des Bezugszeitraumes beschrieben: Arbeitsbeginn und -ende sowie Lage der Pausenzeiten in Bezug auf den Arbeitstag; Verteilung der Arbeitsstunden auf die Wochentage etc.

Somit gibt es zum einen die Möglichkeit, die Dauer, d.h. das Arbeitszeitvolumen, zu verändern, zum anderen kann auch die Lage, d.h. die Verteilung des Arbeitszeitvolumens auf den Bezugszeitraum, variiert werden. Bei Veränderungen der Arbeitszeit handelt es sich dementsprechend um eine „chronometrische Arbeitszeitvariation" oder um eine „chronologische Arbeitszeitvariation" (Schuh et al, 1987).
Des weiteren ist danach zu unterscheiden, ob die Veränderungen laufend stattfinden können oder nicht. Denn einerseits gibt es einmalige Variationen, die dann wieder auf unabsehbare Zeit bis zur nächsten Neuregelung gelten, und andererseits flexible Variationen, bei denen der Spielraum besteht, die Arbeitszeitstrukturen laufend an sich verändernde Randbedingungen anzupassen.
Flexible Arbeitszeiten liegen nur bei solchen Formen der Arbeitszeitgestaltung vor, die fortlaufend Variationen von Dauer und/oder Lage ermöglichen, sodass die tatsächliche Arbeitszeit permanent variabel bleibt. Während zum Zweck einer

Verlängerung der Betriebszeiten eine einmalige Variation der Arbeitszeit ausreichend ist, sind zum Zweck der Anpassung an Marktschwankungen tatsächlich flexible Arbeitszeiten erforderlich.
Analysen auf der Basis des IAB-Betriebspanels ergaben, dass 1995 32,4 Prozent der Betriebe ihre Betriebszeiten von den Arbeitszeiten der Mitarbeiter entkoppelt hatten (Bellmann et al., 1997). Zum Zweck der Entkoppelung bedienten sich 47 Prozent von diesen Betrieben zwei oder mehrerer Arbeitszeitsysteme: Überstunden (52,7 Prozent), versetzte Arbeitszeiten (35 Prozent), Wochenendarbeit (34,7 Prozent), Teilzeitarbeit (17,7 Prozent), Gleitzeit (13,4 Prozent), Schichtarbeit (9 Prozent) und weitere Formen (6,8 Prozent).

In Tabelle 2.1 sind die verschiedenen Formen der Arbeitszeitgestaltung nach den Arbeitszeitvariationen, die sie ermöglichen, eingeordnet.

Tabelle 2.1 Kategorisierung der Arbeitszeitsysteme

Arbeitszeitvariation	**Einmalig**	**Flexibel**
„Chronometrisch" Variation der Dauer bzw. des Volumens der Arbeitszeit	Einzelvertragliche Verlängerung der Arbeitszeit; Teilzeit	Arbeitszeitkorridore; Mehrarbeit (Überstunden); Kurzarbeit
„Chronologisch" Variation der Lage bzw. der Verteilung der Arbeitszeit	Klassische Mehrschichtsysteme; rollierende Mehrfachbesetzung; Job-Splitting; versetzte Arbeitszeit; Pausendurchlauf	Ungleichmäßige Verteilung der Arbeitszeit; Jahresarbeitszeit; Lebensarbeitszeit; Freischichtenmodell; Make-up shifts; KAPOVAZ; gleitende Arbeitszeit; variable Arbeitszeiten; Job-Sharing; selbstbestimmte Arbeitszeit; Job-Pairing

Es zeigt sich deutlich, dass die Einführung der genannten Arbeitszeitkonzepte, nicht notwendigerweise flexible Arbeitszeiten zur Folge haben muss, obwohl all diese Formen unter dem Schlagwort Arbeitszeitflexibilisierung diskutiert werden. Flexible Arbeitszeiten resultieren nur in jenen Systemen, die fortdauernd eine flexible Anpassung der Arbeitszeiten ermöglichen. Da aber Arbeitszeitflexibilisierung als Umgestaltungsprozess zur Überwindung traditionell etablierter Arbeitszeitstandards gesehen wird, gelten in der Arbeitszeitdiskussion auch solche Formen der Arbeitszeit(um)gestaltung, die keine flexiblen Arbeitszeiten im eigentlichen Sinn bewirken, sondern einmalige Arbeitszeitvariationen bedeuten, als „Flexibilisierungsformen“.[19] In den folgenden Abschnitten werden die verschiedenen Formen im einzelnen erörtert.

2.1 Variation der Arbeitszeitdauer

2.1.1 Einmalige chronometrische Arbeitszeitvariationen

2.1.1.1 Einzelvertragliche Verlängerung der Arbeitszeit

Durch Einverständnis zwischen Arbeitnehmer und Arbeitgeber kann die individuelle regelmäßige Arbeitszeit auf bis zu 40 Stunden wöchentlich festgelegt werden. Damit ist das Überschreiten einer niedrigeren tariflichen Arbeitszeit möglich, ohne dass Mehrarbeitszuschläge gezahlt werden müssten. Zieht ein Mitarbeiter das aufgrund längerer Arbeitszeiten höhere Basisentgelt der entsprechenden Freizeit vor, steht es ihm offen, sich innerhalb des gesetzlichen Rahmens freiwillig zu einer längeren Arbeitszeit, als tarifvertraglich vorgesehen, zu verpflichten (Günstigkeitsprinzip). Ein arbeitnehmerseitiger Anspruch auf verlängerte Arbeitszeiten besteht allerdings nicht - welche Mitarbeiter der Arbeitgeber für verlängerte Arbeitszeiten in Betracht zieht, bleibt seiner Entscheidung überlassen (vgl. Hölting, 1999).

2.1.1.2 Einzelvertragliche Verkürzung der Arbeitszeit (Teilzeit)

Analog zur einzelvertraglichen Verlängerung der Arbeitszeit kann die individuell vereinbarte Arbeitszeitmenge auch dauerhaft geringer als die regelmäßige Arbeitszeit vergleichbarer vollzeitbeschäftigter Arbeitnehmer des Betriebes sein (§ 2 Abs. 1 TzBfG).[20] Seit 1. Januar 2001 gilt das Gesetz über Teilzeitarbeit und befristete Arbeitsverträge (TzBfG), es hat das Beschäftigungsförderungsgesetz (BeschFG) abgelöst. Das neue Gesetz verankert einen grundsätzlichen Anspruch

---

[19] In der vorliegenden Arbeit werden Formen der Arbeitszeitgestaltung auch als Arbeitszeitsysteme bezeichnet. Unter flexiblen Arbeitszeitsystemen werden nur Arbeitszeitsysteme mit flexiblen Arbeitszeiten verstanden (z.B. Überstunden, ungleichmäßig verteilte Arbeitszeiten etc.; siehe Tabelle 2.1)

[20] Bzw. bei Tarifbindung geringer als die tarifliche wöchentliche Arbeitszeit für vergleichbare Vollzeitkräfte.

auf Teilzeitarbeit (§ 8 TzBfG). Dieser gilt für Arbeitnehmer, deren Arbeitsverhältnis mehr als sechs Monate bestanden hat und deren Arbeitgeber in der Regel mehr als 15 Arbeitnehmer beschäftigt. Den Wunsch nach Arbeitzeitverkürzung müssen die Arbeitnehmer spätestens drei Monate vorher ankündigen. Von Arbeitnehmern und Arbeitgebern wird gefordert, gemeinsam nach einer einvernehmlichen Lösung zu suchen, die den Interessen beider Partner gerecht wird. Die Arbeitgeber können den Umfang der gewünschten Arbeitszeitverringerung oder deren Verteilung aus betrieblichen Gründen ablehnen. Dazu zählen insbesondere wesentliche Beeinträchtigungen der Organisation, des Arbeitsablaufs oder der Sicherheit sowie unverhältnismäßig hohe Kosten für das Unternehmen.

Wie zuvor erläutert, handelt es sich bei Teilzeit grundsätzlich um kein flexibles Arbeitszeitsystem. Sollen auch bei Teilzeitarbeit flexible Arbeitszeiten möglich sein, ist sie mit einer anderen, flexiblen Form der Arbeitszeitgestaltung zu verknüpfen. Das individuelle Arbeitszeitvolumen kann sowohl gleichmäßig als auch ungleichmäßig auf die jeweiligen Bezugszeiträume (Tag, Woche, Monat, Halbjahr, Jahr) verteilt werden.[21] Beispielsweise verrichtet die Teilzeitkraft bei der sogenannten Blockteilzeitarbeit Vollzeitarbeit an einigen Tagen in der Woche (oder im Monat). Wenn es sich um reine Einzelmaßnahmen handelt, entfällt das Mitbestimmungsrecht des Betriebsrats, ansonsten ist die Lage der Arbeitszeiten im vorhinein in Absprache mit der betrieblichen Interessenvertretung festzulegen (§ 87 BetrVG). Das Teilzeit- und Befristungsgesetz erlaubt weiterhin Vereinbarungen, wonach die Arbeitnehmer die Arbeitsleistung auf Abruf zu erbringen haben, sowie Vereinbarungen zur Arbeitsplatzteilung. Anders als individuelle Verkürzungen der regelmäßigen Arbeitszeit handelt es sich bei einem Übergang zur Arbeitsplatzteilung oder Arbeit auf Abruf um eine Versetzung im Sinne von § 95 BetrVG, die ebenfalls ein Mitbestimmungsrecht des Betriebsrats begründet (§ 99 BetrVG).

Das Entgelt bei Teilzeitarbeit liegt aufgrund des reduzierten Stundenvolumens unter dem Einkommen vergleichbarer Vollzeitkräfte („Arbeitszeitverkürzung ohne Lohnausgleich"). Das Interesse der Arbeitnehmer an kürzeren Arbeitszeiten gründet meist auf der besseren Vereinbarkeit von Beruf und anderen Lebensbereichen. Doch auch von den Unternehmen werden individuelle Arbeitszeitbudgets mitunter sehr positiv bewertet: Auf diese Weise können die Vertragsarbeitszeiten – verlängert oder verkürzt – von den Aufgaben her organisiert werden, nicht um-

---

[21] Entsprechende Gestaltungsmöglichkeiten finden sich im Abschnitt 2.2 Variation von Lage und Verteilung der Arbeitszeit.

gekehrt. Ein Überladen bzw. Unterauslastungen der Arbeitskräfte werden vermieden.

Verbreitung

Nach den Ergebnissen der ISO-Arbeitszeiterhebung handelte es sich 1999 bei 20 Prozent aller abhängig Beschäftigten in der BRD um Teilzeitbeschäftigte. Zudem wollten acht Prozent der Vollzeitbeschäftigten gerne in Teilzeit arbeiten – auch bei einer proportionalen Abnahme des Einkommens (Bundesmann-Jansen et al., 2000).
Die Arbeitszeitrechnung des IAB, die in die Volkswirtschaftliche Gesamtrechnung (VGR) des Statistischen Bundesamtes einfließt, führte aufgrund einer revidierten umfassenderen Erfassung der geringfügig Beschäftigten zu einer Erhöhung der Teilzeitquoten der vergangenen Jahre: 1999 von 20 auf 25 Prozent, 1991 von 14 auf 16 Prozent (Bach, 2001). Im Jahr 2000 waren in Deutschland etwa 8,9 Millionen Personen teilzeitbeschäftigt, die Teilzeitquote für Gesamtdeutschland lag damit bei 26 Prozent. In der Zeit von 1991 bis 2000 stiegen die Teilzeitquoten in Westdeutschland von 18 auf 27 Prozent, in Ostdeutschland von sieben auf 20 Prozent. Die Zunahme der Teilzeitbeschäftigung in den 90er Jahren ist großenteils auf einen starken Anstieg der geringfügigen Beschäftigung zurückzuführen. Aus diesem Grund nahm auch die durchschnittliche Arbeitszeit der Teilzeitbeschäftigten zwischen 1991 und 2000 um zwölf Prozent auf 680 Stunden im Jahr ab, während die Arbeitszeit der Vollzeitbeschäftigten in etwa unverändert blieb (1631 Stunden im Jahr 2000). Die Reduktion der durchschnittlichen Jahresarbeitszeit aller Beschäftigten von 100 Stunden auf 1377 Stunden im Jahr 2000 war somit in den 90er Jahren ein Ergebnis von Strukturveränderungen der Erwerbstätigkeit und nicht Resultat pauschaler Arbeitszeitverkürzungen (siehe Bach, 2001).

Teilzeitbeschäftigung wird zudem überwiegend von Frauen ausgeübt: dem Anteil abhängig teilzeitbeschäftigter Frauen an allen weiblichen Erwerbstätigen von 36,9 Prozent stand 1995 in Westdeutschland bei den Männern eine Teilzeitquote in Höhe von 5,5 Prozent gegenüber (Hoffmann/Walwei, 1998). EU-weit haben 62 aller teilzeitbeschäftigten Frauen Kinder unter 15 Jahren, die im gemeinsamen Haushalt leben; von den vollzeitbeschäftigten Frauen dagegen nur 41 Prozent (Schulze Buschoff/Rückert, 1998). Teilzeitarbeit hat in Deutschland wie auch in anderen Ländern, in denen Frauen in der Kinderbetreuungsphase typischerweise nicht erwerbstätig waren, stark zugenommen. Im allgemeinen sind die teilzeitbeschäftigten Frauen weiterhin für Haushalt und Kinder zuständig und von den Haupteinkünften ihres Partners abhängig (Schulze Buschoff, 2000).

Altersteilzeit

Ältere Arbeitnehmer können statt eines abrupten Austritts aus dem Erwerbsleben schrittweise die Arbeitszeiten reduzieren und in den Ruhestand „gleiten".[22] Während eines längeren Zeitraumes – der Gleitphase – werden, bis der Arbeitnehmer aus dem Erwerbsleben ausscheidet, kontinuierlich Arbeitszeitverkürzungen vorgenommen. Die Teilzeitarbeit kann entweder nach dem Teilzeit- und Befristungsgesetz oder nach dem Altersteilzeitgesetz (AtG) vereinbart werden. Altersteilzeit wird durch die Bundesanstalt für Arbeit gefördert. Zu den Voraussetzungen für die finanzielle Förderung zählt (u.a.), dass die Arbeitnehmer das 55. Lebensjahr vollendet haben und die bisherige Arbeitszeit auf die Hälfte verringern. Der Arbeitgeber muss das Entgelt aufstocken, zusätzliche Rentenversicherungsbeiträge entrichten, und den aufgrund der Arbeitszeitverringerung freien Arbeitsplatz mit einem Arbeitslosen oder einem Arbeitnehmer nach Abschluss der Ausbildung besetzen (§ 2 Abs. 1, § 3 Abs.1 AtG). Altersteilzeitvereinbarungen nach dem AtG können nicht dadurch erzwungen werden, dass die Arbeitnehmer einen Teilzeitanspruch nach dem TzBfG durchsetzen (BMA, 2002a).

Groß und Munz (2001) ermittelten in ihrer Arbeitszeiterhebung für Nordrhein-Westfalen, dass 62 Prozent der abhängig Beschäftigten daran interessiert sind, nach Vollendung des 55. Lebensjahres in die Altersteilzeit überzuwechseln. Die Anzahl der Altersteilzeit-Tarifverträge in Deutschland stieg im Jahr 2001 um 157 auf insgesamt 687. Im Geltungsbereich dieser Altersteilzeit-Tarifverträge sind über 16,2 Millionen Arbeitnehmer beschäftigt (BMA, 2002b).

2.1.2 Flexible chronometrische Arbeitszeitvariationen

2.1.2.1 Arbeitszeitkorridore

Bei tarifvertraglichen Vereinbarungen über Arbeitszeitkorridore werden die Mindest- und Höchstgrenzen für – temporär oder dauerhaft – von der tariflichen Arbeitszeit abweichende Arbeitszeiten festgelegt (Zühlke-Robinet, 1997).

Ein tarifvertraglicher Arbeitszeitkorridor ermöglicht es den Unternehmen, für ihre gesamte Belegschaft oder für einen Teil der Beschäftigten die regelmäßige Arbeitszeit innerhalb einer vorgegebenen Bandbreite zu verändern und die betriebsspezifischen Umstände einzubeziehen. Voraussetzung jeder Variation bleibt eine Einigung zwischen Unternehmensführung und betrieblicher Interessenvertretung.

---

[22] Vgl. Lebensarbeitszeit in Abschnitt 2.2.2.

Tabelle 2.2 Beispiele für tarifvertragliche Arbeitszeitkorridore[23]

Chemische Industrie	Seit dem 1. April 1993 gilt in der Chemischen Industrie die 37,5-Stunden-Woche. Der Tarifvertrag überlässt es aber den Betriebspartnern, ihre regelmäßige wöchentliche Arbeitszeit innerhalb eines Korridors von 35 bis 40 Stunden wählen.
Süßwarenindustrie	Der Arbeitszeitkorridor sieht einerseits die Möglichkeit einer Ausdehnung der regelmäßigen betrieblichen Arbeitszeit auf bis zu 45 Stunden pro Woche vor, andererseits kann die Arbeitszeit bis auf null Stunden reduziert werden.
Nährmittel-, Suppen- und Kaffeemittelindustrie Baden-Württemberg	Seit 1993 beträgt die regelmäßige tarifliche Arbeitszeit 7,4 Stunden pro Tag, wobei eine regelmäßige betriebliche Arbeitszeit zwischen sechs und acht Stunden täglich fixiert werden kann.
Kunststoffverarbeitung Berlin-Ost, Brandenburg	Es gilt ein Arbeitszeitkorridor zwischen 34 und 40 Stunden bei einer Regelarbeitszeit von 38 Stunden pro Woche.
Druckindustrie	Die Wochenarbeitszeit kann zwischen 35 und 40 Stunden liegen.
Versicherungswirtschaft	Zum 1. Januar 1996 wurde ein Arbeitszeitkorridor eingeführt, der es ermöglicht, für einzelne Beschäftigte oder für Beschäftigtengruppen die regelmäßige Arbeitszeit auf bis zu 20 Stunden zu senken oder auf bis zu 42 Stunden zu verlängern. Der Arbeitgeber ist verpflichtet, Anträgen auf Arbeitszeitverkürzung mindestens im gleichen Stundenumfang stattzugeben, wie er Anträgen auf Arbeitszeitverlängerung zustimmt.

2.1.2.2 Mehrarbeit (Überstunden)

Überstunden sind Arbeitsstunden, die über die vertraglich vereinbarte Arbeitszeit hinausgehend geleistet werden (Hielscher, 2000). Durch die Inanspruchnahme von Überstunden wird die (tatsächliche) Arbeitsdauer ausschließlich nach oben variabel. Für den Arbeitgeber stellen Überstunden das traditionelle Flexibilisie-

[23] Vgl. Zühlke-Robinet (1997), WSI-Tarifarchiv (1999), BMA (2002b).

rungsinstrument dar, um Auftragsspitzen und Personalengpässe bei gleichbleibender Zahl der Beschäftigten zu bewältigen. Seit dem Inkrafttreten des Arbeitszeitgesetzes im Juni 1994 gibt es keine gesetzlichen Vorschriften über die Vergütung von Überstunden. Zuschläge sind nur dann zu zahlen, wenn dies im Arbeits- oder Tarifvertrag festgelegt wurde (Schulze Buschoff/Rückert-John, 2000).
Der Umfang der Überstunden muss sich im Rahmen des Arbeitszeitgesetzes bewegen. Wie schon in Abschnitt 1.2 dargestellt wurde, ist auf Dauer eine 48-Stunden-Woche gesetzlich zulässig; vorübergehend ist auch eine 60-Stunden-Woche möglich, wenn im Durchschnitt während des tariflichen (bzw. gesetzlichen) Ausgleichszeitraumes nicht mehr als acht Stunden pro Werktag geleistet werden. Außerdem wird das mögliche Ausmaß an Überstunden in vielen Tarifverträgen explizit eingegrenzt (Hielscher, 2000). Die Verlängerung der Arbeitszeit durch Überstunden unterliegt darüber hinaus der Mitbestimmungspflicht nach dem Betriebsverfassungsgesetz. Überstunden müssen vom Betriebsrat genehmigt werden.

Von Überstunden im hier besprochenen Sinn – den sogenannten definitiven Überstunden – ist nur dann die Rede, wenn dafür kein Freizeitausgleich erfolgt. Definitive Überstunden werden finanziell vergütet, oder sie werden informell und ohne Bezahlung geleistet. Erfolgt dagegen ein Ausgleich über Freizeit, handelt es sich um „transitive Überstunden". Anders als bei definitiven Überstunden wird das tatsächliche Arbeitszeitvolumen hier nicht über das vertraglich vereinbarte Arbeitszeitvolumen hinaus ausgedehnt, sondern die vertragliche Arbeitszeit wird variabel über den gesamten Bezugszeitraum verteilt (siehe Abschnitt 2.2.2 Flexible chronologische Arbeitszeitvariation).

Verbreitung

Die Zahl der bezahlten Überstunden wird nach der Prognose des IAB 2002 auf 60,1 Überstunden pro Arbeitnehmer sinken, im Vorjahr waren es 61,5.[24]
Die Arbeitszeiterhebung des ISO führte zu dem Ergebnis, dass der Anteil der Beschäftigten, die regelmäßig (mindestens ein- bis zweimal monatlich) Überstunden leisten, zwischen 1989 und 1995 von 35 auf 45 Prozent zugenommen hat (Bauer et al., 1996a). Berücksichtigt wurden dabei nur definitive Überstunden. 52 Prozent der regelmäßig Überstunden leistenden Beschäftigten arbeiteten täglich länger als vertraglich vereinbart. Im Jahr 1999 leisteten 56 Prozent aller abhängig Beschäftigten in Deutschland regelmäßig Überstunden, 25 Prozent selten und 18 Prozent

---

24 Die meisten – bezahlten – Überstunden leisteten die deutschen Arbeitnehmer im Jahr 1970: damals kamen im Durchschnitt 158 bezahlte Überstunden auf jeden Vollzeitbeschäftigten.

nie (Bundesmann-Jansen et al., 2000). Das Überstundenvolumen pro Beschäftigten und Woche belief sich dabei auf 2,8 Stunden, davon wurden 1,1 Stunden in Freizeit, 0,9 Stunden finanziell und 0,8 Stunden gar nicht abgegolten.[25]

Die durchschnittliche Arbeitszeit der Vollzeitbeschäftigten ist in der Zeit zwischen 1984 und 1997 trotz tariflicher Arbeitszeitverkürzungen in etwa konstant geblieben (Tabelle 2.4). Vor allem in der Gruppe der Hochqualifizierten haben die tatsächlichen Arbeitszeiten zugenommen. Die tariflichen Arbeitszeitverkürzungen[26] wurden nur im Bereich der Arbeiter und Angestellten mittlerer Qualifikation wirksam.

Tabelle 2.3 Durchschnittliche tatsächliche Wochenarbeitszeit der Vollzeitbeschäftigten in Stunden, Westdeutschland

	1984	**1997**
Un- bzw. Angelernte	41,1	41,5
Arbeiter, Angestellte, Beamte mit dualer Ausbildung	42	41,3
Vorarbeiter, höher qualifizierte Angestellte, Beamte	42,7	42,2
Meister	44	44,8
Hochqualifizierte Angestellte, Beamte	45,9	47
Insgesamt	**42,8**	**43,1**
Frauen	41,6	41,4
Männer	43,2	43,9

Quelle: Lehndorff (2001)

Während im Jahr 1998 der Anteil der Überstundenleistenden in der Gruppe der Angestellten mit einfacher Tätigkeit und Ausbildungsabschluss 78,3 Prozent betrug und durchschnittlich 16,2 Überstunden pro Monat gearbeitet wurde, lag der Anteil der Überstundenbeschäftigten unter den Hochqualifizierten bei 86,1 Prozent und die durchschnittliche Überstundenzahl bei 26,1 Stunden pro Monat (Wagner, 2000). Im Vergleich zu den anderen Beschäftigtengruppen erhalten hochqualifizierte Angestellte sehr viel seltener einen Freizeitausgleich für Überstunden, obwohl der Vergütung in Freizeit im allgemeinen bereits die größte Bedeutung zukommt (siehe Abbildung 2.1). Die Überstunden im Bereich der Hochqualifizierten werden häufig unentgeltlich geleistet.

---

[25] Nur selten Überstunden leistende Beschäftigte wurden in diese Datenerfassung nicht miteinbezogen.

[26] Bei hochqualifizierten Angestellten wurden die tariflichen Arbeitszeiten im Zeitraum 1984 – 1997 von 41,2 auf 38,5 Wochenstunden reduziert (vgl. Wagner, 2000).

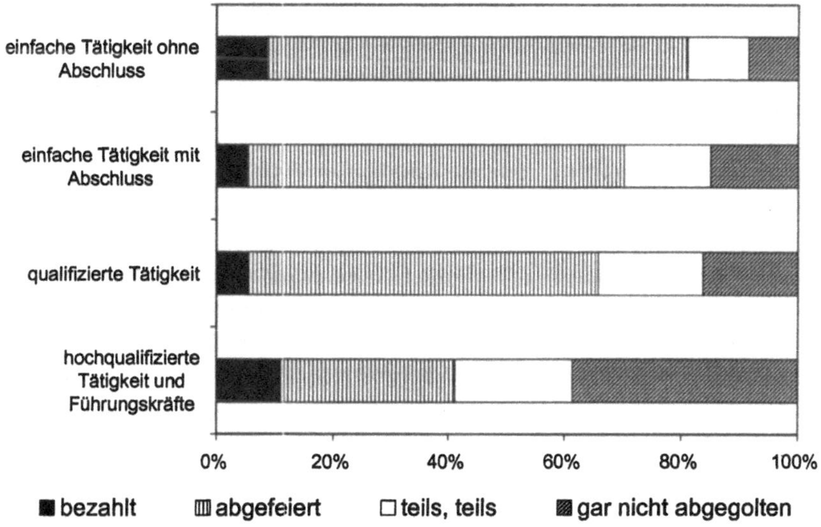

Abbildung 2.1 Angestellte[27] nach Qualifikation und Art der Abgeltung von Überstunden, Deutschland 1998; Quelle: Wagner (2000).

Von den Beschäftigten mit Überstunden im Jahr 1999 wollten 63 Prozent diese reduzieren, 34 Prozent wollten häufiger oder genauso häufig wie bisher Überstunden leisten. Nach den Ergebnissen von Groß und Munz (2001) nimmt der Wunsch, die tatsächliche Arbeitszeit zu verkürzen, mit steigender Qualifikation zu und korrespondiert sehr stark mit der Länge der tatsächlichen Wochenarbeitszeiten. Der Verkürzungswunsch steigt mit zunehmenden Einkommen.[28]

2.1.2.3 Kurzarbeit

Bei Kurzarbeit handelt es sich um eine befristete Verkürzung der Arbeitszeit als Alternative zu Entlassungen. Den Unternehmen bietet diese Arbeitszeitverkürzung die Möglichkeit, im Falle von Nachfrageeinbrüchen die Produktionskapazi-

---

[27] Nur Vollzeitbeschäftigte mit vertraglich vereinbarten Arbeitszeiten.

[28] Von den abhängig Beschäftigten, die ihre tatsächliche Arbeitszeit verkürzen wollen, nannten 95 Prozent „weiche" lebensweltliche Anforderungen wie die Stabilisierung sozialer Kontakte als Motiv. „Harte" lebensweltliche Anforderungen (Kinderbetreuung, Krankenpflege, Hausarbeit) werden von Frauen weitaus häufiger angegeben als von Männern. Frauen bevorzugten deshalb auch häufiger tägliche Arbeitszeitverkürzungen. Insgesamt überwog jedoch der Anteil der Beschäftigten (51 Prozent), die sich die Arbeitszeitverkürzung in Form freier Tage wünscht (Groß/Munz, 2001).

täten zu reduzieren. In Deutschland erhalten die betroffenen Arbeitnehmer von der Bundesanstalt für Arbeit das sogenannte Kurzarbeitergeld, um die Entgelteinbußen infolge des Arbeitsausfalls auszugleichen. Voraussetzung für die Gewährung des Kurzarbeitergeldes ist, dass der Arbeitsausfall auf wirtschaftlichen Ursachen oder einem unabwendbaren Ereignis beruht, vorübergehend und nicht vermeidbar ist (§ 170 SGB III). Für die Arbeitgeber bedeutet die öffentliche Unterstützung Kostenminderungen und einen Anreiz, Kurzarbeit einzuführen. Seit 1995 müssen die Arbeitgeber die Sozialversicherungsbeiträge für die ausgefallene Arbeitszeit entrichten. Dadurch schmälerte sich die Kostenentlastung für die Unternehmen. Kurzarbeit sollte ursprünglich nur als beschäftigungssichernde Maßnahme zur Kapazitätsanpassung in Unternehmen mit vorübergehenden, konjunkturell bedingten Überkapazitäten dienen. Ab 1988 wurde jedoch auch versucht, mit Kurzarbeit strukturbedingte Schwächen in einzelnen Branchen abzufedern.

Kurzarbeit bedarf der Zustimmung durch die Beschäftigten bzw. der betrieblichen Interessenvertretung, sie kann auch durch den Betriebsrat selbst initiiert werden (Hielscher, 2000). Auch für diese Art Beschäftigungssicherung durch Arbeitszeitverkürzung – ohne vollen Lohnausgleich – ist Solidarität zwischen den Arbeitnehmern erforderlich (Mosley et al., 1995). Während vom Beschäftigungsabbau nur ein Teil der Mitarbeiter betroffen wäre, gilt die Stunden- und Einkommensreduktion für die gesamte Belegschaft. Auf der betrieblichen Ebene ist diese Bereitschaft zu (vorübergehenden) Lohneinbußen eher gegeben als auf der gesamtwirtschaftlichen Ebene.

Aufgrund der zunehmenden Bedeutung modernerer Flexibilisierungsinstrumente ist allerdings davon auszugehen, dass die Inanspruchnahme der Kurzarbeit zurückgehen wird. Im Vergleich zu Instrumenten wie Beschäftigungssicherungstarifverträgen und den diversen Zeitkontenmodellen ist Kurzarbeit weniger kostengünstig und erfordert einen hohen Verwaltungsaufwand (Hielscher, 2000).

2.2 Variation von Lage und Verteilung der Arbeitszeit

Chronologische Arbeitszeitvariationen werden von Seiten der Unternehmen im allgemeinen aus zwei Gründen angestrebt:
Zum einen lässt sich mithilfe der Verteilung der Arbeitszeiten eine rationelle Auslastung der (kapitalintensiven) Produktionskapazitäten erzielen. Denn durch eine entsprechende Umgestaltung der Arbeitszeitorganisation ist es möglich, Maschinenlaufzeiten oder Dienstleistungszeiten zu verlängern. Die längeren Betriebszei-

ten bedeuten eine intensivere Nutzung der Kapazitäten und reduzieren so die Kapitalstückkosten.
Zum anderen sind Unternehmen an raschen und kostengünstigen Anpassungen der Arbeits- und Betriebszeiten bei schwankenden Markt- bzw. Nachfrageverhältnissen interessiert. Variable Arbeitszeitverteilungen der vertraglich vereinbarten Arbeitszeiten ermöglichen längeres Arbeiten in Spitzen-, kürzeres Arbeiten in Talphasen und vermeiden damit das Entstehen von Mehrarbeitszuschlägen. Die Arbeitskosten sinken.

Eine Verlängerung der Betriebszeiten lässt sich mit einer einmaligen Variation von Lage und Verteilung der Arbeitszeit erreichen. Die Formen der einmaligen chronologischen Arbeitszeitvariation (Abschnitt 2.2.1) entkoppeln Arbeits- und Betriebszeiten und ermöglichen so, dass die Produktions- bzw. Servicezeiten über die Arbeitszeiten der Mitarbeiter hinausgehen. Rasche Anpassungen von Betriebs- und Arbeitszeiten an Nachfrageschwankungen erfordern dagegen flexible Arbeitszeiten. In Unternehmen, die ihre Anpassungsflexibilität erhöhen wollen, besteht deshalb Bedarf an flexiblen Formen der Arbeitszeitvariation (Abschnitt 2.2.2).

2.2.1 Einmalige chronologische Arbeitszeitvariationen

Mit Beginn der Standardisierung von Arbeitsvorgängen wurde es möglich, Arbeitsplätze zu teilen und Arbeits- und Betriebszeiten zu entkoppeln. Der Einsatz neuer Technologien, vor allem künstlicher Energiequellen, aber auch die Ausdehnung der Absatzmärkte sowie verbesserte Lagerhaltungstechniken, die eine größere Unabhängigkeit von der Nachfrage schufen, führten zu einer Verlängerung der Betriebszeiten, während die Arbeitszeiten kontinuierlich verkürzt wurden. Während der Industrialisierung entstanden zunächst Arbeitszeitregelungen, welche die Arbeitnehmer an die Nutzungszeiten der Maschinen und Fließbänder banden. Die Arbeitszeit der Arbeitnehmer und die Länge der Betriebszeit standen meist in einem festen Verhältnis zueinander.
Bei den Formen der Arbeitszeitgestaltung, die einmalige chronologische Arbeitszeitvariationen zulassen, handelt es sich stets um eine Art der Schichtarbeit im weitesten Sinn. Dazu zählen die klassischen Mehrschichtsysteme, die versetzte Arbeitszeit, der Pausendurchlauf, die rollierende Mehrfachbesetzung sowie das Job-Splitting.
Schichtarbeitszeitsysteme ermöglichen die Mehrfachbesetzung von Arbeitsplätzen. Auf diese Weise lassen sich Betriebszeiten erzielen, die länger sind als die individuellen Arbeitszeiten der Beschäftigten. Der klassische Mehrschichtbetrieb

ist die traditionelle Methode, um Arbeitszeiten von Betriebszeiten abzukoppeln. In diesem herkömmlichen Fall übersteigen die Betriebszeiten die individuellen Arbeitszeiten um den Faktor der jeweiligen Schichtzahl (Düll/Ellguth, 1997). Andere Modelle der Schichtarbeit zielen auf unterschiedliche Besetzungsstärken und -zeiten einzelner Arbeitsplätze bzw. Arbeitsplatzgruppen ab, um voraussichtliche Schwankungen im Arbeitsaufkommen zu bewältigen.

In der Zeit von 1984 bis 1996 haben die wöchentlichen Betriebszeiten in den deutschen Unternehmen von durchschnittlich 60,6 auf 71,8 Stunden zugenommen (Bauer et al., 1998). Die Unternehmen gehen immer mehr zu einem „fine-tuning" von Betriebszeiten über. Kapazitäten werden nicht mehr in großen Sprüngen – in Form zusätzlicher Schichten – ausgeweitet, sondern mit Hilfe von durchlaufenden Pausen, versetzten Arbeitszeiten oder unterschiedlich langen täglichen Schichtzeiten auf den betrieblichen Bedarf abgestimmt (Bosch, 2001).

2.2.1.1 Klassische Mehrschichtsysteme

Mehrere Arbeitnehmer lösen einander an einem Arbeitsplatz ab, damit dieser für eine längere Zeitspanne als die Arbeitszeit einer einzelnen Arbeitskraft besetzt ist. Die Schichten können sich auch teilweise überschneiden.
Im Grundmodell erbringen die einzelnen Mitarbeiter(-gruppen) ihre Arbeitsleistungen nacheinander zu jeweils feststehenden Arbeitszeiten (beispielsweise A: 5.30-11.30, B:11.30-17.30, C:17.30-23.30). Die Betriebszeit ergibt sich als Summe der Arbeitszeiten.

In der Praxis ist das Mehrschichtmodell in vielfältigen Formen anzutreffen. Zwei- und Dreischichtmodelle können als „die" klassischen Mehrschichtmodelle bezeichnet werden. Bei sogenannten Wechselschichten wechselt die Schicht eines Arbeitnehmers nach einem im voraus festliegenden Zeitabschnitt. Arbeitet ein Mitarbeiter in ständiger Schicht, tritt dagegen hinsichtlich der Lage der Schicht kein Wechsel ein. In Betrieben, die ein kombiniertes Schichtmodell anwenden, arbeitet nur ein Teil der Belegschaft mehrschichtig, der andere einschichtig.
In Mehrschichtsystemen besteht darüber hinaus die Möglichkeit, die Schichtarbeitszeiten ungleichmäßig auf die Arbeitswoche zu verteilen: beispielsweise, um durch längere Freizeitblöcke die Attraktivität der Schichtarbeit für die Beschäftigten zu verbessern. Mit einer ungleichmäßigen Verteilung der Schichtarbeitszeiten im Jahresverlauf lassen sich absehbare Spitzen bzw. Talphasen in der Auftragslage ausgleichen.

Da die Arbeitszeiten nach Festlegung der Schichtpläne fix und unflexibel sind, bieten Mehrschichtsysteme keine Anpassungsmöglichkeiten bei unvorhergesehenen Auftragsschwankungen. Mithilfe der Schichtarbeit können längere Betriebszeiten durchgesetzt werden, in ihrer üblichen Form stellt sie jedoch kein flexibles Arbeitszeitsystem dar. Die klassische Mehrschichtarbeit wird deshalb häufig mit anderen Arbeitszeitmodellen kombiniert. In einer Analyse der Arbeits- und Betriebszeiten europäischer Automobilhersteller kommt Lehndorff (2000) zu dem Schluss, dass vor allem die Betriebe mit kurzen bzw. verkürzten Arbeitszeiten um eine Flexibilisierung der Betriebszeiten durch den Einbau flexibler Gestaltungselemente in die Schichtsysteme bemüht sind. Ansonsten wird in der europäischen Automobilindustrie die Arbeitszeitflexibilität noch häufig mit Instrumenten wie Sonderschichten oder der Variation der Länge von Werksferien erzielt, die das eigentliche Schichtsystem nicht tangieren.

Formale Darstellung

Die (tägliche) Arbeitszeit der Arbeitnehmer h und die Länge der (täglichen) Betriebszeit b stehen in einem festen Verhältnis zueinander. Die Betriebszeit ist ein Vielfaches der Arbeitszeit, bestimmt durch die Anzahl der Schichten pro Tag s. Im Einschichtbetrieb stimmen die tägliche Arbeitszeit und die Betriebszeit überein.

$$b = s\,h \qquad (2.2.1),$$

wobei die vertraglich vereinbarte Arbeitszeit der tatsächlichen Arbeitszeit entspricht.

Verbreitung

In den vergangenen Jahren blieb die Inanspruchnahme von Schichtarbeit auf einem relativ stabilen Niveau. Nach den Ergebnissen der ISO-Arbeitszeiterhebung lag der Anteil der Schichtarbeiter an allen Erwerbstätigen 1989 bei 14, 1993 bei zwölf und im Jahr 1995 bei 13 Prozent (Bauer et al., 1996a). Düll und Ellguth (1997) ermittelten anhand des IAB-Betriebspanels Anteile von 14,6 und 14,9 Prozent in den Jahren 1993 und 1996.[29] Am meisten Bedeutung hat die Schichtarbeit im verarbeitenden Gewerbe, wo ca. 40 Prozent der im Produktionsbereich Beschäftigten von Schichtarbeit betroffen sind (Bauer et al., 1996a). Schwerpunkte sind die Chemie- und Textilindustrie sowie der Maschinen- und Fahrzeugbau aber

[29] Anteile der Beschäftigten in Schichtarbeit in Westdeutschland. In den neuen Bundesländern betrug der Anteil im Jahr 1996 14,4 Prozent.

auch die Dienstleistungssektoren Verkehr und Nachrichtenübermittlung sowie das Hotel- und Gaststättengewerbe.

Die Verbreitung der Schichtarbeit in den Betrieben blieb im Zeitraum 1993 – 1996 ebenfalls unverändert. In den alten Bundesländern praktizierten zur Jahresmitte 1993 und 1996 jeweils knapp sechs Prozent aller Betriebe eine Form von Schichtarbeit. Wie die Analyse der Schichtbetriebe im verarbeitenden Gewerbe zeigt, waren hier nach wie vor Zweischichtsysteme am stärksten vertreten. 1996 benutzten etwa 60 Prozent der Schichtbetriebe im westdeutschen verarbeitenden Gewerbe ausschließlich ein Zweischichtmodell, weitere 36 Prozent wandten sowohl Zwei- als auch Dreischichtsysteme an (Düll/Ellguth, 1997).[30] Lehndorff (2000) stellt für die europäische Automobilindustrie eine deutliche Verlagerung vom Zwei- zum Dreischichtbetrieb während der 1990er Jahre fest. Zur Verlängerung der Betriebszeiten konnten sich Zweischichtsysteme mit langen Schichten nicht durchsetzen. In der Automobilproduktion würde der Zweischichtbetrieb nur noch in nachfrageschwachen Perioden akzeptiert, ein dauerhafter Betrieb mehrerer parallel produzierender Werke in zwei Schichten dagegen als unbefriedigend betrachtet.

Hinter den geringen Veränderungen von Schichtarbeiter- und Schichtbetriebsanteilen verbirgt sich innerbetriebliche Dynamik (Düll/Ellguth, 1997). Die Längsschnittanalysen aufgrund des IAB-Betriebspanels zeigen, dass beträchtliche Austauschbewegungen an Betrieben, die in die Nutzung von Schichtsystemen ein- bzw. aussteigen, stattfinden („Drehtüreffekt"). 23,5 Prozent der Betriebe des Verarbeitenden Gewerbes mit mehr als 19 Beschäftigten nutzten sowohl 1993 als auch 1996 Schichtarbeit. Bei 6,9 Prozent handelte es sich um „Einsteiger", während in 8,3 Prozent der Betriebe zwar 1993 jedoch nicht mehr 1996 in Schichten gearbeitet wurde. Zudem ist in den meisten Schichtbetrieben eine erhebliche Veränderung der jeweils involvierten Beschäftigtenanteile festzustellen („Fahrstuhleffekt"). Während die einen Betriebe die Nutzung der Schichtarbeit auf weitere Belegschaftsteile ausdehnen, reduzieren andere ihre Nutzungsintensitäten (Düll/Ellguth, 1999).

2.2.1.2 Rollierende Mehrfachbesetzung

Modelle der rollierenden Mehrfachbesetzung werden auch „n+Systeme" oder „multi-manning systems" genannt. Dabei werden mehr Mitarbeiter beschäftigt, als

[30] Im IAB-Betriebspanel werden folgende Kategorien von Schichtsystemen unterschieden: Zweischichtsystem, Dreischichtsystem, Vier-und-mehr-Schichtsystem sowie „sonstige Schichtsysteme", bei denen Art, Länge oder Periodizität der Schichten abweichen können (Düll/Ellguth, 1997).

Arbeitsplätze vorhanden sind. Durch das Einsetzen der zusätzlichen Mitarbeiter wird eine die übliche Arbeitszeit übersteigende Betriebszeit erzielt.
Im Unterschied zu den zuvor beschriebenen Mehrschichtsystemen übersteigen die Betriebszeiten die individuellen Arbeitszeiten jedoch nicht um einen ganzzahligen Schichtfaktor. Die Anzahl der Beschäftigten ist kein Vielfaches der zu besetzenden Arbeitsplätze.

Beispiel[31] (5 Arbeitnehmer an 4 Arbeitsplätzen in einem Einschichtbetrieb)

Mitarbeiter	Mo	Di	Mi	Do	Fr	Mo	Di	Mi	Do	Fr
1	X	X	X	X			X	X	X	X
2		X	X	X	X	X	X		X	X
3	X	X		X	X	X	X	X		X
4	X	X	X		X	X		X	X	X
5	X		X	X	X	X	X	X	X	

X = Arbeitszeit des einzelnen Mitarbeiters (täglich 8,75 h, wöchentlich 35 h)
Betriebszeit/Woche = 43,75 h je Arbeitsplatz

Das Beispiel bildet einen Betrieb ab, in dem nur eine Schicht pro Tag eingerichtet ist. Wird ein einzelner Arbeitstag betrachtet, stimmen deshalb die Betriebszeit und die tatsächlichen Arbeitszeiten der Beschäftigten überein (im Beispiel jeweils 8,75 Stunden). Die vertraglich vereinbarte Arbeitszeit pro Tag und die tatsächliche tägliche Arbeitsdauer weichen jedoch voneinander ab. Die vertragliche Arbeitszeit von sieben Stunden pro Tag entspricht dem Durchschnitt der effektiven Arbeitsstunden über einen längeren Zeitraum – hier die fünftägige Arbeitswoche, in der jeder Mitarbeiter tatsächlich nur an vier Tagen tätig ist.
„n+Systeme" ermöglichen durch eine entsprechende Aufstockung der Beschäftigtenzahl Verlängerungen der Betriebszeit, ohne dass die vertraglich vereinbarte Arbeitszeit verändert werden müsste. Als Vorteil für den Arbeitnehmer ergeben sich voraussehbare Freizeitblöcke.

Die Einführung eines Mehrfachbesetzungsmodells bedeutet eine einmalige (chronologische) Arbeitszeitvariation mit dem Ziel, Arbeitszeit und Betriebszeit zu entkoppeln. Fortdauernd flexible Anpassungen an Auftragsschwankungen werden dadurch nicht ermöglicht. Hierzu sind Kombinationen mit anderen Formen der Arbeitszeitgestaltung nötig.

---

[31] Vgl. Hölting (1999).

Formale Darstellung

Das Produkt aus Betriebszeit und besetzten Arbeitsplätzen (bzw. eingesetzten Arbeitskräften), $b\ n$, und das Produkt aus Arbeitszeit und Beschäftigtenzahl, $h\ N$, müssen übereinstimmen. In beiden Fällen resultiert der in Stunden ausgedrückte, insgesamt geleistete Arbeitsinput.

$$b\ n = N\ h \qquad (2.2.2)$$

Wie beschrieben ist bei „Multi-Manning"-Systemen $n < N$ und die vertraglich vereinbarte Arbeitszeit h nicht mehr mit der tatsächlichen Arbeitszeit am Arbeitsplatz gleichzusetzen.[32] h ist eine Durchschnittsgröße - das Mittel der effektiven Arbeitszeiten über einen längeren Zeitraum. Im oben dargestellten Beispiel resultiert die vertragliche Arbeitszeit von sieben Stunden pro Tag nur noch im Durchschnitt, da jeder Mitarbeiter an vier Tagen der Woche 8,75 Stunden arbeitet. Auf das Beispiel angewandt, lautet Gleichung (2.2.2): $8{,}75 \cdot 4 = 5 \cdot 7$.

Das klassische Schichtsystem entspricht einem Spezialfall des „Multi-Manning"-Systems, bei dem die Betriebszeit ein Vielfaches der Arbeitszeit ist (2.2.1) und die Beschäftigtenzahl ein Vielfaches der Zahl an Arbeitsplätzen – nämlich das jeweils s-fache.

$$N = s\,n \qquad (2.2.3),$$

wobei der Schichtfaktor s angibt, wie oft die Arbeitsplätze im betrachteten Bezugszeitraum (z.B. ein Tag) alternierend besetzt werden.

2.2.1.3 Job-Splitting

Beim Job-Splitting wird entweder ein Vollzeitarbeitsplatz in zwei (oder mehrere) Teilzeitarbeitsplätze mit feststehenden Arbeitszeiten aufgeteilt, oder es werden zuvor unabhängige Teilzeitstellen z.B. durch Schichtarbeit miteinander verbunden. Es handelt sich also um eine Form der Arbeitsplatzteilung, bei der die – alternierenden – Arbeitszeiten der involvierten Mitarbeiter vorgegeben sind und nicht wie beim Job-Sharing von den Beschäftigten in selbst entworfenen Arbeitszeitplänen koordiniert werden (siehe Abschnitt 2.2.2). Job-Splitting entspricht dem klassischen Zwei- (oder Mehr-)Schichtsystem.

[32] Im Einschichtbetrieb entspricht die tatsächliche Arbeitszeit der Betriebszeit (siehe oben).

Für die beteiligten Arbeitnehmer besteht grundsätzlich keine Vertretungspflicht. Die Vertretung kann im Einzelfall vereinbart werden. Im voraus vereinbarte Vertretungspflichten sind nur für solche Fälle zulässig, in denen die Vertretung aus dringenden betrieblichen Gründen erforderlich wird und zumutbar ist (§ 13 Abs. 1 TzBfG).

Formale Darstellung

Job-Splitting ist eine Anwendung des klassischen Zwei- (oder Mehr-) Schichtmodells, sodass auch hier die Gleichung (2.2.1)[33] gilt: $b = s\,h$, wobei s für die Zahl der Arbeitnehmer, die sich den Arbeitsplatz teilen, steht. Bei unterschiedlichen Arbeitszeitvolumina der beteiligten Mitarbeiter gilt:

$$b = \sum_i h_i \qquad (2.2.4).$$

Auch in diesem Fall stimmen vertraglich vereinbarte und tatsächliche Arbeitszeit überein. h_i bezeichnet das Arbeitszeitvolumen des i. Mitarbeiters.

2.2.1.4 Versetzte Arbeitszeit

Um die Besetzungszahlen einem in verschiedenen Phasen bekannt unterschiedlich starken Arbeitsaufkommen anzugleichen, starten und enden die – festen – Arbeitszeiten der einzelnen Mitarbeiter(-gruppen) gestaffelt. Das Modell wird sowohl bei schwankendem Arbeitsanfall im Tagesablauf (A:7.30-15.30, B:8.30-16.30, C:9.30-17.30) als auch in Verbindung mit Wochenarbeitszeiten (A:Mo-Fr, B:Di-Sa; etc.) angewandt.

Beispiel:

Betriebszeit (7.30-17.30)

A:7.30-15.30

B:8.30-16.30

C:9.30-17.30

Formale Darstellung

Die insgesamt geleisteten Arbeitsstunden ergeben sich zum einen aus dem Produkt der vertraglichen (= tatsächlichen) Arbeitszeit pro Tag bzw. Woche h und der Zahl der Beschäftigten N. Zum anderen müssen sie der Summe der mit den

[33] Bzw. Gleichung (2.2.2), die Formalisierung der rollierenden Mehrfachbesetzung, mit $n = 1$ und N = Zahl der Arbeitnehmer, die sich den Arbeitsplatz teilen.

jeweiligen Besetzungszahlen n_i multiplizierten Betriebszeitabschnitte b_i entsprechen.

$$\sum_i b_i n_i = N h \qquad (2.2.5).$$

b_i bezeichnet die Abschnitte der Betriebszeit mit unterschiedlicher Besetzungsstärke und n_i die jeweilige Zahl der besetzten Arbeitsplätze im *i.* Betriebszeitabschnitt.
Werden die Zahlen des oben angeführten Beispiels in Gleichung (2.2.5) eingesetzt, so resultiert daraus: $2 \cdot 1 + 2 \cdot 2 + 6 \cdot 3 = 3 \cdot 8$.

2.2.1.5 *Pausendurchlauf*

Beim sogenannten Pausendurchlauf wird die Betriebszeit entweder mittels technischer Hilfsmittel von der Arbeitszeit entkoppelt und verlängert, oder dieses Ziel wird arbeitsorganisatorisch mit versetzten Pausen und Pausenvertretungen erreicht. Im letzteren Fall handelt es sich um eine Unterform versetzter Arbeitszeiten.

Beispiel:

Betriebszeit (7.30-17.30)			
A:7.30-10.00	Pause A	A: 12.30-17.30	
B:7.30-12.30		Pause B	B: 15.00-17.30

2.2.2 *Flexible chronologische Arbeitszeitvariationen*

Flexible Variationen von Lage und Verteilung der Arbeitszeit ermöglichen den Betrieben die rasche und kostengünstige Anpassung von Betriebs- und Arbeitszeiten an ein schwankendes Arbeitsaufkommen. Bereits 1997 enthielten 68 von 109 Betriebsvereinbarungen, die im Rahmen einer Untersuchung des Instituts Arbeit und Technik analysiert wurden, dementsprechende Formen der Arbeitszeitgestaltung. Dabei handelte es sich um 20 Jahresarbeitszeitmodelle, neun Modelle mit variablen Arbeitszeiten und 39 Gleitzeitmodelle (Lindecke/Lehndorff, 1997). Da eine umfassende Lagerhaltung aufgrund der stark angestiegenen Variantenvielfalt der Produkte zu teuer geworden ist, können Produktionsbetriebe jahreszeitliche Schwankungen immer weniger über Lagerhaltung ausgleichen.[34] Die Arbeitszeit

[34] In der europäischen Automobilindustrie hat sich die Lagerhaltung in den letzten Jahren beispielsweise von sechs auf weniger als zwei Tagesproduktionen reduziert (Bosch, 2001).

wird zum Puffer bei schwankenden Aufträgen. Anstelle der Woche wird zunehmend das Jahr (bzw. bei größeren Auftragszyklen noch längere Zeiträume) zum Bezugszeitpunkt der Arbeitszeitvereinbarungen in den Unternehmen (Bosch, 2001).

Zu den Arbeitszeitsystemen, die dauerhaft variable Lagen der Arbeitszeiten zulassen, gehören zunächst die verschiedenen Formen des Grundmodells einer ungleichmäßigen Verteilung der Arbeitszeit, wie die Jahresarbeitszeit und die Lebensarbeitszeit. Auch Freischichten und Make-up shifts funktionieren nach dem Muster der ungleichmäßig verteilten Arbeitszeiten basieren jedoch auf unterschiedlichen rechtlichen Regelungen. In den jeweiligen vertraglichen Grundlagen des eingesetzten Arbeitszeitsystems wird geregelt, wer – Arbeitgeber oder Arbeitnehmer – über die Arbeitszeitvariationen entscheidet, also die Verteilung der Arbeitszeit bestimmt. Bei der KAPOVAZ, der kapazitätsorientierten variablen Arbeitszeit, werden die Arbeitseinsätze stets vom Arbeitgeber angeordnet (Arbeit auf Abruf). Arbeitszeitformen, die den Arbeitnehmer grundsätzlich mit Entscheidungsfreiheiten über die Lage der Arbeitszeit ausstatten, sind die gleitende Arbeitszeit, variable Arbeitszeiten[35] und Job-Sharing. Schließlich gibt es auch jene Arbeitszeitsysteme, die dem Arbeitnehmer die vollständige Verantwortung über Arbeitszeitanpassungen übertragen. Anwesenheitskontrollen werden durch ergebnisorientierte Leistungsvorgaben ersetzt. Zu solchen Systemen zählen die selbstbestimmte Arbeitszeit und Job-Pairing.

Als erste der genannten Formen zur flexiblen Arbeitzeitgestaltung wird die ungleichmäßige Verteilung der Arbeitszeit in ihrer allgemeinen Charakteristik beschrieben.

2.2.2.1 Ungleichmäßige Verteilung der Arbeitszeit

Vertraglich fixiert – und zwar entweder im individuellen Arbeitsvertrag oder in Kollektivverträgen – werden das Arbeitszeitvolumen und der Bezugszeitraum, in welchem diese Arbeitsleistung zu erbringen ist. Die konkrete Lage der Arbeitsstunden bleibt dagegen offen. Die ungleichmäßige Verteilung der Arbeitszeit ermöglicht so längere Arbeitszeiten in Zeiten erhöhten Arbeitsanfalls und kürzere Arbeitszeiten in schwachen Phasen. Anstatt von Mehrarbeitszuschlägen wird Zeitausgleich gewährt – im Durchschnitt wird die vereinbarte Arbeitszeit erreicht. Mit Hilfe dieses Mechanismus können Arbeits- und Betriebszeiten tatsächlich flexibel an Schwankungen der Auftragslage angepasst werden. Bis zum Festlegen der Mitarbeitereinsatzpläne kann auf Veränderungen der Rahmenbedingungen reagiert werden. Als Zeitrahmen, innerhalb dessen eine ungleichmäßige Vertei-

---

35 Gleitzeit ohne Kernzeit.

lung der Arbeitszeit möglich ist, können Wochen und Monate dienen, oder sogar die gesamte Lebensarbeitszeit des Arbeitnehmers.

Die Möglichkeit einer ungleichmäßigen Verteilung der Arbeitszeit ist in nahezu allen Tarifverträgen vorgesehen (BMA, 2002b). In den meisten Tarifbereichen beträgt der Ausgleichszeitraum, innerhalb dessen der vereinbarte Arbeitszeitstandard zu erreichen ist, zwölf Monate. Längere Ausgleichszeiträume sind beispielsweise in der keramischen Industrie West (bis zu 15 Monate) oder in der chemischen Industrie (bei projektbezogener Arbeit bis zu 36 Monate) zulässig. In der Metallindustrie Baden-Württemberg kann der Ausgleichszeitraum in begründeten Einzelfällen und mit Zustimmung der Tarifvertragsparteien auf bis zu 24 Monate ausgedehnt werden.[36]

Formale Darstellung

Bei ungleichmäßigen Verteilungen der Arbeitszeit müssen die während des Ausgleichszeitraumes geleisteten Arbeitsstunden dem vertraglich vereinbarten Arbeitszeitvolumen entsprechen. Das vertraglich vereinbarte Arbeitszeitvolumen ergibt sich aus dem Produkt der Zahl der Beschäftigten N, der vertraglichen Arbeitszeit pro Tag bzw. Woche h und der Dauer des Ausgleichszeitraums d. Die insgesamt geleisteten Arbeitsstunden resultieren aus der Summe der mit den Besetzungsstärken n_i multiplizierten Betriebszeiten b_i jeden Tages bzw. jeder Woche des Ausgleichszeitraumes.[37]

$$\sum_{i=1}^{d} b_i \; n_i = N \; h \; d \qquad (2.2.6)$$

b_i ..... Betriebszeit am i. Tag (bzw. in der i. Woche) des Ausgleichszeitraums
n_i ..... Zahl der besetzten Arbeitsplätze bzw. der eingesetzten Arbeitskräfte am i. Tag (bzw. in der i. Woche)
h ..... vertraglich vereinbarte Arbeitszeit eines Mitarbeiters pro Tag (bzw. pro Woche)
d ..... Ausgleichszeitraum in Tagen (bzw. Wochen)

---

36 In Ausnahmefällen auf bis zu 27 Monate (BMA, 2002b).

37 Alternativ zu der hier betrachteten Betriebszeit kann auch die tatsächlich geleistete Arbeitszeit zur Formalisierung der ungleichmäßig verteilten Arbeitszeit herangezogen werden: $\sum_{i=1}^{d}\sum_{j=1}^{N} t_{ij} = N \cdot h \cdot d$, wobei t_{ij} die tatsächlich geleisteten Stunden des Mitarbeiters i am Arbeitstag j bezeichnet.

Kommt es zudem während der einzelnen Arbeitstage bzw. -wochen zu verschieden stark besetzten Betriebszeitabschnitten, gilt

$$\sum_{i=1}^{d}\sum_{j} b_{ij}\ n_{ij} = N\ h\ d \qquad (2.2.7).$$

b_{ij} ..... Abschnitte der täglichen (bzw. wöchentlichen) Betriebszeit mit unterschiedlicher Besetzungszahl
n_{ij} ..... Zahl der besetzten Arbeitsplätze im j. Betriebszeitabschnitt

Werden mit den einzelnen Mitarbeitern bzw. Mitarbeitergruppen unterschiedlich lange Arbeitszeiten vereinbart, ist die Gleichung (2.2.7) folgendermaßen anzupassen:

$$\sum_{i}\sum_{j} b_{ij}\, n_{ij} = d\ \sum_{k} N_k\, h_k \qquad (2.2.8).$$

N_k ..... Anzahl der Beschäftigten mit einer bestimmten vereinbarten Arbeitszeit h_k

2.2.2.2 *Jahresarbeitszeit*

In einem sogenannten Jahresarbeitszeitvertrag werden zwischen dem Arbeitgeber und dem Arbeitnehmer das Arbeitszeitvolumen und der Bezugszeitraum (ein halbes oder ein Jahr) vereinbart. Die Arbeitsstunden werden ungleichmäßig verteilt, und nach Ablauf der Bezugsperiode kann ein neues Stundenvolumen bestimmt werden. Der Mitarbeiter ist jedoch unbefristet beschäftigt und erhält ein gleichmäßig hohes Monatsgehalt[38], wird aber besonders in Phasen mit hoher Auslastung eingesetzt. Jahresarbeitszeitmodelle können deshalb auch als Alternative zur traditionellen Saisonarbeit eingeführt werden.

Die Verteilung des Arbeitszeitbudgets auf den Ausgleichszeitraum von einem Jahr geschieht in Anbetracht der Auftragslage und der Verfügbarkeit der Beschäftigten. Die Arbeitszeitanpassungen können entweder in langfristigen Einsatzplänen für die gesamte bzw. für Teile der Belegschaft festgelegt, zwischen Arbeitgeber und Betriebsrat (bzw. Mitarbeiter) ausgehandelt oder auch kurzfristig angeordnet werden. Je nach Gestaltung der Jahresarbeitszeit kann der Arbeitnehmer also auch innerhalb kurzer Zeit zu einer Arbeitsleistung verpflichtet werden, die

---

[38] Kontinuierliche Basisvergütung: Das Entgelt wird regelmäßig als durchschnittlicher Verdienst in gleichbleibenden monatlichen Raten, verteilt über das ganze Jahr, bezahlt (Bundesministerium für Arbeit und Sozialordnung, 1997).

die tarifliche Arbeitszeit pro Woche überschreitet. Dennoch entstehen dadurch keine Ansprüche auf Mehrarbeitszuschläge: Die wöchentliche Regelarbeitszeit wird nur als Durchschnittswert fixiert, Schwankungen der tatsächlichen Arbeitszeit um diesen Wert sind innerhalb eines vereinbarten Intervalls („tarifliche Bandbreite“) zulässig. Je größer diese Schwankungsbreite ist, desto weiter wird die Grenze für Überstundenzuschläge hinausgeschoben.

In der formalen Darstellung entspricht die Jahresarbeitszeit der ungleichmäßigen Verteilung der Arbeitszeit, wobei der Ausgleichszeitraum ein Jahr beträgt.

Beispiel: Das Arbeitszeitmodell bei VW

Die Reduktion der wöchentlichen Arbeitszeit bei VW von 36 auf 28,8 Stunden war lange Zeit das bekannteste Beispiel für Beschäftigungssicherung durch Arbeitszeitverkürzung. Weniger öffentliche Aufmerksamkeit fanden die Maßnahmen zur Arbeitszeitgestaltung bei VW, die nach 1993 ergriffen wurden – als Antwort auf die neuen Arbeitszeitgegebenheiten und um die kürzeren Arbeitszeiten für flexible Anpassungen an die jeweilige Auftragslage zu nutzen. Die Folgevereinbarungen von 1996 und 1997 erweiterten das VW-Arbeitszeitmodell um den Flexibilitätsaspekt: auf der Basis der kurzen Vertragsarbeitszeiten sollte der „atmende“ Betrieb ermöglicht werden.
Die vertragliche Arbeitszeit von 28,8 Stunden pro Woche[39] ist bei VW nur im Jahresdurchschnitt zu erreichen. Die wöchentliche Arbeitszeit kann somit auf bis zu acht Stunden pro Tag und bis zu 38,8 Stunden pro Woche ohne Mehrarbeitszuschläge verlängert werden. Die Höhe des Monatsentgelts bleibt auch bei ungleichmäßiger Verteilung der Arbeitszeit unverändert – unabhängig davon, ob auftragsbedingt mehr oder weniger gearbeitet wird.[40] Die wöchentliche Arbeitszeit wird per Schichtplan jeweils auf vier oder fünf Tage festgelegt.

Mit dem neuen Arbeitszeitmodell wurde bei VW eine Flexibilitätskaskade eingeführt: Erst wenn die vorhandene Flexibilität in Stunden pro Tag ausgeschöpft ist (erste Priorität), kommt es zu ungünstigeren Schichten pro Tag (zweite Priorität). Sind diese ausgeschöpft, wird die Flexibilität in Tagen herangezogen (dritte Prio-

[39] Da sich die Verhandlungsparteien darauf einigten, dass zwar auch weiterhin die Vertragsarbeit von 28,8 Stunden pro Woche gelten solle, die Beschäftigten aber dem Unternehmen bis zu 1,2 Stunden pro Woche unbezahlt zur Verfügung stünden, beträgt die wöchentliche Arbeitszeit nun eigentlich 30 Stunden (Lehndorff, 1999).

[40] Erweist sich ein späterer Zeitausgleich als unrealistisch, erhalten die Beschäftigten zusätzliche Entgeltzahlungen (bei wöchentlichen Arbeitszeiten bis zu 38,8 Stunden allerdings ohne Mehrarbeitszuschläge).

rität). Wenn die Arbeitstage von Montag bis Freitag ausgeschöpft sind, werden die Arbeitszeiten auf Samstag ausgedehnt (vierte Priorität). Letzte Priorität hat die Vergabe von Produktionsvolumen an einen anderen Standort.
Im August 2001 kam es zu einem neuerlichen Tarifabschluss zwischen VW und der IG Metall, da VW zur Produktion eines neuen Fahrzeugtyps eine eigene „Auto 5000 GmbH“ errichten wollte, in der ausschließlich Arbeitslose eingestellt werden sollten (Koch, 2001c). Dieser Tarifabschluss gilt deshalb als innovativ, weil neben der Beschäftigung von 3500 Arbeitslosen ein maßgeschneidertes, aufeinander abgestimmtes System moderner Arbeitszeit-, Arbeitsorganisations-, Qualifizierungs- und Entgeltregelungen beschlossen wurde (siehe Übersicht in Tabelle 2.4). Die Beschäftigung erfolgt zunächst befristet auf sechs Monate, daran schließt bei Eignung ein unbefristetes Beschäftigungsverhältnis an.

Tabelle 2.4 Die wichtigsten Komponenten des Tarifvertrags für die Auto 5000 GmbH

Arbeitszeit	**Arbeitsorganisation**	**Qualifizierung**	**Entgelt**
- Wochenarbeitszeit 35 Stunden wertschöpfend (ohne Qualifizierungszeit) im Durchschnitt - Max. 42 Stunden pro Woche - Arbeitszeitkonto bis max. 200 Plusstunden pro Jahr - Samstag als Regelarbeitstag - Spätschichten an zehn Samstagen pro Jahr	- Teilautonome Teams mit Handlungs-, Dispositions- u. Entscheidungsspielraum - Flache Hierarchien (max. drei Ebenen) - Vereinbarung des Programms (Stückzahl, Qualität) zwischen Betriebsrat und Management - Personalbemessung in Absprache mit den Teams	- Vor der Aufnahme der Beschäftigung: Qualifizierung der vorher Arbeitslosen durch das Arbeitsamt (drei Monate) - Beschäftigungsbegleitende Qualifizierungszeit drei Stunden pro Woche, zur Hälfte vergütet - Qualifikationsinhalte sowohl prozessbezogen als auch bzgl. sozialer Kompetenzen	- Garantiertes Entgelt auf Flächentarifvertragsniveau im Durchschnitt der ersten drei Jahre - Nacharbeit bei durch die Arbeitnehmer zu vertretender Nichterreichung der Zielvorgaben nicht vergütet - Bonussystem mit Mindestbonus sowie persönlichem Leistungsbonus und Ergebnisbeteiligung

Quelle: Koch (2001c)

Kennzeichnend für die Tarifvertragskomponenten sind die Flexibilität der Arbeitszeiten und die Ergebnisorientierung; die Arbeitsleistung wird nicht an der verbrauchten Zeit, sondern am erzielten Ergebnis gemessen, und den Mitarbeitern wird genügend Spielraum eingeräumt, um das Arbeitsergebnis selbst zu beeinflussen.[41] Die Einführung der flexiblen Arbeitszeit- und Produktionsstrukturen wird bei der Neugründung der „Auto 5000 GmbH“ dadurch begünstigt, dass kein Beharren auf alten Verhaltensweisen zu überwinden ist. Damit die dezentrale Arbeitsorganisation in selbständig entscheidenden Produktionsteams durchführbar ist, wurden gezielte Qualifizierungsmaßnahmen vereinbart. Zum Zwecke der objektiven Überprüfbarkeit des Arbeitsergebnisses werden die Qualitäts- und Produktionsmengenmaßstäbe vorab mit dem Betriebsrat bestimmt.

2.2.2.3 Rollierende Jahresarbeitszeitmodelle

Der Form nach bedeuten Jahresarbeitszeiten eine ungleichmäßige Verteilung der Arbeitszeit über den Ausgleichszeitraum von einem Jahr. Anpassungen werden je nach Arbeitsanfall, d.h. nach Auftragslage bzw. Verfügbarkeit der Beschäftigten, vorgenommen. Einige Betriebe dynamisieren den Ausgleichszeitraum durch rollierenden Zeitausgleich. Dabei wird vorgesehen, dass das Arbeitszeitkonto eines Mitarbeiters einmal im Jahr ein bestimmtes Saldo (z.B. null Stunden) erreichen muss. Ist die Zeitausgleichsbedingung erfüllt, beginnt der Ausgleichszeitraum von neuem und läuft spätestens nach einem Jahr ab.

Der Zeitausgleich d in den Gleichungen (2.2.6) bis (2.2.8) kann bei rollierenden Jahresarbeitszeitmodellen in unterschiedlich langen Perioden erfolgen, solange diese ein Jahr nicht überschreiten. Sobald die geleisteten Stunden mit dem vertraglich vereinbarten Arbeitszeitvolumen übereinstimmen, beginnt ein neuer Ausgleichszeitraum von maximal einem Jahr.

2.2.2.4 Lebensarbeitszeit

Lebensarbeitszeitmodelle ermöglichen den Beschäftigten die lebensphasenorientierte Gestaltung ihrer Arbeitszeit. Die Arbeitnehmer können Zeitguthaben[42] ansparen und diese später - ohne Einkommenseinbußen - für Abschnitte mit verkürzten Arbeitszeiten (beispielsweise zur Weiterbildung, zur Kinderbetreuung, oder zur Pflege kranker Familienangehöriger), für Sabbaticals oder für einen vorgezogenen Eintritt in den Ruhestand verwenden. Darüber hinaus lassen Lebensarbeitszeitmodelle gleitende Übergänge zwischen Phasen der Mehr- und der Kürzerarbeit zu. Beispiele dafür sind der gleitende Übergang in das Berufsleben oder in

[41] Vgl. Zeitautonome Arbeitsgruppen in diesem Abschnitt.

[42] Diese werden Langzeitkonten gutgeschrieben und sollen nur Differenzen zwischen tatsächlich *zu leistender* Arbeitszeit (Sollarbeitszeit) und Vertragsarbeitszeit berücksichtigen, da bei Anerkennung von längeren tatsächlich *geleisteten* Arbeitszeiten die Gefahr bestünde, dass Langzeitguthaben „ersessen“ werden (siehe 2.3 Arbeitszeitkonten).

den Ruhestand (siehe Altersteilzeit in Abschnitt 2.1.1). Im konkreten Einzelfall werden gleitende Übergänge durch das Festlegen der Gesamtlänge und Lage[43] der Gleitphase sowie der Anzahl der Stufen und des Ausmaßes der Arbeitszeitvariation auf den einzelnen Stufen gestaltet (Schuh et al., 1987).

2.2.2.5 *Das Freischichtenmodell (Ansparmodell)*

Bei einer Freischicht handelt es sich um die Gewährung von Freizeit zum Ausgleich von Mehrarbeit. Die tatsächliche tägliche Arbeitszeit liegt über der vertraglichen Arbeitszeit – und zwar entweder aufgrund von vorübergehend anfallender Mehrarbeit oder weil die vereinbarte Vertragsarbeitszeit plangemäß kürzer ist als die Sollarbeitszeit. Die Mitarbeiter sparen auf diese Weise Zeitguthaben an, anstelle zuschlagspflichtiger Mehrarbeit entsteht ein Freischichtanspruch. Die freien Tage werden entweder nach Wunsch des Mitarbeiters oder im Rahmen von Betriebsvereinbarungen (z.B. als „Brückentage") festgelegt. Ein vorgezogenes Beanspruchen von Freizeit ohne Zeitguthaben ist nicht möglich. Freischichtenmodelle werden in eigenen tariflichen Vorgaben geregelt.

Formal betrachtet stimmt das Freischichtenmodell mit einer ungleichmäßigen Verteilung der Arbeitszeit überein.[44] In der Praxis ergeben sich die Unterschiede zwischen diesen Formen aus unterschiedlichen rechtlichen Regelungen und dem Umstand, dass Freischichten nicht vorweg, sondern erst nach Ansammeln der Zeitguthaben beansprucht werden können.

2.2.2.6 *Kapazitätsorientierte variable Arbeitszeit (KAPOVAZ)*

Das Arbeitszeitsystem der kapazitätsorientierten variablen Arbeitszeit ist relativ einseitig am betrieblichen Bedarf orientiert: Im Arbeitsvertrag wird – je nach Auftragslage – für den Abrechnungszeitraum (z.B. für eine Woche oder für einen Monat) vorab ein bestimmtes Stundenvolumen vereinbart. Der Arbeitnehmer erbringt sodann seine Arbeitsleistung auf Abruf. Wann gearbeitet werden soll, bestimmt der Arbeitgeber. Im Rahmen des Einzelarbeitsvertrages wird ihm ein Direktionsrecht eingeräumt, die Arbeitsleistung dem betrieblichen Bedarf entsprechend einzufordern. Innerhalb des vereinbarten Rahmens muss sich der Arbeitnehmer abrufbereit halten, ohne für diese Bereitschaftszeit eine monetäre Vergütung zu erhalten (Marr, 1987).

---

[43] Vor / teils vor, teils nach / nach dem gewöhnlichen Zeitpunkt der Veränderung im Berufsleben.
[44] Siehe Gleichung (2.2.6).

Innerhalb einer Abrechnungsperiode ist nur die Verteilung des Arbeitszeitbudgets variabel. Das Gesetz verlangt eine vertragliche Festlegung der – im gewählten Bezugszeitraum (insgesamt) zu leistenden – Arbeitszeit (§ 12 Abs. 1 TzBfG). Die Arbeitseinsätze sollten so früh wie möglich angekündigt werden; gesetzlich vorgeschrieben ist eine Abruffrist von mindestens vier Tagen vor dem Arbeitsantritt (§ 12 Abs. 2 TzBfG).
Arbeitszeit, die nicht oder nicht ordnungsgemäß abgerufen wird, verfällt zum Ende des Abrechnungszeitraums. Der Arbeitgeber gerät in Annahmeverzug und muss die nicht abgerufene Arbeitszeit trotzdem bezahlen. Allerdings kommt es zu keinem Annahmeverzug, wenn Arbeitsvertrag oder Betriebsvereinbarung es gestatten, unverbrauchte Arbeitszeit in den nächsten Abrechnungszeitraum zu übertragen (BMA, 2002a).

Abrufkräfte werden nicht nach dem Durchschnittsprinzip, sondern stundenweise nach der jeweils benötigten Arbeitszeit bezahlt (BMA, 1997; Hölting, 1999). Anders als bei einem Jahresarbeitszeitvertrag, der ebenfalls die ungleichmäßige Verteilung der Arbeitsstunden vorsieht, erhalten Abrufkräfte kein gleichmäßig hohes Monatsgehalt. Das Entgelt kann von Abrechnungsperiode zu Abrechnungsperiode sehr unterschiedlich ausfallen. Das Risiko von Schwankungen im Arbeitsanfall wird hier zur Gänze auf den Arbeitnehmer abgewälzt. Vergütet wird nur die jeweils nachgefragte Arbeit. Dadurch kann bei Arbeitnehmern eine Tendenz zur Unfreiwilligkeit entstehen, ständig für Arbeitgeberwünsche zur Verfügung zu stehen und mehr als gewollt zu arbeiten. Für die Arbeitnehmer besteht ansonsten die Gefahr, in Zukunft zu wenig oder gar nicht in Anspruch genommen zu werden.

Formale Darstellung

Die insgesamt geleisteten Arbeitsstunden, d.h. die Summe der mit den Besetzungszahlen multiplizierten Betriebszeitabschnitte, muss mit dem Produkt aus der Anzahl der Arbeitskräfte und deren Arbeitszeitbudget im Abrechnungszeitraum übereinstimmen.

$$\sum_i b_i \, n_i = N \, h \qquad \text{vgl. (2.2.5)}$$

b_i ..... Abschnitte der Betriebszeit im Abrechnungszeitraum mit unterschiedlicher Besetzungszahl
n_i ..... Zahl der besetzten Arbeitsplätze bzw. der eingesetzten Abrufkräfte im *i.* Betriebszeitabschnitt

N ..... Anzahl der (im Abrechnungszeitraum) beschäftigten Abrufkräfte
h ..... vereinbartes Arbeitszeitbudget im Abrechnungszeitraum

Wenn mit den einzelnen Mitarbeitern bzw. mit einzelnen Mitarbeitergruppen unterschiedlich lange Arbeitszeiten vereinbart werden, gilt

$$\sum_i b_i n_i = \sum_k N_k h_k \qquad (2.2.9).$$

N_k ..... Anzahl der Beschäftigten mit dem vertraglichen Arbeitszeitbudget h_k

2.2.2.7 „Make-up shifts"

Manche Unternehmen mit Betriebszeiten rund um die Uhr schaffen sich dadurch Flexibilitätsspielräume, dass die wöchentliche Sollarbeitszeit der Mitarbeiter unter der vertraglich festgelegten Arbeitszeit liegt. Somit geraten die Beschäftigten dem Unternehmen gegenüber in eine Arbeitsschuld, die dieses kurzfristig einfordern kann, um Personalengpässe auszugleichen. „Make-up shifts" sind daher das Gegenteil von Freischichten, die den Mitarbeitern als Ausgleich für zuvor erarbeitete Zeitguthaben eingeräumt werden. Zum Teil werden „Make-up shifts" auch für die berufliche Weiterbildung der Mitarbeiter herangezogen.

Wie beim Freischichtenmodell ist auch auf „Make-up shifts" die formale Darstellung einer ungleichmäßigen Verteilung der Arbeitszeit anzuwenden.[45]

2.2.2.8 Gleitende Arbeitszeit

Bei der gleitenden Arbeitszeit, hat der Arbeitnehmer die Möglichkeit, innerhalb vorgegebener Grenzen Beginn und Ende des Arbeitstages frei zu wählen. Unterschieden wird zwischen der weniger flexiblen „einfachen Gleitzeit" und der üblicheren „qualifizierten Gleitzeit". Während der Arbeitnehmer bei „einfacher Gleitzeit" lediglich über die Lage, nicht aber über die Dauer der täglichen Arbeitszeit entscheiden kann, ist es ihm bei der „qualifizierten Gleitzeit" möglich, sowohl die Lage als auch die Dauer der Arbeitszeit zu bestimmen. In der Regel werden gewisse Kernarbeitszeiten mit Anwesenheitspflicht vorgeschrieben, um die innerbetriebliche Kommunikation zu gewährleisten (Linnenkohl/Rauschenberg, 1996).

[45] Siehe Gleichung (2.2.6).

Grundform:

Eingleitspanne (flexibler Arbeitszeitbeginn)	Kernzeitspanne (verbindl. Arbeitszeitspanne)	Ausgleitspanne (flexibles Arbeitszeitende)
Maximale Betriebszeit = Rahmenzeit (Gleitzeitrahmen)		

Den Mitarbeitern steht es offen, Arbeitsbeginn und -ende während sogenannter Eingleit- bzw. Ausgleitphasen frei zu wählen, während der Kernzeitspanne (spätest möglicher Arbeitsbeginn bis frühest mögliches Arbeitsende) sind sie jedoch zu Anwesenheit verpflichtet.

Gleitzeitsysteme sind auch in Schichtbetrieben anzutreffen und erfordern dort spezielle Regelungen: z.B. Eingleitphase in der Frühschicht, Spätschicht mit Ausgleitphase, Arrangement hinsichtlich der Schichtübergabe (vgl. Hölting, 1999).
Zur Administration werden auch beim Gleitzeitmodell individuelle Arbeitszeitkonten geführt. Die Abweichungen der tatsächlichen täglichen Arbeitszeit von der vertraglich vereinbarten Arbeitszeit werden als Guthaben oder Schulden verbucht. Tarifverträge oder Betriebsvereinbarungen legen die Grenzen der zulässigen Gleitzeitguthaben bzw. –schulden fest. Nach dem Umgang mit überschrittenen Zeitsalden lassen sich Zeitkontenmodelle älteren und neueren Typs unterscheiden (siehe 2.3 Arbeitszeitkonten).
Der Einführung von Gleitzeit können zwar auch unternehmerische Motive – eine bessere Abstimmung des Personaleinsatzes bei schwankendem Arbeitsanfall, erweiterte Ansprechzeiten, die Vermeidung von Überstundenzuschlägen - zugrunde liegen, da die Flexibilisierungsoption vom Arbeitnehmer ausgeübt wird, handelt es sich aber meist um eine betriebliche Sozialleistung. Die Arbeitszeit wird individualisiert, den Mitarbeitern werden größere Gestaltungsspielräume eingeräumt.
Vor allem im Bürobereich arbeitet seit Einführung der gleitenden Arbeitszeit in den 1970er Jahren ein Großteil der Beschäftigten in Gleitzeitsystemen (vgl. Hoff/Weidinger, 1999).[46] Die alten Gleitzeitregelungen werden allerdings zunehmend den neueren Flexibilisierungstendenzen angepasst. Kombinationen mit anderen Arbeitszeitmodellen und die Einrichtung autonomer Arbeitsgruppen führen zu deutlich höheren Flexibilitätspotentialen.

46 Mit langen Kernzeiten und täglicher Anwesenheit: Viele Betriebe etablierten Gleitzeitmodelle, die den Mitarbeitern nur begrenzte Möglichkeiten für Zeitausgleich einräumten, um dadurch das Missbrauchsrisiko zu minimieren.

Formale Darstellung

Für jeden Arbeitnehmer müssen die täglich geleisteten Arbeitszeiten t_i in Summe mit der Vertragsarbeitszeit im zugrundeliegenden Ausgleichszeitraum übereinstimmen:

$$\sum_{i=1}^{d} t_i = h\ d \qquad (2.2.10).$$

d ..... Saldierungs-/Ausgleichszeitraum in Tagen
t_i ..... vom Mitarbeiter geleistete Arbeitsstunden am i. Tag des Ausgleichszeitraums
h ..... vertragliche Arbeitszeit des Mitarbeiters pro Tag

Verbreitung

Der Anteil der Beschäftigten mit Gleitzeitregelungen nahm zwischen 1989 und 1995 von 19 auf 28 Prozent zu (Bauer et al., 1996a). 1972 lag die Verbreitungsquote der Gleitzeitarbeit noch bei einem Anteil von sechs Prozent der Beschäftigten.

2.2.2.9 Variable Arbeitszeiten

Gleitzeitsysteme ohne Kernzeiten werden als variable Arbeitszeiten bezeichnet.

2.2.2.10 Job-Sharing

Bei dieser Form der Arbeitsplatzteilung teilen sich mindestens zwei Arbeitnehmer alternierend einen zeitlich bzw. funktional teilbaren Arbeitsplatz. Anders als beim Job-Splitting[47] bestimmen die Arbeitnehmer selbst, wer zu welcher Arbeitszeit den Arbeitsplatz einnimmt. Zu diesem Zweck werden vom Job-Sharing-Team kurzfristige Arbeitszeitpläne aufgestellt (Linnenkohl/Rauschenberg, 1996). Im Arbeitszeitplan werden die individuellen Arbeitszeitbudgets so verteilt, dass der betrieblich vorgegebene Zeitrahmen (beispielsweise acht Stunden pro Tag) ausgefüllt wird. Für Mängel oder Versäumnisse haftet jedes Teammitglied selbst. Kein Teammitglied ist für Schäden, die ein anderer Kollege verursacht hat, verantwortlich, sondern ausschließlich für die eigene Arbeitsleistung und Anwesenheit zu den im Plan festgelegten Zeiten (BMA, 2002). Aufgrund § 13 TzBfG besteht grundsätzlich keine Vertretungspflicht seitens der Arbeitnehmer. Es ist jedoch möglich, im jeweiligen Einzelfall Vertretungsarbeit zu vereinbaren. Vorab verein-

---

47 Vgl. Abschnitt 2.2.1.

barte Vertretungspflichten sind nur für solche Fälle zulässig, in denen die Vertretung aus dringenden betrieblichen Gründen erforderlich ist.

Beim Job-Sharing wird den beteiligten Mitarbeitern zumindest im Hinblick auf die Arbeitszeitregelung Autonomie eingeräumt. Die individuelle Verteilung der Arbeitszeit bleibt zur Gänze ihnen überlassen, die inhaltliche Aufgabenteilung kann durch den Arbeitgeber vorgegeben werden.
Bei einer funktionalen Teilung (auch „Split Level Sharing") wird eine Trennung nach der Art der Aufgaben vorgenommen, die Job-Sharer erfüllen somit unterschiedliche Teilaufgaben. Diese Form der Arbeitsplatzteilung lässt sich auf Arbeitsplätze mit unterschiedlichen Qualifikationsniveaus anwenden. Wird die Gesamtaufgabe rein mengenmäßig in ihrem Umfang aufgespalten, spricht man von zeitlicher Teilung – die Job-Sharer verrichten identische Teilaufgaben. In der Praxis finden sich häufig Mischformen zwischen funktionaler und zeitlicher Teilung.

Formale Darstellung

Die Summe der von den beteiligten Arbeitnehmern tatsächlich geleisteten Arbeitsstunden muss der (täglichen bzw. wöchentlichen) Betriebszeitvorgabe und den mit der Teamgröße N multiplizierten vertraglich vereinbarten Arbeitszeit eines Job-Sharers entsprechen.

$$b = \sum_{j=1}^{N} t_j = N\,h \qquad (2.2.11)$$

b ..... tägliche bzw. wöchentliche Betriebszeit
N ..... Anzahl der Job-Sharer
t_j ..... tatsächlich geleistete tägliche bzw. wöchentliche Arbeitsstunden des j. Mitarbeiters
h ..... vertragliche Arbeitszeit eines Mitarbeiters pro Tag bzw. Woche

2.2.2.11 Zeitautonome Arbeitsgruppen

Job-Sharing lässt sich auch auf mehr als einen Arbeitsplatz anwenden. Es wird dann meist von „zeitautonomen Arbeitsgruppen" gesprochen: Mindestens zwei Arbeitnehmer übernehmen einen bestimmten Aufgabenkomplex und verpflichten sich zur ordnungsgemäßen Leistungserfüllung. Der Arbeitgeber vereinbart mit den Mitarbeitern, welche Leistungen zu erbringen sind, und zu welchen Zeiten, die Aufgabenerfüllung garantiert sein muss (z.B. Öffnungs-/Servicezeiten). Zudem gibt der Arbeitgeber vor, wie viele Mitarbeiter in bestimmten Zeitabschnitten

anwesend sein müssen. Innerhalb der Arbeitsgruppe stimmen sich die Mitarbeiter eigenverantwortlich ab und übernehmen die Arbeitszeitensteuerung (inkl. Abwesenheitsplanung und Fehlzeitenvertretung). Es liegt zur Gänze bei den Gruppenmitgliedern, Dienstpläne zu erstellen bzw. ein geeignetes Reglement zu finden. Die Verantwortung für die tägliche Arbeitszeitplanung und ihre flexible Anpassung an die jeweilige Situation wird also dezentralisiert und den Beschäftigten übertragen. Aus der Sicht des Unternehmens ermöglichen zeitautonome Arbeitgruppen eine optimale Auslastung sowie ein hohes Ausmaß an Kundenorientierung. Die Arbeitskräfte erhalten dafür die Freiheit, Arbeitszeit und Freizeit sehr flexibel (und kurzfristig) nach den eigenen Präferenzen einzuteilen (BMA, 2001). Vor allem wenn die Gruppen nach Alter, Lebenssituation etc. heterogen zusammengesetzt sind, erhöhen sich die Chancen, die individuellen Arbeitszeitpräferenzen durchzusetzen (Bosch, 2001).
Eine zeitorientierte Kontrolle der Mitarbeiter existiert weiterhin, denn die Beschäftigten müssen ihre Arbeitszeitentscheidungen innerhalb eines vorgegeben Rahmens, welcher Ansprechzeiten, Besetzungszahlen und maximal zulässige Arbeitszeiten festlegt, treffen.

Formale Darstellung

$$b\,n = \sum_{j=1}^{N} t_j = N\,h \qquad (2.2.12).$$

b ..... tägliche bzw. wöchentliche Betriebszeit
n ..... Anzahl der Arbeitsplätze
N ..... Anzahl der Job-Sharer
t_j ..... tatsächlich geleistete tägliche bzw. wöchentliche Arbeitsstunden des j. Mitarbeiters
h ..... vertragliche Arbeitszeit eines Mitarbeiters pro Tag bzw. Woche

Im Falle von $n = 1$ handelt es sich um Job-Sharing. Wenn die vereinbarten Arbeitszeiten der Mitarbeiter voneinander abweichen, gilt

$$b\,n = \sum_{j=1}^{N} t_j = \sum_{k} N_k\,h_k \qquad (2.2.13).$$

N_k ..... Anzahl der Job-Sharer mit einer bestimmten vertraglichen Arbeitszeit h_k

2.2.2.12 Selbstbestimmte Arbeitszeit („Vertrauensarbeitszeit")

Im Vertrag zwischen dem Unternehmen und dem Arbeitnehmer werden der geschuldete Arbeitsumfang – die garantierte Arbeitsleistung - und der dafür benötigte Zeitrahmen geregelt, die Arbeitszeiteinteilung bleibt dem einzelnen Arbeitnehmer überlassen. Im Vordergrund steht das Arbeitsergebnis. Diese Form der Arbeitszeitgestaltung ist oft mit einer räumlichen Trennung von Betriebs- und Arbeitsstätte verbunden. Das Modell der selbstbestimmten Arbeitszeit trifft daher u.a. auf Heimarbeitsplätze, Heimarbeit und Telearbeit zu (Linnenkohl/Rauschenberg, 1996):

- Heimarbeitsplatz: Ein Heimarbeitsplatz liegt vor, wenn ein Arbeitnehmer bestimmte Arbeitsleistungen auch außerhalb des Betriebes erledigen kann, ohne dass hierdurch seine Arbeitnehmereigenschaft berührt wird.
- Heimarbeit: Ein Heimarbeiter kann nicht als Arbeitnehmer angesehen werden, es besteht keine persönliche Abhängigkeit zum Auftraggeber. Der Heimarbeiter erbringt seine Arbeit in einer von ihm selbst gewählten Betriebsstätte.
- Telearbeit: Ein „Telearbeiter" erbringt seine Arbeitsleistung vom Betrieb räumlich abgetrennt, ist aber mittels informations- und telekommunikationstechnologischer Ausrüstung mit seinem Arbeit- bzw. Auftraggeber verbunden.

In leitenden Positionen sind Arbeitszeitmodelle, die auf jegliche Zeitkontrollen verzichten und statt dessen auf Ergebniskontrollen ausgerichtet sind, bereits seit langem üblich und weit verbreitet. Seit einiger Zeit kommt es auch in anderen Beschäftigungsgruppen vor, dass die Arbeitszeitgestaltung vollständig den Arbeitnehmern übertragen wird. In ihrer Betriebsbefragung 2001 kommen Hoff und Priemuth (2001b) zu dem Ergebnis, dass 39 Prozent der befragten Betriebe bereits eine Form von Vertrauensarbeitszeit praktizieren. Für alle Mitarbeiter findet sie jedoch nur in 29 Prozent dieser Fälle Verwendung, während die Vertrauensarbeitszeit in 55 Prozent dieser Betriebe für alle AT-Angestellten gilt. Vertrauensarbeitszeit, worunter im allgemeinen der arbeitgeberseitige Verzicht auf Zeitkontrolle verstanden wird, bedeutet in 82 Prozent der praktizierenden Betriebe die eigenverantwortliche Erfüllung der Vertragsarbeitszeit durch die Mitarbeiter, in 79 Prozent der Fälle „keine Zeiterfassung".

Anstelle von Arbeitszeitvorgaben die zu erzielende Leistung zu vereinbaren, ist insbesondere bei schwankendem Arbeitsanfall für den Arbeitgeber von Vorteil, weil sich auf diese Weise ein Teil des unternehmerischen Risikos auf die Arbeitnehmer übertragen lässt. Aus der Sicht eines Unternehmens interessiert in erster

Linie, wie viel von dem Zeitaufwand, um ein bestimmtes Ergebnis zu erzielen, bezahlt werden muss, und nicht wie lange dafür tatsächlich gearbeitet wird. Vor allem an langen unbezahlten Arbeitszeiten hochqualifizierter Arbeitskräfte besteht großes Interesse: Die hohen Kosten für Rekrutierung, Qualifikation und Einarbeitung sollen sich durch möglichst lange „Qualifikations-Nutzungszeiten" amortisieren.[48]

Ohne Arbeitszeiterfassung kommt es – je nachdem wie lange die Beschäftigten für die Erbringung der vereinbarten Leistung benötigen – zu Schwankungen des Stundenlohns. Das Auftreten unvorhergesehener Schwierigkeiten kann daher zu einer Verringerung des tatsächlichen Stundenlohnsatzes führen (vgl. Wagner, 2000; Lehndorff, 2001).

2.2.2.13 Job-Pairing

Job-Pairing ist eine weitere Form der Arbeitsteilung. Dabei verpflichten sich mehrere Arbeitnehmer, eine ihnen übertragene Arbeit zusammen zu erledigen, sich soweit erforderlich zu informieren und die wesentlichen Entscheidungen gemeinsam zu treffen (Linnenkohl/Rauschenberg, 1996). Die gemeinsame Verpflichtung zur Erledigung der Arbeit gehen die Arbeitnehmer als „Eigengruppe" (BGBGes) ein, zu der sie sich für diesen Zweck zusammenschließen. Der einheitliche Arbeitsvertrag kann auch nur einheitlich wieder gekündigt werden (Hölting, 1999).

2.3 Arbeitszeitkonten – administrative Hilfsmittel

Bei Arbeitszeitkonten handelt es sich um organisatorische Hilfsmittel zur Verwaltung von Ansprüchen auf Freizeitgewährung bzw. Arbeitsleistung, die den Arbeitnehmern und Arbeitgebern bei flexibler Arbeitszeitgestaltung entstehen (Hölting, 1999).

Die ersten Zeitkontenmodelle dienten der Saldierung von gleitzeitbedingt unterschiedlichen Tagesarbeitszeiten mit der vertraglichen Arbeitszeit (Hoff/Weidinger, 1999). Zwar existieren auch bei Zeitkonten der ersten Generation tarifliche oder betriebliche Obergrenzen für den zulässigen Zeitübertrag auf den Folgemonat, doch Regelungen für Überschreitungsfälle bzw. Maßnahmen zur Steuerung des Zeitsaldos gibt es nicht. Die Absicht hinter diesen Zeitkontenmodellen war, Abweichungen von der Regelarbeitszeit zu begrenzen und vor allem Schwankungen nach unten[49] nur selten oder gar nicht zuzulassen. Der Saldierungszeitraum

---

[48] Neueinstellungen werden häufig hinausgezögert und erst dann vorgenommen, wenn die Möglichkeiten der Ausweitung der Arbeitszeit erschöpft sind (Wagner, 2000).

[49] D.h. kürzere tatsächliche Arbeitszeit als vertraglich vereinbart.

entsprach dem Abrechnungszeitraum bezüglich der Entgeltzahlungen (meist ein Monat).

Die Orientierung der Unternehmen hin zu flexibleren Arbeitszeiten, um auf betriebliche Anforderungen reagieren zu können, beeinflusste auch die Form der Arbeitszeitkonten. Es wurden Zeitkontenmodelle entwickelt, die als Indikator der Personalauslastung und zur laufenden Arbeitszeitsteuerung herangezogen werden konnten. Bekanntestes Beispiel dafür ist das sogenannte Ampelkonto. Ampelkonten werden zu keinem Zeitpunkt abgerechnet, sondern fortlaufend gesteuert: Innerhalb einer gewissen Bandbreite, der Grünphase, (z.B. +/- x Stunden) sind Abweichungen von der regelmäßigen Arbeitszeit ohne weiteres zulässig. Der Mitarbeiter kann – in Abstimmung mit seiner Arbeitsgruppe – die Arbeitszeit selbst steuern. Werden die Grenzen dieses Rahmens überschritten, befinden sich die Zeitsalden zunächst in der Gelb- (z.B. +/- y Stunden) und schließlich in der Rotphase. Gelb- und Rotphase unterscheiden sich meist darin, dass die Führungskraft in der Gelbphase gemeinsam mit, in der Rotphase dagegen ohne Mitarbeiter Maßnahmen zur Rückführung des Zeitsaldos einleitet. Ob Ampelkonten ihren Zweck erfüllen können, hängt von der Effektivität der Steuerungsmaßnahmen ab. Gelingt es den Vorgesetzten und Mitarbeitern nicht, geeignete Gegenmaßnahmen zu treffen, werden weiterhin Salden im gelben und roten Bereich angezeigt bzw. verfestigt. Das Funktionieren eines Ampelkontensystems ist daher von den vorgegebenen Einsatzplänen bzw. dem vorhandenen Instrumentarium für die Rücksteuerung von Zeitsalden abhängig.
Die Dokumentation über die tatsächlich geleisteten Arbeitszeiten ist eine Voraussetzung dafür. Auf diese Weise lassen sich Fehleinschätzungen bei der Arbeitszeitkalkulation transparent machen. Ursachen für überlange Arbeitszeiten können aufgedeckt und aus dem Weg geräumt werden. Dazu muss es den Beschäftigten möglich sein, Probleme wie eine zu knappe Personalbemessung, Qualifikationsengpässe oder eine ungeeignete Arbeitsorganisation aufzuzeigen und zum betrieblichen Verhandlungsgegenstand zu machen (Wagner, 2000; Lehndorff, 2001).

Die Kontrolle überlaufender Zeitkonten wird dadurch erschwert, dass Anwesenheitszeiten häufig als Indikator der persönlichen Arbeitsleistung herangezogen werden. Für die Mitarbeiter besteht ein Anreiz, Zeitguthaben aufzubauen und somit tendenziell länger zu arbeiten bzw. mehr Zeit für die Erledigung der Arbeitsaufgaben zu verbrauchen. Das Ansammeln von Zeitguthaben verhindert, dass die Beschäftigten Verbrauch von Arbeitszeit als Kostenfaktor sehen. Um die Schwäche herkömmlicher Zeitkonten, den Arbeitszeitverbrauch zu fördern, zu umgehen, werden Plan-Arbeitszeitkonten eingeführt. Saldiert wird dabei die Dif-

ferenz zwischen Plan-Arbeitszeit – der tatsächlich *zu leistenden* Arbeitszeit (Sollarbeitszeit) – und Vertragsarbeitszeit, nicht wie zuvor zwischen tatsächlich *geleisteter* und vertraglicher Arbeitszeit. Anwesenheitskontrollen können von einer stärkeren Ergebnisorientierung abgelöst werden („Vertrauensarbeitszeit", vgl. Abschnitt 2.2.2).[50] Zu Bewegungen auf den Arbeitszeitkonten kommt es nur dann, wenn zuvor entsprechende Planungen durchgeführt wurden. Besondere Bedeutung haben Plan-Arbeitszeitkonten in Hinsicht auf Langzeitkonten.
Langzeitkonten sollen den Aufbau von Zeitguthaben für längere Freistellungen von der Beschäftigung, Phasen mit reduzierter Arbeitszeit etc. verwalten (siehe Lebensarbeitszeit in Abschnitt 2.2.2).[51] Langzeitkonten können neben kurzfristigeren Ist-Zeitkonten oder auch ohne sie geführt werden. Existiert ein paralleles Kurzzeitkonto, so werden auf diesem die Abweichungen der tatsächlich geleisteten Arbeitszeit von der tatsächlich zu leistenden Arbeitszeit verbucht. Um zu verhindern, dass Langzeitguthaben lediglich ersessen werden, soll zwischen Langzeit- und Kurzzeitkonten keine Verbindung bestehen. Dem Langzeitkonto werden positive Differenzen zwischen der Planarbeitszeit und der Vertragsarbeitszeit gutgeschrieben. In der langen Frist ist kein vorgezogenes Beanspruchen von Freizeit möglich.

In diesem Zusammenhang lässt sich eine weitere Differenzierung der Arbeitszeitkonten danach vornehmen, ob nur Schwankungen nach oben (Mehrarbeit) oder auch Schwankungen nach unten verrechnet werden können. Bei der Lebensarbeitszeit oder dem Freischichtenmodell werden beispielsweise nur Abweichungen nach oben verbucht, dagegen sind bei gleitender Arbeitszeit oder Modellen mit ungleichmäßiger Verteilung der Arbeitszeit Buchungen in beide Richtungen denkbar.
Als Verrechnungseinheit kann Zeit oder Geld dienen. Wenn ein Arbeitnehmer länger arbeitet, als vertraglich vorgeschrieben, entsteht ein Anspruch auf eine entsprechende Freistellung, dahinter steht aber ein Geldanspruch auf Arbeitsvergütung (allerdings nicht auf Mehrarbeitszuschläge). Wird das Arbeitszeitkonto in Zeit geführt, verzinsen sich vorhandene Guthaben – bei einer 1:1-Freistellung zum aktuellen Stundenentgelt - mit der inzwischen erfolgten Steigerung des Ar-

[50] Vertrauensarbeitszeitregelungen kommen ohne Zeitkonten für den kurzfristigen Zeitausgleich aus, lassen aber die Kombination mit Langzeitkonten zu (BMA, 2002c).

[51] Die Einrichtung von Langzeitkonten wird derzeit noch häufig durch tarifvertragliche Regelungen erschwert, die zu einem relativ kurzfristigen Ausgleich von über die Regelarbeitszeit hinaus geleisteter Arbeitszeit zwingen.

beitsentgelts. Erfolgen die Buchungen in Geldeinheiten, ist zu entscheiden, welcher Zinssatz angewandt werden soll.[52]

Verbreitung

Die ISO-Arbeitszeiterhebungen zeigen, dass im Jahr 1999 bereits für 37 Prozent aller Beschäftigten ein Arbeitszeitkonto geführt wurde, und dieser Anteil ist steigend (Bundesmann-Jansen et al., 2000). Die Existenz von Arbeitszeitkonten ist an die Verbreitung flexibler Formen der Arbeitszeitgestaltung gekoppelt. Eine Analyse der betrieblichen Vereinbarungen zu flexiblen Arbeitszeiten zeigt einen deutlichen Anstieg der Neuabschlüsse seit Mitte der 1990er Jahre (Klein-Schneider, 1999). Während 1991 nur 15 betriebliche Vereinbarungen zu flexiblen Arbeitszeiten abgeschlossen wurden, kam es in späteren Jahren zu bedeutend mehr Neuabschlüssen: 69 in 1994, 147 in 1995, 226 in 1996 und 199 in 1997. Die untersuchten Vereinbarungen hatten vor allem folgende Formen der Arbeitszeitgestaltung zum Inhalt: Gleitzeit (35 Prozent), Mehrarbeit (24 Prozent), Teilzeit (9 Prozent). Neuere Formen wurden bereits in 24 Prozent der Vereinbarungen behandelt.

Eine Auswertung von tarifvertraglichen Regelungen zu Arbeitszeitkonten kommt zu den folgenden Ergebnissen (Bispinck, 1998). Zum Regelungsstand 1998 dominierten Arbeitszeitkontenmodelle, die flexible Anpassungen bei kurz- bis mittelfristigen Änderungen der Markt- und Produktionsbedingungen verwalten. Flexibilitätsspielräume der Beschäftigten bestanden innerhalb des Rahmens betrieblicher Anpassungserfordernisse. Langzeitkonten waren selten, meist nur in Firmentarifverträgen zu finden. Beinahe alle untersuchten Regelungen gingen davon aus, dass die Beschäftigten Zeitguthaben ansammeln, die später entnommen werden; Negativsalden waren kaum vorgesehen. Während ein Teil der Regelungen auf eine enge Begrenzung der maximal zulässigen Salden abzielte, gewährte ein anderer Teil relativ große Spielräume.
Koch (2001b) schätzte die Entwicklung der Arbeitszeitkontensalden in Westdeutschland und stellte in Phasen geringeren Wirtschaftswachstums einen Abbau der Salden, bei kräftigem Wachstum einen Aufbau der Salden fest. Aufgrund der resultierenden gesamtwirtschaftlichen Arbeitszeitflexibilität schließt sie auf beschäftigungsstabilisierende Effekte (vgl. Abschnitt 0 Flexibilität am Arbeitsmarkt).

[52] Bei VW wurde das Verzinsungsproblem beispielsweise derart gelöst, dass die Wertguthaben der Mitarbeiter angelegt werden und sich mit dem Anlageerfolg verzinsen (Hoff/Weidinger,1999).

Nach den Ergebnissen einer im Juli 2001 durchgeführten Betriebsbefragung zum Thema Langzeitkonten wurden in 28 Prozent der befragten Betriebe Arbeitszeitkonten geführt, auf denen während einer Periode von mehr als zwei Jahren Guthaben angesammelt werden können (Hoff/Priemuth, 2001a). Als Einführungsmotiv überwiegt mit 74 Prozent die Absicherung gegen Beschäftigungsschwankungen. Besonders positiv wirken Langzeitkonten nach Meinung der befragten Personalverantwortlichen auf die Zufriedenheit der Mitarbeiter, aber auch auf die Attraktivität des Betriebes, das Betriebsklima, die Arbeitsproduktivität, die Beschäftigungsstabilität sowie das Überstundenvolumen. Der Verwaltungsaufwand hat in 53 Prozent der Betriebe mit Langzeitkonten zugenommen. Der vor dem Hintergrund der sozialversicherungsrechtlichen Regelungen relativ hohe Aufwand für die Kontenführung wird von 14 Prozent der befragten Betriebe, die keine Langzeitkonten haben oder planen, als Grund ihrer Ablehnung angegeben. Ebenso häufig werden fehlende tarifliche Voraussetzungen (wie zu enge Ausgleichszeiträume) genannt. Außerdem kommen Hoff und Priemuth (2001a) zu dem Schluss, dass Langzeitkonten künftig ins Gesamtvergütungssystem integriert sein werden, während sie derzeit fast ausschließlich „in Zeit" geführt werden und Entgeltbestandteile nur selten als Guthaben eingebracht werden können.

3 Gewerkschaftsmodelle und Arbeitszeit

Wie in vielen europäischen Ländern, spielen auch in Deutschland Verhandlungen zwischen Gewerkschaften und Arbeitgebern eine zentrale Rolle im Geschehen am Arbeitsmarkt. Im deutschen Tarifsystem dominieren – regionale – Verbandstarifverträge, d.h. Abschlüsse zwischen einer Gewerkschaft und einem Arbeitgeberverband. Am bedeutendsten sind Verbandstarifverträge für Branchen, auch Flächentarifverträge genannt. Diese Flächentarifverträge werden auf der betrieblichen Ebene durch Abkommen zwischen Betriebsräten und Management ergänzt. Zudem wächst die Zahl der Firmentarifverträge, sodass auch in Deutschland eine zunehmende Dezentralisierung der Tarifverhandlungen festzustellen ist.

Im Jahr 2000 waren 70,1 Prozent aller Arbeitnehmer in Westdeutschland und 55,4 Prozent aller ostdeutschen Arbeitnehmer in tarifgebundenen Betrieben tätig. 62,8 Prozent der westdeutschen Beschäftigten arbeiteten in Betrieben mit Verbandstarifverträgen und 7,3 Prozent in Betrieben mit Firmentarifverträgen; in Ostdeutschland handelte es sich um 45,5 und 9,9 Prozent. Somit waren in Deutschland insgesamt 68 Prozent der Arbeitnehmer bei tarifgebundenen Arbeitgebern beschäftigt. Weitere 15 Prozent der westdeutschen und 24 Prozent der ostdeutschen Arbeitnehmer wurden von Unternehmen beschäftigt, die zwar nicht tarifgebunden sind, sich aber dennoch an Tarifverträgen orientieren. Insgesamt sind deshalb für die Beschäftigungsverhältnisse von rund 84 Prozent der deutschen Arbeitnehmer Tarifvereinbarungen relevant (BMA, 2002b).
In diesen Tarifverträgen werden neben der Entlohnung eine Vielzahl weiterer arbeitsrelevanter Themen behandelt. Arbeitszeiten gelten in Deutschland als besonders wesentliche Arbeitsbedingungen und werden traditionell in Tarifvereinbarungen geregelt.[53] Auch international stellen Arbeitszeiten den zweithäufigsten Verhandlungsgegenstand (nach Lohnfragen) dar (Cahuc/Zylberberg, 1996).

Vor diesem empirischen Hintergrund erscheint es angemessen, flexible Arbeitszeiten im Rahmen eines Gewerkschaftsmodells zu untersuchen. Gewerkschaftsmodelle sind Arbeitsmarktmodelle, welche die Verhandlungssituation zwischen Gewerkschaft und Arbeitgeber abbilden. Sie lassen sich – je nach Modelltypus – in Right-to-Manage-Ansätze und Modelle effizienter Verhandlungen einteilen. Im folgenden wird zunächst auf den Unterschied zwischen Right-to-Manage und effizienten Verhandlungen sowie auf gemeinsame Prämissen eingegangen.

[53] In Deutschland gültige tarifvertragliche Arbeitszeitregelungen sind im Rahmen der ausführlichen Beschreibung der unterschiedlichen Arbeitszeitsysteme in Kapitel 2 dargestellt.

3.1 Right-to-Manage und effiziente Verhandlungen

In den traditionellen Right-to-Manage-Modellen wird unterstellt, dass Gewerkschaft und Arbeitgeber über die Lohnhöhe verhandeln.[54] Danach bestimmt allein das Unternehmen jenes Beschäftigungsniveau, das seinen Gewinn maximiert – und zwar in Abhängigkeit vom Reallohn. In Hinsicht auf die Beschäftigung besitzt also das Unternehmen das „Recht zu entscheiden" (Nickell/Andrews, 1983).[55] Beim Modell effizienter Verhandlungen wird dagegen nicht nur der Lohn, sondern gleichzeitig auch die Beschäftigungsmenge ausgehandelt. Das Standardmodell hierfür wurde von McDonald und Solow (1981) eingeführt. In effizienten Verhandlungen müssen Pareto-optimale Ergebnisse erzielt werden, keiner Partei soll es möglich sein, ihre Situation ohne Schlechterstellung des Verhandlungspartners zu verbessern. Während also bei effizienten Verhandlungen die Verhandlungslösung auf der Kontraktkurve[56] liegt, führen Right-to-Manage-Ansätze zu Ergebnissen auf der Arbeitsnachfragekurve.

Beide Modelltypen – Right-to-Manage und effiziente Verhandlungen – stützen sich jedoch auf eine Reihe gemeinsamer Prämissen:

1. Die Verhandlung findet zwischen einem einzelnen Unternehmen und einer einzelnen Gewerkschaft statt. Es wird angenommen, die betrachtete Unternehmung sei repräsentativ für alle Unternehmen, die der Gewerkschaft gegenüberstehen.[57]
2. Die Gewerkschaft vertritt die Interessen der $M > 0$ Mitglieder, bei denen es sich um identische Arbeitnehmer mit spezifischen Qualifikationen handelt, die von Wert für das Unternehmen sind.
3. Lohnkonkurrenz unter den Arbeitnehmern ist ausgeschlossen. Alle potentiell Beschäftigten sind Mitglieder der Gewerkschaft.
4. Jene Gewerkschaftsmitglieder, die nicht von der Unternehmung beschäftigt werden, erhalten einen exogen gegebenen Reservationslohn. Bei diesem Re-

---

[54] Zur Veranschaulichung der Unterschiede werden an dieser Stelle nur einfache Standardmodellansätze betrachtet. Als endogene Variablen dienen Lohn und Beschäftigung. Die Variable Arbeitszeit bleibt unberücksichtigt.

[55] Einen Spezialfall der Right-to-Manage-Modelle stellt das sogenannte Monopolmodell dar, in welchem allein die (Monopol-)Gewerkschaft den Tariflohn bestimmt und die Unternehmung anschließend über die Beschäftigung entscheidet.

[56] Geometrischer Ort der Tangentialpunkte zwischen Isoprofit- und Gewerkschaftsindifferenzkurven: Entlang der Kontraktkurve stimmen die Grenzraten der Substitution zwischen Lohn und Beschäftigung von Gewerkschaft und Arbeitgeber überein.

[57] Es herrscht keine Situation eines bilateralen Monopols, auf der Nachfrageseite des Arbeitsmarkts existiert Konkurrenz (Goerke/Holler, 1997).

servationslohn kann es sich um das Einkommen in einem anderen Wirtschaftssektor oder um die staatliche Arbeitslosenunterstützung handeln.

5. Um sicherzustellen, dass die zwei Parteien überhaupt zu Verhandlungen bereit sind, muss ein positiver Lohnzahlungsspielraum angenommen werden: Damit die Gewerkschaft in der Verhandlung einen den Reservationslohn übersteigenden Lohnsatz durchsetzen kann, muss für das Unternehmen aus dem Einsatz von Gewerkschaftsmitgliedern zum markträumenden Lohnniveau ein Gewinn resultieren.[58] Erst dann existiert ein Surplus, über dessen Aufteilung es sich zu verhandeln lohnt. Der Gewerkschaft wird es dadurch möglich, damit zu drohen, dass ihre Mitglieder nur zu einem höheren Lohnsatz oder gar nicht beschäftigt werden können. Notwendige Voraussetzung dafür ist, dass das Unternehmen nicht ohne weiteres in der Lage ist, die erforderlichen qualifizierten Arbeitskräfte aus dem nicht gewerkschaftlich organisierten Sektor zu rekrutieren (vgl. Prämisse 3). Darüber hinaus muss gelten, dass die Produktivität des betrachteten Unternehmens langfristig über der Produktivität seiner Konkurrenten liegt.[59]

3.2 Literaturübersicht: Gewerkschaftsmodelle mit Arbeitszeit

Die Mehrzahl der vorhandenen theoretischen Arbeiten, die auf Arbeitszeitanalysen im Rahmen eines Arbeitsmarktmodells gerichtet sind, geht von Verhandlungen zwischen Arbeitgeber und Gewerkschaft aus und integriert die Arbeitszeit in ein Gewerkschaftsmodell.[60]

Calmfors (1985) untersucht die Wirkung von Arbeitszeitverkürzungen im Rahmen eines Monopolgewerkschaftsmodells ohne Überstunden. Er unterstellt, dass die Arbeitszeit exogen vorgeschrieben wird und die Gewerkschaft nur das Lohnniveau festsetzt. Wie sich zeigt, bleibt die Richtung des resultierenden Beschäfti-

---

[58] Das markträumende Lohnniveau entspricht bei vollkommener Konkurrenz am Arbeitsmarkt dem Reservationslohn.

[59] Bzw. dass der Betrachtungszeitraum zu kurz ist, um Markteintritte neuer Unternehmen zuzulassen. Zur Erklärung des Produktivitätsvorsprungs der betrachteten Unternehmung können spezifische Qualifikationsmerkmale der Gewerkschaftsmitglieder herangezogen werden. Ulph und Ulph (1990) verweisen auf die Problematik, den Kostenvorteil gegenüber anderen Produzenten bei internationalem Wettbewerb mit den Qualifikationen der Gewerkschaftsmitglieder zu begründen, da ausländische Firmen zu völlig anderen Arbeitskräftepools Zugang haben.

[60] Ein allgemeiner Überblick über Arbeitszeitfragen in modelltheoretischen wie auch in ökonometrischen Untersuchungen auf Mikro- und Makroebene findet sich in einem Aufsatz von Koch (2001a).

gungseffekts offen, da ein durch Lohnerhöhungen bedingter indirekter Teileffekt dem günstigen direkten Beschäftigungseffekt entgegenwirken kann.

Booth und Schiantarelli (1987, 1988) bauen auf dem Modell von Calmfors (1985) auf. In einer Erweiterung integrieren sie Überstunden und Personalfixkosten in das Monopolmodell. Im Anschluss an die Lohnsetzung durch die Gewerkschaft wählt die Unternehmung die gewinnmaximale Anzahl der Beschäftigten und der tatsächlichen Arbeitsstunden. Der Arbeitszeitstandard wird exogen vorgegeben. Wie in einer weiteren Modellvariante, in welcher Gewerkschaft und Unternehmung Löhne wie Beschäftigung gemeinsam in effizienten Verhandlungen festlegen, führen auch hier Verkürzungen der (Regel-)Arbeitszeit zu uneindeutigen Beschäftigungseffekten.

Auch Cahuc und Granier (1997) berücksichtigen wie Booth und Schiantarelli (1987, 1988) Überstunden in ihrer Analyse und gehen dabei von einem exogenen gesetzlichen Arbeitszeitstandard aus. Allerdings unterstellen sie keine Personalfixkosten. Den partialanalytischen Ergebnissen im Right-to-Manage-Ansatz stellen sie ihre Resultate eines allgemeinen Gleichgewichtsmodells gegenüber und zeigen, dass sich Arbeitszeitverkürzungen langfristig vermutlich negativ auf Beschäftigung und Arbeitnehmernutzen auswirken.

Booth und Ravallion (1993) untersuchen die Beschäftigungswirkung einer gesetzlich angeordneten Arbeitszeitverkürzung in einem Modell ohne Überstunden, wenn die Arbeitsleistung der Beschäftigung von der Anzahl der Stunden pro Arbeitswoche abhängt und – ermüdungsbedingt – ab einem gewissen Punkt abnimmt. Booth und Ravallion (1993) betrachten die Arbeitszeit anfänglich als endogene Variable, die wie der Lohn in der Tarifverhandlung vereinbart bzw. in einer zweiten Modellvariante von der Monopolgewerkschaft gewählt wird. Die Entscheidung über die Beschäftigungsmenge bleibt der Unternehmung überlassen. Diese Beschäftigungsreaktion des Unternehmens schlägt sich allerdings – anders als bei Right-to-Manage-Ansätzen normalerweise üblich – in diesem Modell nicht auf das gewerkschaftliche Nutzenkalkül während der Verhandlungsphase nieder. Die Gewerkschaft betrachtet die Beschäftigung als konstante Variable. Auf der Basis der Verhandlungs- bzw. Monopolmodelllösung werden die komparativ statischen Effekte einer exogenen Arbeitsstundenreduktion ermittelt. Das Ergebnis zeigt, dass Arbeitszeitverkürzungen dann zu höherer Beschäftigung führen, wenn die Lohnelastizität der Arbeitsnachfrage (absolut) geringer ist als der Anteil der variablen an den gesamten Personalkosten. Im Monopolmodell verursacht eine Stundenreduktion jedoch immer einen Beschäftigungsrückgang, wenn die Personalstückkosten nicht ausreichend verringert werden – ungeachtet der Elastizität der Arbeitsnachfrage.

Contensou und Vranceanu (2000) entwerfen ebenfalls ein Right-to-Manage-Modell, in welchem Arbeitszeit und Löhne ausgehandelt werden und die Beschäftigung in einem zweiten Schritt vom Unternehmen bestimmt wird. Die Gewerkschaft antizipiert jedoch die Wirkung der Verhandlungsergebnisse auf die Beschäftigungsnachfrage des Unternehmens. Überstunden bleiben unberücksichtigt. Anhand einer numerischen Simulation zeigen Contensou und Vranceanu (2000), dass exogen vorgeschriebene Arbeitszeitverkürzungen in einem anfänglich unrestringierten Verhandlungsmodell zunächst sinkende Einkommen pro Beschäftigten und somit Beschäftigungszuwächse bewirken, weitere Stundenreduktionen aber Beschäftigungsrückgänge hervorrufen.

Auch Hart und Moutos (1995) berücksichtigen die Arbeitszeit als endogene Variable und wählen dafür ein Modell effizienter Verhandlungen. Sowohl Lohnhöhe und Arbeitszeit als auch die Zahl der Beschäftigten werden in der Verhandlung festgelegt. Die resultierenden Beschäftigungseffekte bei Veränderungen der exogenen Variablen – Produktpreis, Steuern und Arbeitslosenunterstützung – sind uneindeutig.

Simmons (2001) geht in einer ersten Modellversion davon aus, dass sowohl der Lohn als auch der Arbeitszeitstandard in einer Verhandlung zwischen Unternehmung und Gewerkschaft vereinbart werden. Beide Verhandlungspartner berücksichtigen dabei die Auswirkungen auf die Nachfrage des Unternehmens nach Beschäftigten und tatsächlichen Arbeitsstunden. In einer zweiten Modellversion wird der Arbeitszeitstandard exogen festgelegt und nur über die Lohnhöhe verhandelt. In der Version mit endogener Regelarbeitszeit ermittelt Simmons (2001) die Kontraktkurve im Lohn-Arbeitszeit-Raum und zeigt, dass diese negativ geneigt ist – und zwar sowohl im Modellfall ohne als auch im Modellfall mit Überstunden. Im Überstundenfall findet er somit den empirischen Zusammenhang, dass die tatsächlichen Arbeitszeiten und der Stundenstandard positiv korreliert sind, bestätigt. Anhand der Modellversion mit Lohnverhandlung und exogener Regelarbeitszeit untersucht auch Simmons (2001) wie die meisten der oben genannten Autoren die Wirkung von Arbeitszeitverkürzungen auf Löhne und Beschäftigung. Die Lohnreaktion ist weder im Fall mit noch im Fall ohne Überstunden eindeutig. Kommt es zu Lohnerhöhungen, um Einkommenseinbußen aufgrund der kürzeren Arbeitszeiten auszugleichen, werden die direkten Beschäftigungszuwächse im Modell ohne Überstunden kompensiert und direkte Beschäftigungsrückgänge im Überstundenmodell verstärkt.

3.3 Fragestellung der Modellanalyse

Ziel der vorliegenden Arbeit ist es, Arbeitszeitflexibilität im Rahmen eines Gewerkschaftsmodells mit endogenem Stundenstandard zuzulassen, um die Wirkung von flexiblen und starren Arbeitszeitregelungen zu vergleichen. Zum einen soll die anschließende Modellanalyse eine Antwort darauf finden, wie die Beschäftigung und die Arbeitsdauer in flexiblen und starren Arbeitszeitsystemen voneinander abweichen. Zum anderen werden die komparativ statischen Effekte in beiden Arbeitszeitsystemen untersucht. Welche Folgen sind für Löhne, Beschäftigung, Arbeitszeiten, Einkommen, Profite und Gewerkschaftsnutzen zu erwarten, wenn Rahmenbedingungen wie die Personalfixkosten, das Alternativeinkommen bei Arbeitslosigkeit oder der Überstundenzuschlag verändert werden?

Wie in Kapitel 2 dargestellt, handelt es sich nur dann um flexible Arbeitszeitsysteme, wenn auf Dauer und zu jedem Zeitpunkt Anpassungen der Arbeitszeiten möglich sind. Im folgenden wird das traditionelle Überstundensystem in ein Right-to-Manage-Modell, in dem Lohnsatz und Arbeitszeitstandard tarifvertraglich festgesetzt werden, integriert und ausführlich analysiert. Der einfachste Fall flexibler Arbeitszeitsysteme wurde deshalb gewählt, weil der Modellansatz dann unter spezifischen vereinfachenden Annahmen zu analytischen Lösungen führt. Im Anhang (Abschnitt 9.2) findet sich eine Darstellung, wie der Right-to-Manage-Ansatz zu verändern ist, wenn anstelle der Überstundenarbeit die neueren flexiblen Arbeitszeitsysteme KAPOVAZ und ungleichmäßig verteilte Arbeitszeit berücksichtigt werden.

Dem flexiblen Überstundensystem wird in der Analyse ein starres Arbeitszeitsystem ohne Überstunden gegenübergestellt, in dem die Unternehmung die tarifliche Arbeitszeit nicht überschreiten darf und nur die Zahl der Beschäftigten bestimmen kann.

Von den zuvor angeführten theoretischen Arbeiten gehen nur die Untersuchungen von Booth/Schiantarelli (1987, 1988), Cahuc/Granier (1997) und Simmons (2001) auf flexible Arbeitszeiten in Form von Überstunden ein. Dass Regelarbeitszeiten üblicherweise in Tarifverträgen bestimmt werden, wird allerdings in den Modellen von Booth/Schiantarelli (1987, 1988) und Cahuc/Granier (1997) nicht abgebildet. Sie gehen von exogen gegebenen Arbeitszeitstandards aus. Unter den Modellen mit endogener Arbeitszeit lässt nur jenes von Simmons (2001) es zu, dass die Unternehmung ihre Beschäftigten über die vereinbarte Arbeitszeitlänge hinaus einsetzt.

Anders als bei Simmons (2001), der die Lohn-Zeit-Kontraktkurve bestimmt, um eine positive Korrelation zwischen tatsächlichen und tariflichen Arbeitsstunden nachzuweisen, sollen in der anschließenden Analyse Niveauvergleiche zwischen flexiblen und starren Arbeitszeitsystemen angestellt und die komparativ statischen Effekte untersucht werden. Dazu ist es erforderlich, das Modell mit Arbeitszeitflexibilität und endogenem Stundenstandard analytisch zu lösen. D.h. es ist festzustellen, welche Nash-Lösung auf der Kontraktkurve zustande kommt.

4 Right-to-Manage-Modell mit flexibler Arbeitszeit

In den folgenden Abschnitten wird der Versuch unternommen, Arbeitszeitflexibilität in ihrer einfachsten Organisationsform[61] – dem herkömmlichen Überstundensystem – in das Right-to-Manage-Modell zu integrieren. Dabei wird davon ausgegangen, dass die Gewerkschaft und das Unternehmen neben dem Lohnsatz auch einen tariflichen Arbeitszeitstandard am Verhandlungstisch festlegen, während die Entscheidung über die Zahl der Beschäftigten und über die tatsächlich zu leistenden Stunden anschließend allein vom Unternehmen getroffen wird. Das Unternehmen besitzt also die Freiheit, mehr Arbeitsstunden nachzufragen, als es der tarifvertragliche Arbeitszeitstandard vorsieht wobei für diese Überstunden in der Regel ein Überstundenzuschlag zur Anwendung kommt.[62] Der Überstundenzuschlag wird im Modell als exogene Variable behandelt. Zwar werden in Deutschland auch Überstundenzuschläge in Verhandlungen zwischen Unternehmen und Gewerkschaft vereinbart, jedoch handelt es sich dabei üblicherweise um eine andere Verhandlungsstufe als die Tarifverhandlung, in der Lohnsatz und Arbeitszeitstandard festgelegt werden. Während Löhne und Stunden meist branchenspezifisch und überregional ausgehandelt werden, bestimmen lokale Verhandlungsrunden die Höhe der Überstundenzuschläge (Simmons, 2001). In einem Verhandlungsmodell über Lohn und Stundenstandard ist der Überstundenzuschlag deshalb als exogene Variable zu berücksichtigen.

Um flexible Arbeitszeiten im Modellansatz zu berücksichtigen, müssen deren Einflüsse auf den Unternehmensgewinn sowie auf den Gewerkschaftsnutzen abgebildet werden.

4.1 Zielfunktion der Unternehmung

Es wird unterstellt, dass das Unternehmen auf einem Gütermarkt mit vollkommener Konkurrenzoperiert und seinen Output zu einem gegebenen Preis $p > 0$ verkauft. Aus Vereinfachungsgründen wird $p = 1$ gesetzt, sodass Erlösfunktion und Produktionsfunktion einander entsprechen und reale Werte die Grundlage für die Analysen aller weiteren Ausführungen bilden.
Die Produktionsfunktion sei konkav und vom (effektiven) Arbeitseinsatz L abhängig:

---

[61] Siehe Kapitel 2 Formen der Arbeitszeitflexibilisierung.
[62] Vgl. Abschnitt 2.1.2.

$$q = f(L) \qquad (4.1.1),$$

mit $f(L) = 0, f'(L) > 0, f''(L) < 0$. Hierbei gilt es zu berücksichtigen, dass sowohl die Zahl der Arbeitskräfte N als auch die von ihnen geleisteten Arbeitsstunden b Produktionsinputs darstellen. Zur Definition des Arbeitseinsatzes im Unternehmen soll deshalb

$$L = N\,\varepsilon(b) \qquad (4.1.2)$$

gelten. $\varepsilon(b)$ ist eine Effizienzfunktion und beschreibt den effektiven bzw. produktiven Arbeitseinsatz eines Beschäftigten in Abhängigkeit von der Dauer der Arbeitszeit. Ihr Verlauf wird ansteigend und konkav angenommen: $\varepsilon'(b) > 0$, $\varepsilon''(b) < 0$. Somit steigt der effektive Arbeitseinsatz mit zunehmenden Arbeitsstunden zwar an, dieser Effizienzzuwachs fällt jedoch mit fortschreitender Arbeitsdauer immer geringer aus.[63] Diese Annahme lässt sich damit begründen, dass der Arbeitsaufwand in der Anlaufphase am höchsten ist und mit der Zeit abnimmt, Ermüdung oder ähnliche Effekte aber dazu führen, dass die Effizienzsteigerungen umso geringer ausfallen, je länger der Beschäftigte arbeitet.
Der im betrachteten Unternehmen produzierte Output q ist daher von der Anzahl der Beschäftigten N und der Länge der Arbeitszeit b abhängig:

$$q = f(N,b) \qquad (4.1.3),$$

wobei $f'(N), f'(b) > 0, f''(N), f''(b) < 0$. Die Produktionsfunktion weist bezüglich N und b die üblichen Eigenschaften positiver, abnehmender Grenzproduktivitäten auf.

Bezüglich der Kosten werden folgende Annahmen getroffen: Die Produktionskosten setzen sich aus variablen und fixen Personalkosten zusammen. Der Grundlohn w und der Überstundenzuschlag δ formieren die variablen, stundenabhängigen Lohnkomponenten.

$$K_v = \left[wb + \delta w(b-h)\right]N = yN \qquad (4.1.4),$$

wobei y das Arbeitsentgelt pro Beschäftigten bezeichnet. Werden mehr Arbeitsstunden als der tarifvertragliche Arbeitszeitstandard h geleistet, sind diese zu ei-

[63] D.h., es wird unterstellt, dass die Stundenelastizität kleiner als eins ist (vgl. Abschnitt 5.1.2 Modell mit spezifizierten Produktions- und Nutzenfunktionen).

nem um den Überstundenzuschlag erhöhten Lohnsatz zu vergüten. Zudem fallen für jeden Beschäftigten konstante Personalfixkosten in Höhe von ϕ an.

$$K_f = \phi N \tag{4.1.5}$$

Für den Unternehmensgewinn π, den zu maximieren das Optimierungsziel des Unternehmens darstellt, folgt aus den getroffenen Annahmen:

$$\pi = f(N,b) - \left[wb + \delta w(b-h) + \phi\right]N \qquad (4.1.6).$$

4.2 Faktornachfragefunktionen der Unternehmung

Das Unternehmen maximiert seinen Gewinn – bei gegebenem Lohnsatz und gegebenem Arbeitszeitstandard – über die optimale Wahl der Beschäftigungsmenge sowie der Dauer der tatsächlichen Arbeitszeit. Denn Lohn und Standardstunden werden in der Tarifvereinbarung bestimmt. Hinsichtlich der Arbeitszeit ist das Unternehmen in seiner Wahl eingeschränkt: Die Anzahl der tatsächlichen Arbeitsstunden b kann zwar über dem tariflichen Standard h, nicht jedoch über der gesetzlichen Obergrenze liegen, welche hier auf eins normiert wird. Im Modell werden sämtliche Zeitangaben auf die gesetzlich maximal zulässige Arbeitszeit bezogen. Die Arbeitsdauer b eines Beschäftigten und der tarifliche Standard h werden somit stets in Anteilen an der gesetzlich maximal zulässigen Arbeitszeit angegeben.

Unter Berücksichtigung der Arbeitszeitbedingungen in Ungleichungsform bei der Optimierung der Gewinnfunktion aus Gleichung (4.1.6) bezeichnet das folgende nichtlineare Programm das Maximierungsproblem der Unternehmung:

$$\begin{aligned} &\operatorname*{Max}_{N,b} \quad \pi = f(N,b) - N\left[wb + \delta w(b-h) + \phi\right] \\ &\text{s. t.} \quad h \le b \le 1 \end{aligned} \qquad (4.2.1).$$

Die erste Nebenbedingung schließt zudem aus, dass negative Überstundenkosten entstehen, also jenen Fall, der bei $b < h$ eintreten würde.

Die Lagrangefunktion für das beschriebene Optimierungsproblem der Unternehmung lautet:

$$Z = \pi - k(h-b) - l(b-1) \qquad (4.2.2).$$

Bei einer konkaven Zielfunktion π und linearen Nebenbedingungen ist nur ein Punkt (N, b), der den sogenannten Kuhn-Tucker-Bedingungen genügt, Optimallösung des unternehmerischen Maximierungsproblems. Die Kuhn-Tucker-Bedingungen sind in solchen Fällen für die Existenz eines Maximums notwendig und hinreichend (vgl. Chiang, 1984). Folgende Gleichungen und Ungleichungen bilden das System der Kuhn-Tucker-Bedingungen für das nichtlineare Programm (4.2.1):

$$\begin{aligned} &N\,Z_N = 0 = N\,\pi_N && Z_N \leq 0 && N \geq 0 \\ &b\,Z_b = 0 = b\,(\pi_b + k - l) && Z_b \leq 0 && b \geq 0 \\ &k\,Z_k = 0 = k(b-h) && Z_k \geq 0 && k \geq 0 \\ &l\,Z_l = 0 = l(1-b) && Z_l \geq 0 && l \geq 0 \end{aligned} \qquad (4.2.3).$$

Dieses System ist mit einer Vielzahl denkbarer Situationen vereinbar. Unter der Annahme, dass die Unternehmung in ihrem Entscheidungskalkül einen exogen gegebenen Arbeitszeitstandard $h > 0$ zu berücksichtigen hat, kommen auch für die tatsächliche Arbeitszeit b ausschließlich positive Lösungen zustande. In der Realität trifft die Annahme $h > 0$ stets zu, wenn tarifvertraglich ein positiver Arbeitsstundenstandard fixiert wurde. Der Fall einer Lösung $b = 0$ scheidet damit aus, weil die tatsächliche Arbeitszeit aufgrund der ersten Nebenbedingung nicht unter dem tarifvertraglichen Arbeitszeitstandard liegen kann. Analytisch lässt sich die Nulllösung anhand der Kuhn-Tucker-Bedingungen ausschließen: Wäre $b = 0$, so würde dies dazu führen, dass $(b - h) < 0$. Damit die Bedingung $k\,Z_k = 0$ dennoch erfüllt wäre, müsste $k = 0$ gelten, was nur dann eintritt, wenn $b > h$. Ein Ergebnis $0 = b < h$ würde also im Widerspruch zu den Kuhn-Tucker-Bedingungen stehen.
Auch hinsichtlich der Beschäftigungsnachfrage sind in der Folge allein die Fälle mit $N > 0$ von Interesse. Für eine positive Beschäftigungsmenge N folgt aus den Kuhn-Tucker-Bedingungen, dass die Lagrangefunktion, differenziert nach N, gleich null sein muss, was der traditionellen Bedingung erster Ordnung $\pi_N = 0$ entspricht:

$$N>0,\; Z_N = \pi_N = 0 = \frac{\partial f(N,b)}{\partial N} - \left[wb + \delta w(b-h) + \phi\right] \qquad (4.2.4).$$

Ähnlich verhält es sich mit der Ableitung der Lagrangefunktion bezüglich der Arbeitszeitvariablen b. Allerdings korrespondieren Z_b und π_b hier nur in Situationen, in welchen die Lagrangemultiplikatoren wegfallen ($k, l = 0$), da die Restriktionen $b = h$, $b = 1$ nicht binden und somit für die Optimallösung unwesentlich werden. Außer einer derart charakterisierten inneren Lösung $h < b < 1$ können jedoch auch die Randlösungen $b = h$ bzw. $b = 1$ resultieren, denn es gilt:

$$b>0,\ Z_b = \pi_b + k - l = 0 = \frac{\partial f(N,b)}{\partial b} - N(w+\delta w) + k - l \qquad (4.2.5).$$

Auf der Basis dieser Gleichung lassen sich die Bedingungen der drei verschiedenen Lösungsfälle bestimmen.

Zur Randlösung $b = h$ kommt es dann, wenn

$$\frac{\partial f(N,b)}{\partial b} < N(w+\delta w) \qquad (4.2.6).$$

Diese Grenzproduktbedingung folgt aus dem Umstand, dass der Lagrangemultiplikator k bei einer unteren Randlösung (also der Übereinstimmung der tatsächlichen mit der tariflichen Arbeitszeit) positiv sein muss, weil dann die Restriktion $b = h$ bindet. Der Lagrangemultiplikator l dagegen entspricht null, da die Arbeitszeitnachfrage unter der gesetzlichen Obergrenze liegt ($b < 1$). Mit $l = 0$, $k > 0$ wird Gleichung (4.2.5) zu

$$\frac{\partial f(N,b)}{\partial b} + k = N(w+\delta w),$$

woraus sich unmittelbar Bedingung (4.2.6) ergibt.

Für den Randlösungsfall $b = 1$ lautet die Grenzproduktbedingung

$$\frac{\partial f(N,b)}{\partial b} > N(w+\delta w) \qquad (4.2.7),$$

und diese lässt sich auf gleiche Weise wie (4.2.6) herleiten: Wenn die obere, gesetzliche Beschränkung bindet, sodass die tatsächlichen Arbeitsstunden $b = 1$, dann nimmt der Lagrangemultiplikator l einen positiven Wert an. Aufgrund von $b > h$ ist nun der Lagrangemultiplikator k gleich null. Einsetzen der Lagrangemultiplikatoren $l > 0$, $k = 0$ in Gleichung (4.2.5) führt zu

$$\frac{\partial f(N,b)}{\partial b} = N(w+\delta w) + l$$

und somit zur Bedingung (4.2.7).

Eine innere Lösung $h < b < 1$ kommt dann zustande, wenn

$$\frac{\partial f(N,b)}{\partial b} = N(w+\delta w) \qquad (4.2.8).$$

Da bei inneren Lösungen keine der Restriktionen bindend wirkt, sind in diesem Fall beide Lagrangemultiplikatoren in Gleichung (4.2.5) gleich null zu setzen. Gilt die Grenzproduktbedingung (4.2.8) für innere Lösungen, dann bedeutet dies, dass

$$\left.\frac{\partial f(N,b)}{\partial b}\right|_{b=h} < N(w+\delta w) < \left.\frac{\partial f(N,b)}{\partial b}\right|_{b=1}.$$

Für die anschließenden Betrachtungen im Rahmen des Modells wird von einer inneren Lösung $h < b < 1$ ausgegangen. Somit können zur Ermittlung der Faktornachfragefunktionen des Unternehmens die üblichen Marginalbedingungen $\pi_N = Z_N = 0$ und $\pi_b = Z_b = 0$ herangezogen werden.

Im Gewinnmaximum müssen das Wertgrenzprodukt der Beschäftigtenzahl und der Preis eines Beschäftigten sowie das Wertgrenzprodukt der Stundenanzahl und der Faktorpreis einer Arbeitsstunde miteinander übereinstimmen.[64]

$$\pi_N = 0 \Rightarrow \frac{\partial f(N,b)}{\partial N} = w\big(b+\delta(b-h)\big)+\phi \qquad (4.2.9),$$

$$\pi_b = 0 \Rightarrow \frac{\partial f(N,b)}{\partial b} = N\,w(1+\delta) \qquad (4.2.10).$$

Aus diesem Gleichungssystem der Marginalbedingungen sind die Nachfragefunktionen $N(w,h)$, $b(w,h)$ zu ermitteln. Die Steigungen der Faktornachfragefunktionen werden im Anhang (Abschnitt 9.3) hergeleitet.

64 Aufgrund der getroffenen Annahme, dass $p = 1$, entsprechen die Wertgrenzprodukte den Grenzprodukten.

4.3 Zielfunktion der Gewerkschaft

Außer der Gewinnmaximierung der Unternehmung gilt es im Right-to-Manage-Modell, das Optimierungsziel der Gewerkschaft zu berücksichtigen. Hierbei wird angenommen, dass die Gewerkschaft ausschließlich danach strebt, die Interessen ihrer Mitglieder durchzusetzen. Da eine derart charakterisierte Gewerkschaft die Interessen der in ihr organisierten Arbeitnehmer vertritt, wird eine utilitaristischen Ziel- bzw. Nutzenfunktion der Gewerkschaft unterstellt. Die gewerkschaftliche Zielfunktion lässt sich somit als Summe der individuellen Nutzen u_i ihrer M Mitglieder definieren.

Zur Darstellung der individuellen Präferenzen der Arbeitnehmer dienen konventionelle neoklassische Nutzenfunktionen:

$$u_i = u_i(y, T-b) \qquad (4.3.1),^{65}$$

wobei der Term T-b die Freizeit bezeichnet und y für den Konsum bzw. das Realeinkommen steht. Wie die zu leistende Arbeitszeit b ist auch T, die natürliche, physikalische Länge der betrachteten Periode, im Modell auf die gesetzlich maximal zulässige Arbeitsdauer bezogen. T misst die natürliche Länge der Periode als Vielfaches der maximalen Arbeitsdauer.[66] Die gesetzlich maximal zulässige Arbeitszeit pro Tag beträgt in der Regel weniger als 24 Stunden, sodass $1 < T$.
Das Realeinkommen sei für alle Gewerkschaftsmitglieder gleich hoch und aus folgenden Komponenten zusammengesetzt:

$$y = wb + \delta w(b-h) \qquad (4.3.2).^{67}$$

[65] Im Unterschied zu traditionellen Gewerkschaftsmodellen, in welchen die Variable Arbeitszeit nicht explizit berücksichtigt wird, ist es hier nötig, den entgangen Nutzen aus beschäftigungsbedingten Freizeiteinbußen direkt in das Modell aufzunehmen. Anders als in den Standardfällen wird daher an Stelle einer indirekten Nutzenfunktion $v(w) = \underset{b}{\text{Max}}\left[u(y, T-b) \mid y = wb\right]$ (vgl. Oswald, 1982) eine direkte Nutzenfunktion eingesetzt.

[66] $T = \frac{t_{phys}}{t_{gesetz}}$, wobei t_{phys} und t_{gesetz} die natürliche Periodenlänge bzw. das gesetzliche Maximum als absolute Zeitangaben (z.B. in Stunden) bezeichnen.

[67] In dem Ausmaß, in welchem es sich bei den Personalfixkosten um Zahlungen an die Beschäftigten handelt, wäre in der Einkommensvariablen auch ein entsprechender Fixkostenanteil zu berücksichtigen. Im vorliegenden Modell wird dieser Anteil gleich null gesetzt. (Zur Zusammensetzung der Personalfixkosten in Deutschland vgl. Munz et al., 1998.)

Aufgrund der Annahme neoklassischer Nutzenfunktionen – welche als stetig, differenzierbar und konkav charakterisiert sind – nehmen die individuellen Nutzen u_i mit steigendem Konsum bzw. steigender Freizeit zu:

$$u_i'(y), u_i'(T-b) > 0 \text{ und } u_i''(y), u_i''(T-b) < 0.$$

Wie in einem Großteil der Literatur, die sich auf die von Drèze und Modigliani (1981), McDonald und Solow (1981) bzw. Oswald (1982) entwickelten Modelle stützt, wird auch hier vereinfachend angenommen, dass sich die Gewerkschaft aus Arbeitnehmern mit identischen Präferenzen zusammensetzt (vgl. Prämisse 2 in Abschnitt 3.1): $u_i = u_j = u$. Die Annahme identischer Gewerkschaftsmitglieder erleichtert das Aggregieren der individuellen Nutzen, innergewerkschaftliche Meinungsbildungsprozesse können vernachlässigt werden (Goerke/Holler, 1997). Haben alle vertretenen Arbeitnehmer identische Präferenzordnungen und verfolgt die Gewerkschaftsführung keine eigenen Interessen, lässt sich die gewerkschaftliche Zielfunktion somit mikroökonomisch fundieren (vgl. Cahuc/Zylberberg, 1996).

Nur N der M Mitglieder werden im Unternehmen beschäftigt und erhalten das Arbeitseinkommen y, während die restlichen Mitglieder lediglich ein geringeres Alternativeinkommen (z.B. die Arbeitslosenunterstützung) erhalten.[68]
Unter den genannten Annahmen entspricht die utilitaristische Zielfunktion der Gewerkschaft

$$U = N\,u(y, T-b) + (M-N)\,u(\bar{y}, T) \qquad (4.3.3).$$

Da die Mitgliederzahl M als exogen gegeben betrachtet wird und alle Gewerkschaftsmitglieder dieselbe Wahrscheinlichkeit trifft, vom Unternehmen beschäftigt zu werden, stellt der erwartete Nutzen eines Gewerkschaftsmitglieds eine der utilitaristischen Zielfunktion (4.3.3) äquivalente Formulierung der gewerkschaftlichen Nutzenfunktion dar:

$$\tilde{U} = \frac{N}{M}\,u(y, T-b) + \left(1 - \frac{N}{M}\right) u(\bar{y}, T) \qquad (4.3.4).$$[69]

[68] $N \leq M$, vgl. Prämisse 3 in Abschnitt 3.1.

[69] Vgl. auch Cahuc/Zylberberg (1996), Goerke/Holler (1997), Ulph/Ulph (1990).

Aufgrund der Annahme konkaver individueller Nutzenfunktionen verhalten sich die Gewerkschaftsmitglieder risikoavers ($u'' < 0$).

4.4 Allgemeine Nash-Lösung

Wie schon erläutert, wird im Modell davon ausgegangen, dass der Lohnsatz w sowie der Arbeitszeitstandard h von Gewerkschaft und Unternehmen ausgehandelt werden. Im Anschluss daran bestimmt das gewinnmaximierende Unternehmen die Zahl der Beschäftigten N und die tatsächlich zu leistenden Stunden b.
Der Right-to-Manage-Ansatz macht somit eine Modellierung der Verhandlung über Lohnsatz und Arbeitszeitstandard erforderlich. Dazu wird in der Folge auf das am häufigsten in gewerkschaftlichen Verhandlungsmodellen eingesetzte Lösungskonzept, die Nash-Lösung, zurückgegriffen. In ihrer allgemeinen Form entspricht die Nash-Verhandlungslösung der Maximierung des – mit den Verhandlungsstärken – gewichteten geometrischen Mittels aus den Verhandlungsvorteilen beider Parteien.[70]

Unter der Annahme, dass der Arbeitgeber nur dann positive Gewinne erwirtschaften kann, wenn es zu einer Einigung mit der Gewerkschaft kommt, und ansonsten Null-Gewinne resultieren, beträgt sein Verhandlungsvorteil eben genau den Unternehmensgewinn π aus Gleichung(4.1.6).

Für die Gewerkschaft gilt: Kommt keine Einigung zustande, wird keines ihrer Mitglieder beschäftigt, und alle erhalten den Reservationslohn.[71] Demnach beläuft sich der gewerkschaftliche Nutzenzuwachs aus der Verhandlung auf

$$U - \overline{U} = N\left[u(y, T-b) - u(\overline{y}, T)\right] \qquad (4.4.1).$$

Die Verhandlungen über den Lohnsatz w und den tariflichen Arbeitszeitstandard h müssen somit zu einem Ergebnis führen, welches das asymmetrische Nash-Produkt

[70] Als Nash-Lösung im ursprünglichen Sinn ist die Maximierung des ungewichteten Produkts aus den Nutzenzuwächsen der beiden Parteien, des sogenannten Nash-Produkts, zu verstehen, denn von Nash (1950) wurde auch ein Symmetrie-Axiom aufgestellt. Werden den Parteien dagegen unterschiedliche Verhandlungsstärken eingeräumt, so sind die Verhandlungsvorteile mit diesen Machtparametern zu gewichten. Die Maximierung des asymmetrischen Nash-Produkts wird als allgemeine Nash-Lösung bezeichnet.

[71] Der Gewerkschaftsnutzen im Falle gescheiterter Verhandlungen beträgt daher: $\overline{U} = M\,u(\overline{y}, T)$.

$$J(w,h) = \pi^{1-\gamma}\left(U - \overline{U}\right)^{\gamma}, \qquad \gamma \in [0,1] \tag{4.4.2}$$

maximiert, und zwar unter der Bedingung, dass das Unternehmen sowohl die Beschäftigtenzahl N als auch die Länge der tatsächlichen Arbeitszeit b gewinnmaximal wählen wird. Die Parameter γ und $1\text{-}\gamma$ stehen für die Verhandlungsstärke der Gewerkschaft bzw. der Unternehmung.

Die schwächere Verhandlungsposition wird jene Partei einnehmen, welche eher auf eine Einigung angewiesen ist und so die höhere Bereitschaft aufweist, dafür auch einem geringeren Anteil des zu verteilenden Surplus zuzustimmen.[72]
Wird $\gamma = 1$ gesetzt, kommt alle Verhandlungsmacht der Gewerkschaft zu: Sie allein bestimmt Lohn und Arbeitszeitstandard, so dass der gewerkschaftliche Nutzenzuwachs – unter der Bedingung, dass Beschäftigtenzahl und tatsächliche Arbeitszeit den Faktornachfragen des Unternehmens entsprechen – sein Maximum erreicht. Dieser Spezialfall stellt die einfachste Variante des Right-to-Manage-Modells dar und wird als Monopoly-Union- bzw. Monopolmodell bezeichnet.

[72] Vgl. Ulph/Ulph (1990), Rubinstein (1982).

5 Monopolmodell mit flexibler Arbeitszeit

Im Monopolmodell, angewandt auf die Analyse flexibler Arbeitszeiten, wählt also die Gewerkschaft den Lohnsatz w sowie den Arbeitszeitstandard h. Sie tut dies unter Berücksichtigung des Nachfrageverhaltens hinsichtlich Beschäftigter und Arbeitsstunden des Unternehmens, das im Anschluss an die gewerkschaftliche Entscheidung die Einsatzmengen dieser beiden Produktionsfaktoren festlegen wird.

Die folgenden Betrachtungen und Analysen werden im Rahmen des Monopolmodells angestellt, weil sich dann – unter Annahme spezifizierter Produktions- und Nutzenfunktionen (Abschnitt 5.1.2) – eine analytische Lösung des Modells ermitteln lässt. Auf Basis dieser analytischen Lösung können in der Folge die komparativen Analysen und numerischen Simulationen in den Kapiteln 6 bzw. 7 durchgeführt werden.

5.1 Modell mit Asymmetrien

Zunächst soll davon ausgegangen werden, dass Asymmetrien zwischen den Kalkülen der Gewerkschaft und der Unternehmung bestehen.[73] Anders als im üblichen Right-to-Manage-Fall wird angenommen, dass die Gewerkschaft die Arbeitszeitnachfrage des Unternehmens im eigenen Optimierungskalkül nur näherungsweise berücksichtigt. Die Gewerkschaft ist nicht in der Lage, die Unternehmensreaktion perfekt vorherzusehen. Stattdessen unterstellt sie ein bestimmtes festes Überstundenverhältnis, sodass

$$b = x\,h, \qquad x \geq 1 \qquad (5.1.1).$$

Die Gewerkschaft rechnet damit, dass die vom Unternehmen nachgefragten Arbeitsstunden und der tarifliche Arbeitszeitstandard in einem Verhältnis x zueinander stehen. Mit der Annahme, dass die Gewerkschaft die Arbeitszeitnachfrage des Unternehmens nicht perfekt vorhersieht, sondern näherungsweise von einer konstanten Relation zwischen tariflicher Arbeitszeit und Überstunden ausgeht, wird im Modell berücksichtigt, dass flexible Arbeitszeitsysteme dem Unternehmen Anpassungen ihrer Stundennachfrage ermöglichen, und diese Ex-post-Reaktionen per se nicht exakt vorhersehbar sind. Denn Charakteristikum flexibler Arbeitszeit-

[73] Das Modell ohne Asymmetrien wird in Abschnitt 5.2 behandelt.

systeme ist ja gerade der Spielraum für Anpassungen an unvorhergesehene Schwankungen der Produktions- bzw. Marktbedingungen.[74]

Die Einführung der Modellannahme, dass sich tatsächliche (siehe Abschnitt 4.2) und gewerkschaftlich unterstellte Faktornachfragen voneinander unterscheiden, dient nicht nur der geringeren Komplexität und somit der Existenz einer analytischen Lösung. Dass Gewerkschaften Arbeitszeiterwartungen aufgrund vorhandener Überstundenstatistiken formieren, erscheint auch äußerst realistisch. Wie in Abschnitt 5.2.2 gezeigt wird, führt das Modell mit korrekter Vorwegnahme der Arbeitszeitnachfrage zu keinen analytischen Lösungen. Dass Gewerkschaften die jeweilige Arbeitsstunden- und Beschäftigungsanzahl trotz dieser Komplexität exakt vorhersehen können, bleibt zu bezweifeln.

5.1.1 Monopollösung in allgemeiner Form

Da es sich beim Monopolmodell um einen Spezialfall des Right-to-Manage-Modells handelt, bei dem allein der Gewerkschaft die Macht zukommt, Lohnsatz und Arbeitszeitstandard festzusetzen, entspricht die Monopollösung jener *w*-*h*-Kombination, die zum maximalen Nutzenzuwachs für die Gewerkschaft führt.

$$\underset{w,h}{\text{Max}} \left(U-\overline{U}\right)=N(w,h)\left[u\left(y(w,h),T-x\,h\right)-u(\overline{y},T)\right] \qquad (5.1.2),$$

mit $y(w, h) = w\,x\,h + \delta w\,(x\,h - h) = w\,h\,[x + \delta(x - 1)]$.

Die Verhandlungsstärke der Gewerkschaft γ im Nash-Produkt (4.4.2) ist auf eins gesetzt; die Höhe des Unternehmensgewinnes bleibt unberücksichtigt.
Aufgrund der Annahme, dass die Gewerkschaft die Faktornachfragen der Unternehmung nicht korrekt vorwegnimmt, sondern näherungsweise ein – aus Erfahrungswerten gewonnenes – festes Überstundenverhältnis unterstellt, hängt nur die Beschäftigtenanzahl in (5.1.2) von Lohn und Arbeitszeitstandard ab. Die erwartete Arbeitszeit ($b = x\,h$) wird dagegen lediglich vom tariflichen Arbeitszeitstandard beeinflusst. Das individuelle Beschäftigungseinkommen y und folglich der indivi-

---

[74] Ein analytisches Modell, welches die Nachfrageunsicherheiten auf den Absatzmärkten abbildet, müsste die im Anhang (Abschnitt 9.2.3) dargestellte Struktur aufweisen. Tarifverhandlung und Wahl der gewinnmaximalen Beschäftigungsmenge finden vor dem Zeitpunkt statt, zu dem die tatsächlichen Nachfragebedingungen bekannt werden. Formal entspricht das Überstundenmodell mit Preisunsicherheiten dem Modell mit KAPOVAZ und führt zu einem deutlichen Zuwachs an Komplexität.

duelle Nutzen eines Beschäftigten sind wiederum sowohl von h als auch von w abhängig. (5.1.2) führt zu folgenden Bedingungen erster Ordnung:

$$\left(U-\overline{U}\right)_w = \frac{\partial N}{\partial w}\left[u-\overline{u}\right] + N\frac{\partial u}{\partial w} = 0 \qquad (5.1.3),$$

$$\left(U-\overline{U}\right)_h = \frac{\partial N}{\partial h}\left[u-\overline{u}\right] + N\frac{\partial u}{\partial h} = 0 \qquad (5.1.4),$$

wobei $\overline{u} = u\left(\overline{y}, T\right)$.

Die Bedingung (5.1.3) lässt sich umformen zu

$$-\frac{\partial N}{\partial w}\frac{1}{N} = \frac{\partial u}{\partial w}\frac{1}{u-\overline{u}}$$
$$-\frac{\partial N}{\partial w}\frac{w}{N} = \frac{\partial u}{\partial w}\frac{w}{u-\overline{u}}$$
$$-\eta_w^N = \eta_w^{u-\overline{u}} \qquad (5.1.5).$$

Die Optimalitätsbedingung (5.1.5) verlangt, dass sich die Lohnelastizitäten der Beschäftigungsmenge und des individuellen Nutzenvorteils im Falle einer Beschäftigung genau ausgleichen. Gewerkschaftliche Grenzkosten und gewerkschaftlicher Grenznutzen müssen im Optimum übereinstimmen.
Wegen (5.1.4) gilt das gleiche hinsichtlich der Elastizitäten von Beschäftigungshöhe und individuellem Nutzenzuwachs in Bezug auf den tariflichen Arbeitszeitstandard:

$$-\eta_h^N = \eta_h^{u-\overline{u}} \qquad (5.1.6).$$

5.1.2 Lösung mit spezifizierten Produktions- und Nutzenfunktionen

In der Folge werden spezifische Produktions- und Nutzenfunktionen eingeführt, um eine aufschlussreichere Analyse zu ermöglichen, als es der Rahmen eines allgemein gehaltenen Modells zulassen würde. Unter der Annahme spezifischer Produktions- und Nutzenfunktionen lässt sich eine analytische Lösung des Modells ermitteln, auf deren Basis in der Folge komparative Analysen (Kapitel 6) und numerische Simulationen (Kapitel 7) durchgeführt werden können.

5.1.2.1 Zielfunktion der Unternehmung

Hinsichtlich des von der Unternehmung erzeugten Outputs q wird folgende Produktionsfunktion mit konstanten Elastizitäten unterstellt:

$$q = f(N \cdot \varepsilon(b)) = f(L) = A\, L^{\alpha}, \qquad 0 < \alpha < 1 \qquad (5.1.7),$$

wobei $A = 1$ und

$$\varepsilon(b) = b^{\beta}, \qquad 0 < \beta < 1 \qquad (5.1.8),$$

sodass

$$q = f(N,b) = N^{\alpha}\, b^{\alpha\beta} \qquad (5.1.9).$$

Wie in Abschnitt 1 definiert, bezeichnet die Variable L den Arbeitseinsatz. Die Produktionsfunktion (5.1.7) nimmt einen konkaven Verlauf an, da α, die Elastizität von q bezüglich L, positiv aber kleiner als eins ist. Der Arbeitseinsatz L setzt sich aus der Beschäftigtenzahl N und der – mit der Stundenelastizität β gewichteten – Länge der Arbeitszeit b zusammen. $\varepsilon(b)$ ist die Effizienzfunktion, die die Abhängigkeit des effektiven, produktiven Arbeitseinsatzes eines Beschäftigten von der Arbeitsdauer beschreibt. Auch die Effizienzfunktion, Gleichung (5.1.8), verläuft annahmegemäß konkav ansteigend ($0 < \beta < 1$).

Somit ist das Verhältnis der Produktionselastizitäten zueinander durch folgende Zusammenhänge bestimmt: Die Elastizität des Outputs bezüglich der Arbeitszeit entspricht

$$\eta_b^q = \eta_L^q\, \eta_b^L = \alpha\, \beta \qquad (5.1.10),$$

wobei β der Stundenelastizität des Arbeitseinsatzes entspricht

$$\eta_b^L = \eta_b^{\varepsilon} = \beta \qquad (5.1.11).$$

Die Elastizität des Outputs bezüglich der Beschäftigtenzahl ist

$$\eta_N^q = \eta_L^q\, \eta_N^L = \alpha \cdot 1 = \alpha \qquad (5.1.12).$$

Damit gilt also:

$$\alpha\beta < \alpha \quad \Rightarrow \quad \eta_b^q < \eta_N^q \qquad (5.1.13).$$

Aufgrund der Annahme $\beta < 1$ ist die Stundenelastizität des Outputs $\alpha\beta$ geringer als die Elastizität bezüglich der Anzahl der Beschäftigten α. Es wird also von Ermüdungseffekte oder ähnlichem ausgegangen, sodass die Produktivität einer Arbeitskraft mit der Dauer der Arbeitszeit b zwar ansteigt, dieser Effizienzanstieg aber mit zunehmender Länge zurückgeht. Verschiedene empirische Studien zur Abschätzung der Stundenelastizität $\alpha\beta$ führten zu Ergebniswerten zwischen 0,47 und 0,87 (Überblick in Hart, 1987 sowie Hart/McGregor, 1988). Insbesondere jüngere ökonometrische Untersuchungen rechtfertigen die Annahme, dass die Beschäftigungselastizität α über der Stundenelastizität $\alpha\beta$ liegt, β also weniger als eins beträgt (DeBeaumont/Singell,1999; vgl. auch Abschnitt 7.1 Parameterannahmen)

Als Folge der soeben spezifizierten Produktionsfunktion lautet der Unternehmensgewinn π und damit das Maximierungsproblem des Unternehmens:

$$\underset{N,b}{\text{Max}} \quad \pi = N^{\alpha} b^{\alpha\beta} - N\left[wb + \delta w(b-h) + \phi\right]$$
$$\text{s. t. } h \leq b \leq 1 \qquad (5.1.14).$$

5.1.2.2 Faktornachfragefunktionen der Unternehmung

Wie schon in Abschnitt 4.2 beschrieben, ist das Unternehmen in der Wahl der tatsächlichen Arbeitszeit b nicht unbeschränkt. Die Bedingungen $h < b$, $b < 1$ bedeuten, dass die Arbeitsstunden zwar über dem Arbeitszeitstandard h aber nicht über der gesetzlichen Obergrenze[75] liegen können und dass keine negativen Überstundenkosten möglich sind.

Für das nichtlineare Programm (5.1.14) gelten die Lagrangefunktion und die Kuhn-Tucker-Bedingungen aus Abschnitt 4.2. Werden nur positive Beschäftigtenzahlen und Arbeitszeitlängen in Betracht gezogen, so ergibt sich aus den Kuhn-Tucker-Bedingungen:

$$N > 0,\ Z_N = \pi_N = 0 = \alpha N^{\alpha-1} b^{\alpha\beta} - \left(wb + \delta w(b-h) + \phi\right) \qquad (5.1.15),$$

[75] Die gesetzlich maximal zulässige Arbeitsdauer ist auf eins normiert und entspricht somit der Zeiteinheit im Modell, auf die sich alle anderen Zeitangaben wie b, h, T beziehen (vgl. Abschnitte 4.2, 4.3).

$$b>0,\ Z_b = \pi_b + k - l = 0 = \alpha\beta N^{\alpha} b^{\alpha\beta-1} - N(w+\delta w) + k - l \qquad (5.1.16).$$

Während die Ableitung der Lagrangefunktion bezüglich der Beschäftigungsmenge N zur herkömmlichen Marginalbedingung $\pi_N = 0$ führt, entspricht Z_b nur dann π_b , wenn eine innere Lösung $h < b < 1$ zustande kommt und somit die Lagrangemultiplikatoren wegfallen (k, $l = 0$). Aus den Gleichungen (5.1.15), (5.1.16) lassen sich die Bedingungen herleiten, die erfüllt sein müssen, damit die Randlösungen $b = h$, $b = 1$ bzw. eine innere Lösung resultieren. Umgeformt lautet (5.1.16)

$$\alpha\beta N^{\alpha-1} b^{\alpha\beta-1} - (w+\delta w) + \frac{k}{N} - \frac{l}{N} = 0$$

$$\beta\frac{wb+\delta w(b-h)+\phi}{b} + \frac{k}{N} = (w+\delta w) + \frac{l}{N} \qquad (5.1.17),$$

denn aus (5.1.15) lässt sich

$$\alpha N^{\alpha-1} = \frac{wb+\delta w(b-h)+\phi}{b^{\alpha\beta}} \qquad (5.1.18)$$

ermitteln.

Auf der Basis von Gleichung (5.1.17) können nun die folgenden drei Lösungsfälle unterschieden werden:

Die untere Randlösung $b = h$ kommt dann zustande, wenn

$$\beta < \frac{wh(1+\delta)}{wh+\phi} = \frac{w(1+\delta)}{w+\frac{\phi}{h}} \qquad (5.1.19).$$

Dies bedeutet, dass die Unternehmung nur dann auf Überstunden verzichtet und lediglich Arbeitszeit in der Höhe des Arbeitszeitstandards h nachfragt, wenn die Produktionselastizität des Arbeitseinsatzes bezüglich einer Arbeitsstunde geringer ist als der relative Anstieg der Kosten pro Stunde, den eine Überstunde verursacht. Diese Bedingung lässt sich folgenderweise aus Gleichung (5.1.17) herleiten: Da die tatsächliche Arbeitszeit geringer ist als das gesetzliche Stundenmaximum ($b < 1$), ist der Lagrangemultiplikator l gleich null zu setzen. Aufgrund von

$b = h$ muss der Lagrangemultiplikator k dagegen positv sein, weshalb aus (5.1.17) folgt, dass

$$\beta \frac{wb + \delta w(b-h) + \phi}{b} < (w + \delta w).$$

Wird $b = h$ in diese Ungleichung eingesetzt und sodann umgeformt, ergibt sich die Bedingung (5.1.19).Zu einer oberen Randlösung $b = 1$ kommt es hingegen dann, wenn

$$\beta > \frac{w(1+\delta)}{w + \delta w(1-h) + \phi} \qquad (5.1.20).$$

Diese Bedingung resultiert bei analogem Vorgehen wie im zuvor beschriebenen Fall: In (5.1.17) gilt $l > 0$, denn nun bindet die gesetzliche Beschränkung der Arbeitsstunden nach oben ($b = 1$). Da die tatsächliche Arbeitszeit jetzt über dem tariflichen Stundenstandard h liegt, beträgt der Lagrangemultiplikator k null. Mit $l > 0$, $k = 0$ ergibt sich aus Gleichung (5.1.17)

$$\beta \frac{wb + \delta w(b-h) + \phi}{b} > (w + \delta w).$$

Das Einsetzen des Randlösungswerts $b = 1$ in diese Ungleichung führt zur Bedingung (5.1.20).

Im Falle einer inneren Lösung $h < b < 1$ muss deshalb aufgrund der Randlösungsbedingungen (5.1.19), (5.1.20) gelten, dass

$$\frac{w(1+\delta)}{w + \frac{\phi}{h}} < \beta < \frac{w(1+\delta)}{w + \delta w(1-h) + \phi}.$$

Um zu einer Definitionsgleichung der tatsächlichen Arbeitszeitnachfrage b im Fall einer inneren Lösung zu gelangen, müssen beide Lagrangemultiplikatoren in (5.1.17), k und l, null gesetzt werden. Anschließendes Umformen und Auflösen nach b ergibt die Arbeitsstundennachfrage des Unternehmens im inneren Lösungsbereich $h < b < 1$:

$$b = \frac{\beta(\phi - \delta w h)}{w(1+\delta)(1-\beta)} \qquad (5.1.21).$$

Würde die Produktivität einer Arbeitsstunde nicht von der Länge der Arbeitszeit abhängen ($\beta = 1$), so wäre die innere Lösung nicht mehr definiert. Es käme dann grundsätzlich zu einer Randlösung; und zwar – je nach Relation der Faktorpreise – entweder zur Akzeptanz des Arbeitszeitstandards, $b = h$, oder zur maximalen Ausnutzung des gesetzlichen Zeitrahmens, $b = 1$. Wie sich bei Einsetzen von $\beta = 1$ in die Bedingungen (5.1.19) bzw. (5.1.20) zeigt, würde das Unternehmen dann Überstunden in Anspruch nehmen, wenn die zusätzlichen Kosten einer Überstunde niedriger ausfielen als die auf den Arbeitszeitstandard umgelegten Personalfixkosten: $\delta w < \phi / h$. Andernfalls würde sich die Arbeitszeitnachfrage des Unternehmen auf den tariflich festgelegten Stundenstandard beschränken.

Handelt es sich jedoch bei Arbeitskräften und Stunden um keine perfekten Substitute (β ungleich eins), ist eine innere Lösung möglich. Diese rückt umso näher an den Arbeitszeitstandard, je höher der Überstundenzuschlag δ und je geringer β, die Elastizität der Arbeitseinsatzes bezüglich einer Arbeitsstunde, ist. Wenn der durch eine Überstunde verursachte relative Anstieg der Kosten pro Stunde über der Produktionselastizität bezüglich dieser Stunde liegt, wird auf Überstunden verzichtet (5.1.19).

Die optimale Dauer der Arbeitszeit b hängt bei der hier gewählten Produktionsfunktion nur von den Personalkosten und der Stundenelastizität β ab. Wie in der nun anschließenden Charakterisierung der Beschäftigungsnachfrage gezeigt wird, sind für die optimale Zahl der Arbeitskräfte N sowohl die Elastizität des Outputs bezüglich der Beschäftigung, α, als auch die Elastizität β von Bedeutung.

Die Bedingung (5.1.15) bzw. (5.1.18) lässt sich nach N auflösen:

$$N = \left(\frac{\alpha b^{\alpha\beta}}{wb + \delta w(b-h) + \phi} \right)^{\frac{1}{1-\alpha}} \qquad (5.1.22).$$

Wird in diese Beschäftigungsnachfragefunktion der Unternehmung die gewinnmaximale Lösung für b – d.h. entweder $b = h$, $b = 1$ oder die innere Lösung (5.1.21) – eingesetzt, resultieren die folgenden optimalen Beschäftigungsmengen.

Im Falle der Randlösung $b = h$ beträgt die Beschäftigung

$$N=\left(\frac{\alpha h^{\alpha\beta}}{wh+\phi}\right)^{\frac{1}{1-\alpha}} \qquad (5.1.23).$$

Entspricht dagegen das Arbeitszeitoptimum der Unternehmung dem gesetzlichen Maximum ($b = 1$), so lautet die Nachfrage nach Beschäftigten

$$N=\left(\frac{\alpha}{w+\delta w(1-h)+\phi}\right)^{\frac{1}{1-\alpha}} \qquad (5.1.24).$$

Für innere Lösungen zwischen der gesetzlichen Obergrenze und dem tariflichen Arbeitszeitstandard definiert folgender funktioneller Zusammenhang die Beschäftigungsnachfrage:

$$N=\left[\frac{\alpha\beta^{\alpha\beta}(1-\beta)}{(\phi-\delta wh)^{1-\alpha\beta}\left[w(1+\delta)(1-\beta)\right]^{\alpha\beta}}\right]^{\frac{1}{1-\alpha}} \qquad (5.1.25).$$

5.1.2.3 Zielfunktion der Gewerkschaft

Als Spezifikation der individuellen Nutzenfunktionen (Abschnitt 4.3) dient die multiplikative Verknüpfung von Einkommen und Freizeit

$$u=u(y,T-b)=\left[wb+\delta w(b-h)\right](T-b) \qquad (5.1.26).$$

Im Falle des Modells mit Asymmetrie zwischen den Kalkülen von Gewerkschaft und Unternehmen entspricht die berücksichtigte Arbeitsdauer $b = x\,h$. Wenn die Gewerkschaft das Nachfrageverhalten der Unternehmung hingegen korrekt vorwegnimmt (Abschnitt 5.2), ist die gewinnmaximale Arbeitszeit – d.h. $b = h$, $b = 1$ oder die innere Lösung (5.1.21) – einzusetzen. Bleibt ein Arbeitnehmer ohne Beschäftigung und bezieht lediglich das Alternativeinkommen (beispielsweise die Arbeitslosenunterstützung), entsteht in jedem Fall ein Nutzenniveau in Höhe von

$$\bar{u}=u(\bar{y},T)=\bar{y}T \qquad (5.1.27).$$

Da ansonsten die allgemeinen Annahmen zur Zielfunktion der Gewerkschaft weiterhin unverändert zutreffen, lautet die spezifizierte gewerkschaftliche Nutzenzuwachsfunktion nunmehr

$$U-\overline{U} = N\left(u-\overline{u}\right) = N\left[\left(wb+\delta w\left(b-h\right)\right)\left(T-b\right)-\overline{y}T\right] \qquad (5.1.28).$$

5.1.2.4 Monopollösung

Das Optimierungsproblem der Monopolgewerkschaft im Modell mit Asymmetrien entspricht

$$\underset{w,h}{\text{Max}} \left(U-\overline{U}\right) = N\left(u-\overline{u}\right) \qquad (5.1.29)$$

mit $u=\left[wb+\delta w\left(b-h\right)\right]\left(T-b\right)$ und $b=xh$.

Die Gewerkschaft wählt jene Kombination aus Lohn und Arbeitszeitstandard, welche ihren Nutzenzuwachs – bezogen auf die Situation, wenn kein Mitglied beschäftigt wird – maximiert. Dabei geht die Gewerkschaft von approximativen Arbeitszeitnachfrage aus, die von der tatsächlichen Arbeitszeitnachfrage des Unternehmens abweicht. Aufgrund ihrer Annahme, dass tatsächliche und tarifliche Arbeitszeit in einem festen Verhältnis zueinander stehen, $b = x\,h$, rechnet die Gewerkschaft mit einer Beschäftigungsnachfrage in Höhe von

$$N=\left[\frac{\alpha\left(xh\right)^{\alpha\beta}}{wxh+\delta w\left(xh-h\right)+\phi}\right]^{\frac{1}{1-\alpha}} \qquad (5.1.30).$$

Diese unterstellte Faktornachfragefunktion resultiert aus $\pi_N = 0$, wenn $b = x\,h$ in den Unternehmensgewinn π (5.1.14) eingesetzt wird und entspricht Gleichung (5.1.22).[76]

Um zur Optimallösung der Monopolgewerkschaft zu gelangen, müssen zunächst die Bedingungen erster Ordnung ermittelt werden. Dazu wird das Optimierungskalkül (5.1.29) logarithmiert[77]

76 Somit trifft die Gewerkschaft bezüglich des Verhaltens der Unternehmung die Annahme $\pi=N^{\alpha}\left(xh\right)^{\alpha\beta}-N\left[wxh+\delta w\left(xh-h\right)+\phi\right],\ \pi_N=0$.

77 Vgl. Lösungsmethode im Modell von Contensou/Vranceanu (2000).

$$\underset{w,h}{\text{Max}} \quad \ln\{U-\overline{U}\} = \ln\{N\} + \ln\{u-\overline{u}\} \tag{5.1.31}$$

wodurch sich die Bedingungen erster Ordnung rasch in Form von Elastizitäten anschreiben lassen:

$$\ln\{U-\overline{U}\}_w = \frac{\partial N/\partial w}{N} + \frac{\partial u/\partial w}{(u-\overline{u})} = 0$$

$$= \eta_w^N + \eta_w^{u-\overline{u}} = 0 \tag{5.1.32}$$

$$\ln\{U-\overline{U}\}_h = \eta_h^N + \eta_h^{u-\overline{u}} = 0 \tag{5.1.33}$$

(5.1.32) und (5.1.33) sind die Bedingungen erster Ordnung, denen die gesuchte Optimallösung genügen muss. Um die Optimalwerte für w und h – den nutzenmaximalen Lohnsatz bzw. den nutzenmaximalen Arbeitszeitstandard – zu bestimmen, ist das Gleichungssystem der beiden Bedingungen erster Ordnung aufzulösen. Dazu wird wie folgt vorgegangen:

Zwischen den Elastizitäten der Beschäftigungsmenge bezüglich des Lohnsatzes und bezüglich des Stundenstandards lässt sich bei näherer Betrachtung der folgende Zusammenhang feststellen. Der Logarithmus von Gleichung (5.1.30), der von der Gewerkschaft angenommenen Beschäftigungsnachfrage, lautet

$$\ln\{N\} = \frac{1}{1-\alpha}\left[\ln\{\alpha\} + \alpha\beta\ln\{x\} + \alpha\beta\ln\{h\} - \ln\{wxh + \delta w(xh-h) + \phi\}\right] \tag{5.1.34}$$

Wird dieser einmal nach w und einmal nach h abgeleitet und anschließend mit w bzw. h multipliziert, resultieren die Elastizitäten

$$\eta_w^N = -\left(\frac{1}{1-\alpha}\right)\frac{w[xh+\delta(xh-h)]}{wxh+\delta w(xh-h)+\phi} \tag{5.1.35}$$

$$\eta_h^N = -\left(\frac{1}{1-\alpha}\right)\frac{h[wx+\delta w(x-1)]}{wxh+\delta w(xh-h)+\phi} + \frac{\alpha\beta}{1-\alpha} \tag{5.1.36}$$

Diese zwei Elastizitäten unterscheiden sich lediglich durch den Term $\alpha\beta / (1-\alpha)$, eine (konstante) Relation zwischen Produktionskoeffizienten. Es gilt also

$$\eta_h^N = \eta_w^N + \frac{\alpha\beta}{1-\alpha} \tag{5.1.37}$$

Auch die Elastizitäten des individuellen Nutzenzuwachses bezüglich Lohnsatz und Arbeitszeitstandard lassen sich zueinander in Beziehung bringen. Aus den Definitionen

$$\eta_w^{u-\bar{u}} = \frac{\partial u/\partial w}{u-\bar{u}} w = w \frac{\left[x h+\delta(x h-h)\right](T-x h)}{u-\bar{u}} = \frac{u}{u-\bar{u}} \qquad (5.1.38),$$

$$\eta_h^{u-\bar{u}} = \frac{\partial u/\partial h}{u-\bar{u}} h = h \frac{\left[w x+\delta w(x-1)\right](T-x h)-\left[w x h+\delta w(x h-h)\right]x}{u-\bar{u}}$$

$$= \frac{\left[w x h+\delta w(x h-h)\right](T-2 x h)}{u-\bar{u}} \qquad (5.1.39)$$

ergibt sich

$$\eta_w^{u-\bar{u}} - \eta_h^{u-\bar{u}} = \frac{\left[w x h+\delta w(x h-h)\right]x h}{u-\bar{u}} \qquad (5.1.40).$$

Mithilfe der soeben ermittelten Zusammenhänge zwischen den Elastizitäten aus den beiden Bedingungen erster Ordnung ist es möglich, diese auf folgende Weise umzuformen: Die Bedingung erster Ordnung (5.1.33) kann aufgrund von Gleichung (5.1.37) umformuliert werden zu

$$\ln\left\{U-\bar{U}\right\}_h = \eta_w^N + \left(\frac{\alpha\beta}{1-\alpha}\right) + \eta_h^{u-\bar{u}} = 0 \qquad (5.1.41).$$

Wird nun die Bedingung (5.1.41) von der anderen Bedingung erster Ordnung (5.1.32) subtrahiert, führt das zu

$$\eta_w^{u-\bar{u}} - \eta_h^{u-\bar{u}} = \frac{\alpha\beta}{1-\alpha} \qquad (5.1.42).$$

Da die linke Seite dieser Gleichung, der Unterschied zwischen Lohn- und Arbeitsstandardelastizität des individuellen Nutzenzuwachses, bereits in (5.1.40) bestimmt wurde, lässt sich (5.1.42), die Differenz der Bedingungen erster Ordnung, anschreiben als

$$\frac{(wX)xh}{u-\overline{u}}=\frac{(wX)xh}{(wX)(T-xh)-\overline{u}}=\frac{\alpha\beta}{1-\alpha}, \qquad X = xh+\delta(xh-h) \qquad (5.1.43).$$

Aufgelöst nach wX, dem Entgelt bzw. den variablen Personalkosten pro Beschäftigten,[78] resultiert daraus

$$(wX)(xh)=\left(\frac{\alpha\beta}{1-\alpha}\right)(wX)(T-xh)-\left(\frac{\alpha\beta}{1-\alpha}\right)\overline{u}$$

$$(wX)\left[\left(\frac{\alpha\beta}{1-\alpha}\right)(T-xh)-xh\right]=\left(\frac{\alpha\beta}{1-\alpha}\right)\overline{u}$$

$$(wX) = \frac{\left(\frac{\alpha\beta}{1-\alpha}\right)\overline{u}}{\left(\frac{\alpha\beta}{1-\alpha}\right)T-\left[\left(\frac{\alpha\beta}{1-\alpha}\right)+1\right]xh} \qquad (5.1.44).$$

Als nächster Schritt wird allein die Bedingung erster Ordnung (5.1.32) nach wX aufgelöst. Dazu werden die Definitionsgleichungen (5.1.35) und (5.1.38) für die Elastizitäten in (5.1.32) eingesetzt, woraus nun die umgeformte Bedingung

$$\frac{wX(T-xh)}{wX(T-xh)-\overline{u}}=\left(\frac{1}{1-\alpha}\right)\frac{wX}{wX+\phi} \qquad (5.1.45)$$

folgt. Aus dieser Gleichung lässt sich wiederum wX ermitteln:

$$\frac{wX(T-xh)[(1-\alpha)wX+(1-\alpha)\phi]}{wX}=wX(T-xh)-\overline{u}$$

$$(T-xh)(1-\alpha)\phi+\overline{u}=wX(T-xh)(1-1+\alpha)$$

$$wX=\frac{(1-\alpha)\phi}{\alpha}+\frac{\overline{u}}{\alpha(T-xh)} \qquad (5.1.46).$$

Das Gleichsetzen von (5.1.44) und (5.1.46) führt zu folgender Optimalitätsbedingung

[78] $wX = w[xh+\delta(xh-h)] = y$.

$$\frac{\Omega\bar{u}}{\Omega T-[\Omega+1]xh} = \frac{(1-\alpha)\phi}{\alpha}+\frac{\bar{u}}{\alpha(T-xh)}, \qquad \Omega=\frac{\alpha\beta}{1-\alpha} \qquad (5.1.47),$$

aus der nun die Lösung für h resultiert – jener Arbeitszeitstandard, der den gewerkschaftlichen Nutzenzuwachs maximiert.[79] Grafisch lässt sich diese Optimalitätsbedingung in einem Einkommen-Arbeitszeit-Diagramm umsetzen (Abbildung 5.1). Auf der Ordinate wird dazu wX, das Einkommen bzw. die arbeitszeitabhängigen Personalkosten pro Beschäftigten, aufgetragen, auf der Abszisse xh, die von der Gewerkschaft unterstellte Arbeitszeitnachfrage.[80]

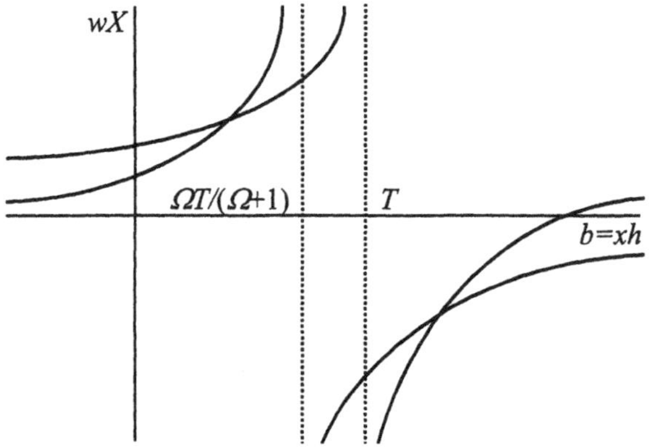

Abbildung 5.1 Optimallösung im Monopolmodell mit Asymmetrien

Der Schnittpunkt (im ersten Quadranten) der zwei Kurven, die (5.1.44) und (5.1.46) darstellen, entspricht dem Optimum. (5.1.44) nimmt bei $b = xh = 0$ den Wert $wX = \bar{u}/T = \bar{y}$ an und steigt danach an, bis der wX-Wert bei $b = \Omega T/(\Omega+1)$ von plus nach minus unendlich springt. Bei $b = 0$ beträgt (5.1.46) $wX = (1-\alpha)\phi/\alpha + \bar{u}/\alpha T$, auch diese Kurve verläuft ansteigend bis zu ihrer Asymptote bei $b = T$.

Da dem Modell die Annahme zugrunde liegt, dass $0 < \alpha$ und $\beta < 1$, ist $\Omega T/(\Omega+1)$ stets kleiner als T.[81] Für die Existenz des Optimums – einer Lösung im ersten Quadranten – ist es daher erforderlich, dass

[79] Bzw. die Optimallösung für die erwartete Arbeitszeit xh.

[80] In Modellen, die keine Überstunden zulassen, kann die Optimallösung in einem *wh-h*-Diagramm dargestellt werden.

[81] $\frac{\Omega T}{\Omega+1}=\frac{\alpha\beta T}{\alpha\beta+1-\alpha}<T$ denn $\alpha\beta<\alpha\beta+(1-\alpha)$.

$$\frac{\bar{u}}{T} < \frac{(1-\alpha)\phi}{\alpha} + \frac{\bar{u}}{\alpha T} \quad \text{d.h.} \quad \bar{y} < \frac{(1-\alpha)\phi + \bar{y}}{\alpha} \qquad (5.1.48).$$

Aufgrund der Annahme $0 < \alpha < 1$ ist diese Bedingung erfüllt. Denn damit gilt $\bar{y} < \bar{y}/\alpha$ und $(1-\alpha)\phi/\alpha > 0$.

Wie in Abbildung 5.1 zu ersehen, führt das Auflösen der quadratischen Gleichung (5.1.47) zu zwei positiven Lösungen für $x\,h$, der größere Wert würde jedoch über der natürlich gegebenen Periodenlänge, T, liegen und mit negativen Einkommen der Beschäftigten $w\,X < 0$ einhergehen. Diese unplausible Lösung ist als Optimum auszuscheiden. Die Optimallösung kann nur im ersten Quadranten liegen, es muss also $w\,X > 0$ gelten: Der Nenner in Gleichung (5.1.44) muss positiv sein, was die Bedingung

$$b = x\,h \; < \; \frac{\alpha\beta T}{\alpha\beta + 1 - \alpha} = \frac{\Omega T}{\Omega + 1} \qquad (5.1.49)$$

impliziert. Durch Einsetzen der soeben charakterisierten Monopollösung in die Faktornachfragefunktionen (5.1.25), $N(w,h)$, bzw. (5.1.21), $b(w,h)$, lassen sich dann die vom Unternehmen tatsächlich nachgefragte Beschäftigungsmenge und Arbeitszeit ermitteln.

5.2 Modell ohne Asymmetrien

Im Monopolmodell ohne Asymmetrien in den Kalkülen von Unternehmen und Gewerkschaft wird unterstellt, dass die Gewerkschaft in der Lage ist, die Faktornachfragemengen der Unternehmung – die Beschäftigten- wie auch die Arbeitsstundenanzahl – korrekt vorwegzunehmen.
In das gewerkschaftliche Optimierungskalkül werden also die Nachfragefunktionen bezüglich Beschäftigung und tatsächlicher Arbeitsdauer der gewinnmaximierenden Unternehmung (siehe Abschnitt 4.2) einbezogen. Die Monopolgewerkschaft wählt jenen Lohnsatz und jenen Arbeitszeitstandard, die ihren Nutzenvorteil aus der Beschäftigung von Gewerkschaftsmitgliedern maximieren.

5.2.1 Monopollösung in allgemeiner Form

Das Maximierungsproblem der Gewerkschaft – Lohn und Arbeitszeitstandard so festzulegen, dass der höchste Nutzenzuwachs im Vergleich zu der Situation, wenn alle Gewerkschaftsmitglieder ohne Beschäftigung wären, entsteht – lässt sich folgenderweise anschreiben:

$$\underset{w,h}{\text{Max}} \left(\hat{U}-\overline{U}\right) = N(w,h)\left[u\left(y(w,h),T-b(w,h)\right) - u(\overline{y},T)\right] \quad (5.2.1),$$

mit $y(w, h) = w\, b(w, h) + \delta w\, (b(w, h)\text{-}h)$.

Im Modell ohne Asymmetrien werden die vom gewerkschaftlichen Optimierungsergebnis abhängigen Faktornachfragefunktionen des Unternehmens $N(w, h)$, $b(w, h)$ in die – zu maximierende – Nutzenzuwachsfunktion der Gewerkschaft eingesetzt. Die Bedingungen erster Ordnung für die Optimallösung des Modells lauten:

$$\left(\hat{U}-\overline{U}\right)_w = \frac{\partial\hat{N}}{\partial w}\left[u\left(\hat{y},T-\hat{b}\right)-u(\overline{y},T)\right] + \hat{N}\frac{\partial\hat{u}}{\partial w} = 0 \quad (5.2.2),$$

$$\left(\hat{U}-\overline{U}\right)_h = \frac{\partial\hat{N}}{\partial h}\left[u\left(\hat{y},T-\hat{b}\right)-u(\overline{y},T)\right] + \hat{N}\frac{\partial\hat{u}}{\partial h} = 0 \quad (5.2.3),$$

wobei $\hat{N} = N(w,h),\ \hat{b} = b(w,h),\ \hat{y} = w\hat{b} + \delta w\left(\hat{b}-h\right),\ \hat{u} = u\left(\hat{y},T-\hat{b}\right).$

Aus (5.2.2) ergibt sich nach Umformung die folgende Optimalitätsbedingung:

$$-\frac{\partial\hat{N}}{\partial w}\frac{1}{\hat{N}} = \frac{\partial\hat{u}}{\partial w}\frac{1}{\hat{u}-\overline{u}}, \qquad \overline{u} = u(\overline{y},T)$$

$$-\frac{\partial\hat{N}}{\partial w}\frac{w}{\hat{N}} = \frac{\partial\hat{u}}{\partial w}\frac{w}{\hat{u}-\overline{u}}$$

$$-\eta_w^{\hat{N}} = \eta_w^{\hat{u}-\overline{u}} \quad (5.2.4).$$

Die (Real-)Lohnelastizität des individuellen Nutzenzuwachses eines Gewerkschaftsmitglieds muss der negativen Elastizität der Beschäftigungsnachfrage bezüglich des (Real-)Lohns entsprechen.[82] Die relative Zunahme des Nutzen eines Arbeitnehmers durch ein Ansteigen des Lohns kommt einer Veränderung des Grenznutzens für die Gewerkschaft gleich, während der Beschäftigungsrückgang aufgrund der Lohnzunahme Grenzkosten der Gewerkschaft darstellt.

[82] Aufgrund der Annahme $p = 1$ (siehe Abschnitt 4.1) stimmen Lohn und Reallohn überein.

Rent-Sharing-Condition: Optimalitätsbedingung bei Verhandlungen

Die Optimallösung im Monopolmodell unterscheidet sich auf folgende Weise von der Optimallösung in einem Right-to-Manage-Modell, in dem nicht nur die Gewerkschaft über Verhandlungsmacht verfügt, sondern – da $\gamma < 1$ – tatsächlich Verhandlungen zwischen dem Unternehmen und der Gewerkschaft stattfinden. Zur Bargaining-Lösung führt die Maximierung des gewichteten geometrischen Mittels aus den Verhandlungsvorteilen der beiden Parteien (4.4.2):

$$\max_{w,h} \quad \hat{J} = \hat{\pi}^{1-\gamma}\left(\hat{U} - \overline{U}\right)^{\gamma} \tag{5.2.5}$$

$$\text{mit} \quad \hat{\pi} = f\left(\hat{N}, \hat{b}\right) - \left[w\hat{b} + \delta w\left(\hat{b} - h\right) + \phi\right]\hat{N},$$

$$\hat{U} - \overline{U} = \hat{N}\left[\hat{u} - \overline{u}\right],$$

$$\hat{N} = N(w,h),\ \hat{b} = b(w,h),\ \hat{u} = u\left(\hat{y}, T - \hat{b}\right),\ \hat{y} = w\hat{b} + \delta w\left(\hat{b} - h\right).$$

Wie im Monopolmodell gehen wiederum die vom Verhandlungsergebnis abhängigen Nachfragefunktionen der Unternehmung $N(w, h)$, $b(w, h)$ in das asymmetrische Nash-Produkt $J(w, h)$ ein. Es resultieren die Bedingungen erster Ordnung

$$\hat{J}_w = (1-\gamma)\frac{\partial \hat{\pi}}{\partial w}\left(\hat{U} - \overline{U}\right) + \hat{\pi}\gamma\left[\frac{\partial \hat{N}}{\partial w}(\hat{u} - \overline{u}) + \hat{N}\frac{\partial \hat{u}}{\partial w}\right] = 0 \tag{5.2.6}$$

$$\hat{J}_h = (1-\gamma)\frac{\partial \hat{\pi}}{\partial h}\left(\hat{U} - \overline{U}\right) + \hat{\pi}\gamma\left[\frac{\partial \hat{N}}{\partial h}(\hat{u} - \overline{u}) + \hat{N}\frac{\partial \hat{u}}{\partial h}\right] = 0 \tag{5.2.7}$$

Wird nun das Produkt aus Beschäftigtenzahl und individuellem Nutzenzuwachs für den gewerkschaftlichen Verhandlungsvorteil in (5.2.6) eingesetzt und die Gleichung anschließend umgeformt, so führt das zu

$$-\gamma\frac{\partial \hat{N}}{\partial w}\frac{1}{\hat{N}} - (1-\gamma)\frac{1}{\hat{\pi}}\frac{\partial \hat{\pi}}{\partial w} = \gamma\frac{\partial \hat{u}}{\partial w}\frac{1}{\hat{u} - \overline{u}} \tag{5.2.8}$$

Daraus folgt nach Multiplikation mit w

$$-\gamma\,\eta_w^{\hat{N}} - (1-\gamma)\,\eta_w^{\hat{\pi}} = \gamma\,\eta_w^{\hat{u}-\overline{u}} \tag{5.2.9}$$

die sogenannte Rent-Sharing-Condition. Im Verhandlungsoptimum müssen sich Grenzkosten und Grenznutzen einer weiteren Lohnsteigerung ausgleichen. Zu den Grenzkosten zählen (bei konstantem h) die durch den höheren Lohn verursachte Abnahme der Beschäftigung sowie der Gewinnrückgang aufgrund des Kostenzuwachses. Während erstere den Nutzen der Gewerkschaft schmälert und deshalb mit γ zu gewichten ist, wird die Gewinneinbuße mit der Verhandlungsstärke des Unternehmens multipliziert. Auf der Grenznutzenseite ist dagegen die relative Zunahme des Nutzens eines Arbeitnehmers beim Anheben des Lohnsatzes zu verbuchen, und zwar mit der Verhandlungsmacht der Gewerkschaft gewichtet. Die Summe der gewichteten negativen (Real-)Lohnelastizitäten der Beschäftigungsnachfrage und des Unternehmensgewinnes muss der Elastizität des individuellen Nutzenzuwachses bezüglich des (Real-)Lohns entsprechen.[83] Wird der Machtparameter der Gewerkschaft γ in Gleichung (5.2.9) gleich eins gesetzt, resultiert wiederum die Optimalitätsbedingung des Monopolmodells: (5.2.4) stellt somit einen Spezialfall der Rent-Sharing-Condition dar. In gleicher Weise lässt sich die Bedingung erster Ordnung (5.2.7) umformen zu

$$-\gamma\,\eta_h^{\hat{N}} - (1-\gamma)\,\eta_h^{\hat{\pi}} = \gamma\,\eta_h^{\hat{u}-\bar{u}} \qquad (5.2.10).$$

Im Optimum müssen (5.2.9) und (5.2.10) gleichzeitig erfüllt sein.

5.2.2 Lösung mit spezifizierten Produktions- und Nutzenfunktionen

Im Unterschied zu den Annahmen des Modells mit Asymmetrien zwischen den Kalkülen von Unternehmung und Gewerkschaft ist bei korrekter Vorwegnahme der Faktornachfragen die gewinnmaximale Arbeitszeit (5.1.21) bei inneren Lösungen (bzw. die Randlösungen $b = h$ oder $b = 1$) in der Nutzenfunktion der Arbeitnehmer (5.1.26) zu berücksichtigen. Das Optimierungsverhalten der Unternehmung wurde bereits in Abschnitt 4.2 spezifiziert; auf die Gleichungen (5.1.7) bis (5.1.25) kann im Modell ohne Asymmetrien in unveränderter Form zurückgegriffen werden.

In einem Right-to-Manage-Modell, in dem nicht allein die Gewerkschaft Lohnsatz und Arbeitszeitstandard bestimmt, sondern in einer Verhandlung gemeinsam mit der Unternehmung über die Niveaus von w und h entscheidet, führt die Maximierung des geometrischen Mittels aus den mit den Machtparametern gewichteten Verhandlungsvorteilen zur Optimallösung:

---

[83] Lohn und Reallohn sind wegen der Modellannahme $p = 1$ identisch.

$$\underset{w,h}{\text{Max}}\ \hat{J} = \hat{\pi}^{1-\gamma}\left(\hat{U}-\overline{U}\right)^{\gamma} \tag{5.2.11}$$

$$\text{mit}\ \ \hat{N}=N(w,h), \qquad \hat{b}=b(w,h),$$

$$\hat{\pi}=\hat{N}^{\alpha}\,\hat{b}^{\alpha\beta}-\hat{N}\left[w\hat{b}+\delta w\left(\hat{b}-h\right)+\phi\right],$$

$$\hat{U}-\overline{U}=\hat{N}\left(\hat{u}-\overline{u}\right), \qquad \hat{u}=u\left(\hat{y},T-\hat{b}\right), \qquad \hat{y}=w\hat{b}+\delta w\left(\hat{b}-h\right).$$

Da nun angenommen wird, dass die Gewerkschaft in der Lage ist, die Faktornachfragemengen des Unternehmens korrekt vorwegzunehmen, müssen die vom Verhandlungsergebnis abhängigen Nachfragefunktionen $N(w, h)$ und $b(w, h)$ in das asymmetrische Nash-Produkt (vgl. Abschnitt 4.4) eingesetzt werden.
Es resultieren die Bedingungen erster Ordnung (5.2.9) und (5.2.10). Im interessanten Überstundenfall $h < b < 1$ gehen die Faktornachfragefunktionen (5.1.21) und (5.1.25) in die Bedingungen erster Ordnung ein, was zu einem System von Gleichungen höherer Ordnung ohne analytische Lösung führt.
Im folgenden wird gezeigt, dass sich auch das Monopolmodell mit korrekter Vorwegnahme der Faktornachfragen analytisch nicht lösen lässt. Vor diesem Hintergrund erscheint die in Right-to-Manage-Modellen üblicherweise getroffene Annahme, dass die Gewerkschaften die tatsächlichen Faktornachfragemengen exakt vorhersehen können, wenig realistisch. Die komparativen Analysen in Kapitel 6 wie auch die numerischen Simulationen in Kapitel 7 basieren deshalb auf dem asymmetrischen Modell mit flexiblen Arbeitszeiten (Abschnitt 5.1.2), das davon ausgeht, dass die Arbeitszeiterwartungen der Gewerkschaft aufgrund von Erfahrungswerten gebildet werden.

Da $\gamma = 1$, lautet das Optimierungsproblem im Monopolmodell ohne Asymmetrien

$$\underset{w,h}{\text{Max}}\ \left(\hat{U}-\overline{U}\right)=\hat{N}\left(\hat{u}-\overline{u}\right) \tag{5.2.12}$$

$$\text{mit}\ \ \hat{u}=\left[w\hat{b}+\delta w\left(\hat{b}-h\right)\right]\left(T-\hat{b}\right), \qquad \overline{u}=\overline{y}\,T.$$

Unter Berücksichtigung der tatsächlichen, lohn- und arbeitszeitstandardabhängigen Stunden- bzw. Beschäftigungsnachfrage des Unternehmens wählt die Gewerkschaft jene w-h-Kombination, die ihren Nutzenzuwachs maximiert. Im Optimum müssen die Bedingungen erster Ordnung

$$\eta_w^{\hat{N}}+\eta_w^{\hat{u}-\overline{u}}=0 \qquad (5.2.13),$$

$$\eta_h^{\hat{N}} + \eta_h^{\hat{u}-\bar{u}} = 0 \tag{5.2.14}$$

erfüllt sein.[84]

Der Unterschied zwischen den Elastizitäten des Beschäftigungsniveaus in Bezug auf den Lohn und den Arbeitszeitstandard ist wie im Monopolmodell mit Asymmetrie in Form von

$$\eta_h^{\hat{N}} = \eta_w^{\hat{N}} + \frac{\alpha\beta}{1-\alpha} \qquad \text{vgl. (5.1.37)}$$

gegeben. Diese Übereinstimmung zwischen den Modellen mit und ohne Asymmetrie ist darauf zurückzuführen, dass die Beschäftigungsnachfragefunktion in beiden Fällen durch Gleichung (5.1.22) definiert ist. Während im asymmetrischen Modell $b = x\,h$ einzusetzen war, führt die Berücksichtigung der tatsächlichen (inneren) Arbeitszeitnachfrage zur Beschäftigungsfunktion (5.1.25). Wird diese logarithmiert

$$\begin{aligned}\ln\{\hat{N}\} = \frac{1}{1-\alpha}\Big[&\ln\{\alpha\} + \alpha\beta\ln\{\beta\} + \ln\{1-\beta\} - (1-\alpha\beta)\ln\{\phi - \delta w h\} \\ &- \alpha\beta\ln\{w(1+\delta)(1-\beta)\}\Big]\end{aligned} \tag{5.2.15}$$

und nach dem Lohnsatz bzw. dem Arbeitszeitstandard abgeleitet, ergeben sich daraus die Elastizitäten

$$\begin{aligned}\eta_w^{\hat{N}} = \frac{w}{\hat{N}}\frac{\partial \hat{N}}{\partial w} = w\ln\{\hat{N}\}_w &= \frac{w}{1-\alpha}\left[\frac{(1-\alpha\beta)\delta h}{\phi-\delta w h} - \frac{\alpha\beta}{w}\right] \\ &= -\left(\frac{1}{1-\alpha}\right)\frac{\alpha\beta\phi - \delta w h}{\phi-\delta w h}\end{aligned} \tag{5.2.16}$$,

$$\begin{aligned}\eta_h^{\hat{N}} = \frac{h}{\hat{N}}\frac{\partial \hat{N}}{\partial h} = h\ln\{\hat{N}\}_h &= \frac{h}{1-\alpha}\,\frac{(1-\alpha\beta)\delta w}{\phi-\delta w h} \\ &= -\left(\frac{1}{1-\alpha}\right)\frac{(1-\alpha\beta)(-\delta w h)}{\phi-\delta w h}\end{aligned} \tag{5.2.17}$$,

sodass

---

[84] (5.2.13) und (5.2.14) entsprechen den Bedingungen (5.2.9) und (5.2.10) mit $\gamma = 1$.

$$\eta_w^{\hat{N}} - \eta_h^{\hat{N}} = -\frac{\alpha\beta}{1-\alpha} \tag{5.2.18}$$

Dies entspricht dem Zusammenhang in Gleichung (5.1.37). Wie im Modell mit Asymmetrien lässt sich somit die Bedingung erster Ordnung (5.2.14) formulieren als

$$\eta_w^{\hat{N}} + \frac{\alpha\beta}{1-\alpha} + \eta_h^{\hat{u}-\bar{u}} = 0 \tag{5.2.19}$$ [85]

Der Unterschied zum Modell ohne korrekte Vorwegnahme der Faktornachfragen steckt in der Beziehung der Elastizitäten der individuellen Nutzenvorteile. Wie im Anhang (Abschnitt 9.4) gezeigt wird, gilt

$$\eta_w^{\hat{u}-\bar{u}} = \frac{1}{\hat{u}-\bar{u}}\left[\frac{-\delta w h}{1-\beta}\left(T-\hat{b}\right) - \hat{y}\left(\frac{-\beta\phi}{w(1+\delta)(1-\beta)}\right)\right] \tag{5.2.20}$$

und

$$\eta_h^{\hat{u}-\bar{u}} = \frac{1}{\hat{u}-\bar{u}}\left[\frac{-\delta w h}{1-\beta}\left(T-\hat{b}\right) - \hat{y}\left(\frac{-\beta\delta h}{(1+\delta)(1-\beta)}\right)\right] \tag{5.2.21}$$

wobei $\hat{y} = \frac{\beta\phi - \delta w h}{(1-\beta)}$.[86]

Aus der Subtraktion der beiden Elastizitäten folgt

$$\eta_w^{\hat{u}-\bar{u}} - \eta_h^{\hat{u}-\bar{u}} = \frac{1}{\hat{u}-\bar{u}}\hat{y}\left[\frac{-\beta(\phi-\delta w h)}{w(1+\delta)(1-\beta)}\right] = -\frac{1}{\hat{u}-\bar{u}}\hat{y}\,\hat{b} \tag{5.2.22}$$

mit $\hat{u}-\bar{u} = \frac{\beta\phi-\delta w h}{1-\beta}\left(T - \frac{\beta(\phi-\delta w h)}{w(1+\delta)(1-\beta)}\right) - \bar{y}T$.

---

[85] Vgl. (5.1.41).

[86] Diese Definition des Einkommens ergibt sich bei Einsetzen der Arbeitszeitnachfrage (5.1.21) in $\hat{y} = w\hat{b} + \delta w\left(\hat{b}-h\right)$.

Wird die Bedingung erster Ordnung (5.2.19) von der Bedingung erster Ordnung (5.2.13) abgezogen, resultiert

$$\eta_w^{\hat{u}-\bar{u}} - \eta_h^{\hat{u}-\bar{u}} = \frac{\alpha\beta}{1-\alpha} \qquad (5.2.23).$$ [87]

Durch Einsetzen von Gleichung (5.2.22) ergibt sich

$$\frac{-\frac{\beta\phi-\delta wh}{1-\beta}\frac{\beta(\phi-\delta wh)}{w(1+\delta)(1-\beta)}}{\frac{\beta\phi-\delta wh}{1-\beta}\left(T-\frac{\beta(\phi-\delta wh)}{w(1+\delta)(1-\beta)}\right)-\bar{y}T} = \frac{\alpha\beta}{1-\alpha} \qquad (5.2.24).$$

Des weiteren wird die Bedingung erster Ordnung (5.2.13) zu

$$\frac{-\frac{\delta wh}{1-\beta}\left(T-\frac{\beta(\phi-\delta wh)}{w(1+\delta)(1-\beta)}\right)-\frac{\beta\phi-\delta wh}{1-\beta}\left(\frac{-\beta\phi}{w(1+\delta)(1-\beta)}\right)}{\frac{\beta\phi-\delta wh}{1-\beta}\left(T-\frac{\beta(\phi-\delta wh)}{w(1+\delta)(1-\beta)}\right)-\bar{y}T}$$
$$=\frac{1}{1-\alpha}\frac{\alpha\beta\phi-\delta wh}{\phi-\delta wh} \qquad (5.2.25),$$

wenn die Definitionen der Elastizitäten in (5.2.16) und (5.2.20) eingefüllt werden.

Da es sich bei (5.2.25) um eine Gleichung dritter Ordnung handelt, führt das Gleichungssystem aus (5.2.24) und (5.2.25) zu keinen analytischen Lösungen für den optimalen Lohnsatz w und den optimalen Arbeitszeitstandard h.[88]

---

[87] Vgl. (5.1.42).

[88] (5.2.24) entspricht einer quadratischen Gleichung.

6 Komparative Analyse

Die anschließenden komparativen Analysen wie auch die numerischen Simulationen in Kapitel 7 basieren auf der in Abschnitt 5.1.2 ermittelten Lösung des asymmetrischen Modells mit flexiblen Arbeitszeiten. Mit der Annahme, dass die Gewerkschaft die Arbeitszeitnachfrage des Unternehmens nicht perfekt vorhersieht, sondern näherungsweise von einer konstanten Relation zwischen tariflicher Arbeitszeit und Überstunden ausgeht, wird im Modell berücksichtigt, dass flexible Arbeitszeitsysteme dem Unternehmen Anpassungen ihrer Stundennachfrage ermöglichen, und diese Ex-post-Reaktionen per se nicht exakt vorhersehbar sind.

Die Annahme, dass die Arbeitszeiterwartungen der Gewerkschaft aufgrund von Erfahrungswerten gebildet werden, erscheint zudem sehr realistisch. Wie in den vorangegangen Abschnitten gezeigt wurde, lässt sich das Modell mit korrekter Vorwegnahme der Faktornachfragemengen analytisch nicht lösen. Davon auszugehen, dass es der Gewerkschaft trotzdem gelingt, die tatsächlich zu leistenden Arbeitsstunden exakt im voraus zu berechnen, ist in diesem Zusammenhang weniger plausibel.

Abschnitt 6.1 bestimmt zunächst die komparativ statischen Effekte von Veränderungen der Personalfixkosten, des Alternativeinkommens und des Überstundenzuschlags im flexiblen Arbeitszeitsystem (mit Überstunden). Wie sich zeigt, ist die Richtung der Reaktionen von Lohn, tariflichem Arbeitszeitstandard, tatsächlichen Arbeitsstunden und Beschäftigung von zahlreichen Bedingungen abhängig. In Abschnitt 6.2 wird die Analyse auf das starre Arbeitszeitsystem ohne Überstunden ausgedehnt und der Vergleich zu den Resultaten im Modell mit flexibler Arbeitszeit angestellt. In einer abschließenden Gegenüberstellung (Tabelle 6.3) finden sich die komparativ statischen Effekte auf Beschäftigung bzw. Arbeitszeit und deren Bedingungen in beiden Arbeitszeitsystemen.[89]

Auf die komparativ statischen Effekte im allgemeinen, unspezifizierten Monopolmodell ohne Asymmetrien (Abschnitt 5.2.1) wird im Anhang (Abschnitt 9.5) eingegangen. Eindeutige Resultate lassen sich dabei nicht ermitteln.

---

[89] Um über die Bedingungen hinausgehende, konkretere Ergebnisse zu erhalten, werden in Kapitel 7 numerische Simulationen aufgrund plausibler Parameterannahmen durchgeführt.

6.1 Komparativ statische Effekte

Im folgenden werden die Effekte von Veränderungen exogener Variablen, wie den Personalfixkosten ϕ, dem Alternativeinkommen $\bar{y}$ oder dem Überstundenzuschlag δ, auf die Monopollösung – Arbeitszeitstandard h und Lohnniveau w – und auf die tatsächliche Arbeitszeit- bzw. Beschäftigungsnachfrage der Unternehmung untersucht. Zu diesem Zweck wird das Theorem impliziter Funktionen (vgl. Chiang, 1984) angewandt.

6.1.1 Effekte auf den Arbeitszeitstandard h

Die Optimalitätsbedingung (5.1.47) enthält eine implizite Funktion $h(\phi,\bar{y})$ und lässt sich umformen zu

$$F(h,\phi,\bar{y}) = \frac{\Omega\bar{u}}{\Omega T-[\Omega+1]x\,h} - \frac{(1-\alpha)\phi}{\alpha} - \frac{\bar{u}}{\alpha(T-x\,h)} = 0, \quad \bar{u} = \bar{y}T \qquad (6.1.1).$$

δ ist in der Optimalitätsbedingung (5.1.47) nicht enthalten, (6.1.1) somit von δ unabhängig. Anders als die Personalfixkosten und das Alternativeinkommen wirkt sich die Höhe des Überstundenzuschlages nicht auf den Arbeitszeitstandard h aus. Für die Gewerkschaft besteht bei Variationen des Überstundenzuschlages kein Anlass, den bisher optimalen Stundenstandard zu verändern, und zwar deshalb, weil sie die vereinfachende Annahme (5.1.1) $b = x\ h$ trifft und die tatsächliche Arbeitszeitnachfrage des Unternehmens nicht korrekt vorweg nimmt. Wie in Abschnitt 5.1 erörtert, spiegeln diese verzerrten Erwartungen der Gewerkschaft bezüglich der Stundenreaktion des Unternehmens das Charakteristikum flexibler Arbeitszeitsysteme, die Anpassungen der Arbeitszeit an – unvorhergesehene – Ereignisse, wider.

Die Bestimmung der partiellen Ableitungen der impliziten Funktion, h_ϕ bzw. $h_{\bar{y}}$, kann gemäß der Regel

$$\frac{\partial h}{\partial \phi} = -\frac{F_\phi}{F_h} \qquad (6.1.2),$$

$$\frac{\partial h}{\partial \bar{y}} = -\frac{F_{\bar{y}}}{F_h} \qquad (6.1.3)$$

erfolgen. Wird (6.1.1) nach der betreffenden exogenen Variable differenziert und durch die negative partielle Ableitung nach h gebrochen, so führt dies auch ohne

Kenntnis der expliziten Form von $h(\phi,\bar{y})$ zu den gesuchten partiellen Differentialen. Um das Vorzeichen von h_ϕ festzustellen, sind folglich die Ableitungen F_ϕ und F_h zu überprüfen:

$$F_\phi = -\frac{1-\alpha}{\alpha} < 0 \qquad (6.1.4),$$

$$F_h = \frac{\Omega\,\bar{y}\,T(\Omega+1)x}{\left[\Omega T - (\Omega+1)x\,h\right]^2} - \frac{\bar{y}\,T\,\alpha\,x}{\left[\alpha(T-x\,h)\right]^2}$$
$$= \bar{y}\,T\,x\left\{\frac{\Omega(\Omega+1)}{\left[\Omega(T-x\,h) - x\,h\right]^2} - \frac{1}{\alpha(T-x\,h)^2}\right\} \qquad (6.1.5).$$

Da $\bar{y},T,x > 0$, ist F_h dann positiv, wenn

$$\alpha(T-x\,h)^2\Omega\,(\Omega+1) - \left[\Omega\,(T-x\,h) - x\,h\right]^2 > 0$$
$$\alpha(T-x\,h)^2\Omega\,(\Omega+1) - \Omega^2\,(T-x\,h)^2 + 2\Omega\,x\,h(T-x\,h) - (x\,h)^2 > 0$$
$$(T-x\,h)^2\Omega\left[\alpha(\Omega+1)-\Omega\right] + x\,h\left[2\Omega(T-x\,h)-x\,h\right] > 0$$
$$(T-x\,h)^2\Omega\left[\frac{\alpha(\alpha\beta+1-\alpha)-\alpha\beta}{1-\alpha}\right] + x\,h\left[2\Omega T - x\,h(2\Omega+1)\right] > 0$$
$$(T-x\,h)^2\Omega\left[\frac{\alpha(1-\alpha)-\alpha\beta(1-\alpha)}{1-\alpha}\right] + x\,h\left[\frac{2\alpha\beta}{1-\alpha}T - x\,h\frac{2\alpha\beta+1-\alpha}{1-\alpha}\right] > 0 \quad (6.1.6).$$

Aufgrund der Modellannahmen[90] gilt $\alpha > \alpha\beta$ und damit $\alpha - \alpha\beta > 0$, zudem sind auch $(T-x\,h)^2$, Ω und $x\,h > 0$, sodass F_h jedenfalls dann einen positiven Wert annimmt, wenn

$$x\,h < \frac{2\alpha\beta}{2\alpha\beta+1-\alpha}T \qquad (6.1.7).$$

Diese hinreichende Bedeutung für $F_h > 0$ ist stets gegeben, da für das Optimum der Monopolgewerkschaft nur positive Einkommen ($w\,X > 0$) in Betracht kommen und somit die Bedingung

---

[90] $0 < \alpha, \beta < 1$ (siehe Gleichungen (5.1.7), (5.1.8)).

$$x\,h < \frac{\alpha\beta}{\alpha\beta + 1 - \alpha}T \tag{5.1.49}$$

gelten muss. Weil

$$\frac{\alpha\beta}{\alpha\beta + 1 - \alpha}T < \frac{2\alpha\beta}{2\alpha\beta + 1 - \alpha}T$$ (6.1.8),[91]

ist durch die Bedingung (5.1.49) immer auch das Eintreten von (6.1.7) – und damit der Fall $F_h > 0$ – gewährleistet.

Die Ungleichung (6.1.7) stellt eine hinreichende Bedingung für $h_\phi = -F_\phi / F_h > 0$ dar. Somit steht fest, dass der Arbeitszeitstandard h stets gleichgerichtet auf Veränderungen der Personalfixkosten reagiert. Denn die Bedingung (6.1.7) ist immer gegeben, da ja von positiven Beschäftigungseinkommen ausgegangen wird.
Für die Untersuchung der Wirkung einer Variation von $\bar{y}$ ist nun noch das Vorzeichen von $F_{\bar{y}}$ zu bestimmen. Zu diesem Zweck lässt sich die Optimalitätsbedingung (6.1.1) auf folgende Weise formulieren:

$$F = \hat{F}\bar{u} = \left\{\frac{\Omega}{\Omega T - [\Omega + 1]x\,h} - \frac{(1-\alpha)\phi}{\alpha\bar{u}} - \frac{1}{\alpha(T - x\,h)}\right\}\bar{u} = 0 \tag{6.1.9}$$

mit $\bar{u} = \bar{y}T$.

Aufgrund von $\bar{u} = \bar{y}T > 0$ muss $\hat{F} = F/(\bar{y}T) = 0$ gelten. Da gemäß der Optimalitätsbedingung $\hat{F} = 0$, entfällt der zweite Teil der Ableitung $F_{\bar{y}}$, denn es gilt:

$$\begin{aligned} F_{\bar{y}} &= \hat{F}_{\bar{u}}\frac{\partial\bar{u}}{\partial\bar{y}}\bar{u} + \hat{F}\frac{\partial\bar{u}}{\partial\bar{y}} = \hat{F}_{\bar{u}}\frac{\partial\bar{u}}{\partial\bar{y}}\bar{u} \\ &= \frac{(1-\alpha)\phi}{\alpha\bar{u}^2}T\bar{u} = \frac{(1-\alpha)\phi}{\alpha\bar{y}} > 0 \end{aligned}$$ (6.1.10).

[91] Denn aufgrund der getroffenen Annahmen gilt $2\alpha\beta + 1 - \alpha < 2\alpha\beta + 2(1-\alpha)$.

$F_{\bar{y}}$ trägt somit stets ein positives Vorzeichen. Aufgrund von (6.1.10) und $F_h > 0$ bei Existenz eines gewerkschaftlichen Optimums (5.1.49) lässt sich die Richtung von $h_{\bar{y}} = -F_{\bar{y}}/F_h < 0$ angeben. Wird der Reservationslohn angehoben, so wählt die Gewerkschaft einen niedrigeren tariflichen Arbeitszeitstandard. Diese Reaktion ist im Zusammenhang mit der verbesserten Fall-back-Position bei Beschäftigungslosigkeit zu sehen. Anders als bei der Erhöhung von Personalfixkosten, wo es gilt, einen beschäftigungssenkenden Kostennachteil auszugleichen, ist es bei einer Zunahme des Alternativeinkommens für die Gewerkschaft nutzenmaximal, eine längere Freizeitphase anzustreben. In Tabelle 6.1 werden die Vorzeichen von $h_{\bar{y}}$, h_ϕ nochmals zusammengefasst. Hierbei wird natürlich davon ausgegangen, dass eine Optimallösung existiert und somit Bedingung (5.1.49) erfüllt ist.

Tabelle 6.1 Reaktionen des tariflichen Arbeitszeitstandards h

	$h_{\bar{y}}$	h_ϕ
$xh < \frac{\alpha\beta}{\alpha\beta+1-\alpha}T$	$h_{\bar{y}} < 0$, da $F_{\bar{y}} > 0$, $F_h > 0$	$h_\phi > 0$, da $F_\phi < 0$, $F_h > 0$

6.1.2 Effekte auf das Lohnniveau w

Die Gleichungen (5.1.44) bzw. (5.1.46) definieren $w\,X$,[92] die variablen Personalkosten bzw. das Einkommen pro Beschäftigten, welches die Gewerkschaft in ihr Optimierungskalkül einbezieht. Die partiellen Ableitungen w_ϕ, $w_{\bar{y}}$ und auch w_δ lassen sich somit bestimmen als

$$\frac{\partial w}{\partial i} = -\frac{1}{X^2}\frac{\partial X}{\partial i} w\,X + \frac{1}{X}\frac{\partial (w\,X)}{\partial i}, \text{ da } w = \frac{1}{X}\,w\,X \qquad (6.1.11),$$

wobei $i = \phi, \bar{y}, \delta$.

Wird (5.1.44) in (6.1.11) eingesetzt, so folgt daraus für w_ϕ

$$\frac{\partial w}{\partial \phi} = -\frac{1}{X^2}\frac{\partial X}{\partial h}\frac{\partial h}{\partial \phi}\frac{\Omega\,\bar{y}\,T}{\Omega T - (\Omega+1)x\,h} + \frac{1}{X}\frac{\Omega\,\bar{y}\,T(\Omega+1)x}{\left[\Omega T - (\Omega+1)x\,h\right]^2}\frac{\partial h}{\partial \phi} \qquad (6.1.12).$$

[92] $X = xh + \delta(xh - h)$.

Die Ableitung X_h nimmt einen positiven Wert an, denn

$$\frac{\partial X}{\partial h} = \frac{\partial\left[x\,h+\delta(x\,h-h)\right]}{\partial h} = x+\delta(x-1), \qquad x\geq 1 \qquad (6.1.13).$$

Da außerdem nur positive Einkommen $w\,X$ in Betracht kommen (5.1.49) und somit $h_\phi > 0$ (vgl. Tabelle 6.1), gilt

$$\begin{aligned}\frac{\partial w}{\partial \phi} &= \frac{\partial h}{\partial \phi}\left\{-\frac{1}{h^2\left[x+\delta(x-1)\right]^2}\left[x+\delta(x-1)\right]w\,X + \frac{1}{X}\frac{(\Omega+1)x}{\Omega T-(\Omega+1)x\,h}w\,X\right\}\\ &= \frac{\partial h}{\partial \phi}w\left\{-\frac{1}{h}+\frac{(\Omega+1)x}{\Omega T-(\Omega+1)x\,h}\right\}>0 \qquad (6.1.14),\end{aligned}$$

wenn der Term

$$\frac{-\left[\Omega T-(\Omega+1)x\,h\right]+(\Omega+1)x\,h}{h\left[\Omega T-(\Omega+1)x\,h\right]} > 0.$$

Der Nenner dieses Terms nimmt stets einen positiven Wert an, da die Bedingung für einen positiven Nenner der bekannten Voraussetzung (5.1.49) für Beschäftigungseinkommen $w\,X > 0$ entspricht. Die Richtung des Effekts der Personalfixkosten auf den Lohnsatz, w_ϕ, ist deshalb vom Vorzeichen des Zählers abhängig. Dieser ist dann positiv, wenn

$$\begin{aligned}&(\Omega+1)x\,h > \Omega T-(\Omega+1)x\,h\\ &x\,h > \frac{\Omega T}{2(\Omega+1)}\\ &x\,h > \frac{\alpha\beta}{2(\alpha\beta+1-\alpha)}T \qquad (6.1.15).\end{aligned}$$

Liegt $x\,h$ über der Stundenschwelle in (6.1.15), dann verändert sich der optimale Lohnsatz in die gleiche Richtung wie die Fixkosten ($w_\phi > 0$). Läge die von der Gewerkschaft ins Kalkül gezogene Arbeitszeit $x\,h$ hingegen unter der Grenze aus (6.1.15), so käme es zu den Fixkostenvariationen entgegengesetzten Reaktionen des Lohnniveaus ($w_\phi < 0$).

Die Wirkung von Veränderungen des Alternativeinkommens lässt sich auf entsprechende Weise analysieren. Aufgrund von (6.1.11) und (5.1.44) gilt:

$$\begin{aligned}\frac{\partial w}{\partial \bar{y}} &= -\frac{1}{X^2}\frac{\partial X}{\partial h}\frac{\partial h}{\partial \bar{y}}\frac{\Omega \bar{y} T}{\Omega T-(\Omega+1)x h} \\ &+\frac{1}{X}\left[\frac{\Omega T}{\Omega T-(\Omega+1)x h}+\frac{\Omega \bar{y} T(\Omega+1)x}{\left[\Omega T-(\Omega+1)x h\right]^2}\frac{\partial h}{\partial \bar{y}}\right] \\ &= \frac{\partial h}{\partial \bar{y}}\left\{-\frac{1}{h^2\left[x+\delta(x-1)\right]^2}\left[x+\delta(x-1)\right]w X+\frac{1}{X}\frac{(\Omega+1)x}{\Omega T-(\Omega+1)x h}w X\right\} \\ &+\frac{1}{X}\frac{w X}{\bar{y}} \\ &= \frac{\partial h}{\partial \bar{y}}w\left\{-\frac{1}{h}+\frac{(\Omega+1)x}{\Omega T-(\Omega+1)x h}\right\}+\frac{w}{\bar{y}} \qquad (6.1.16).\end{aligned}$$

Da $h_{\bar{y}}$ negativ ist, bewirkt eine Veränderung der Alternativeinkommen jedenfalls dann eine Lohnanpassung gleichen Vorzeichens, wenn die von der Gewerkschaft angenommene Arbeitszeitnachfrage $x\,h$ weniger Stunden als die Schwelle in Bedingung (6.1.15) beträgt. Als hinreichende Bedingung für $w_{\bar{y}} > 0$ gilt somit

$$x h < \frac{\alpha \beta}{2(\alpha \beta+1-\alpha)} T \qquad (6.1.17).$$

In diesem Fall würde nicht nur der zweite, sondern auch der erste Term der rechten Gleichungsseite von (6.1.16) mit Sicherheit ein positives Vorzeichen aufweisen. Denn der Ausdruck in der geschwungenen Klammer wäre dann ebenso wie $h_{\bar{y}}$ negativ. Ist die hinreichende Bedingung (6.1.17) nicht gegeben, lässt sich die Richtung des Effektes auf den optimalen Lohnsatz nicht mehr eindeutig feststellen, da sich die Reaktion dann aus einander entgegen gerichteten Teilen zusammensetzt.

Wiederum auf der Basis von Gleichung (6.1.11) und (5.1.44) können schließlich auch die Auswirkungen von Veränderungen des Überstundenzuschlages untersucht werden:

$$\frac{\partial w}{\partial \delta} = -\frac{1}{X^2}\frac{\partial X}{\partial \delta}\frac{\Omega \bar{y} T}{\Omega T - (\Omega+1)x h} \qquad (6.1.18).$$

Dabei ist die Ableitung X_δ positiv oder gleich null,

$$\frac{\partial X}{\partial \delta} = \frac{\partial [x h + \delta (x h - h)]}{\partial \delta} = x h - h \geq 0 \quad , \text{ da } \; x \geq 1 \qquad (6.1.19).$$

Da nur positive Einkommen $w\,X$ in Betracht kommen, sodass

$$\Omega T > (\Omega + 1) x h \qquad \text{vgl. (5.1.49),}$$

resultiert $w_\delta < 0$, wenn die Gewerkschaft Überstunden für realistisch hält ($x > 1$). Die Veränderung des Lohnniveaus ist also der Variation des Überstundenzuschlages entgegengesetzt. Bei höherem δ ist ein geringerer Lohnsatz erforderlich, damit die Monopolgewerkschaft den maximalen Nutzen erzielt.

Tabelle 6.2 fasst noch einmal die Effekte von Änderungen des Überstundenzuschlages, des Alternativeinkommens bzw. der Personalfixkosten auf den Lohn w zusammen.
Während die Lohneffekte veränderter Personalfixkosten bzw. Alternativeinkommen je nach Lage der Monopollösung (bzgl. der diversen Stundenschwellen) ihre Richtung wechseln können, wirken sich Schwankungen des Überstundenzuschlages stets mit umgekehrten Vorzeichen auf die Höhe des Tariflohnes aus. Überdies schlagen sich Variationen von δ ohnehin nur im Lohnniveau und nicht im tariflichen Arbeitszeitstandard nieder. Denn der Mehrarbeitszuschlag ist in der Optimalitätsbedingung (5.1.47) nicht enthalten, der Arbeitszeitstandard h aufgrund der gewerkschaftlichen Annahme eines konstanten Überstundenverhältnisses von δ unabhängig.

Tabelle 6.2 Reaktionen der tariflichen Lohnhöhe w

	w_δ	$w_{\bar{y}}$	w_ϕ
$x h < \frac{\alpha\beta}{2(\alpha\beta+1-\alpha)} T < \frac{\alpha\beta}{\alpha\beta+1-\alpha} T$	$w_\delta < 0$	$w_{\bar{y}} > 0$	$w_\phi < 0$
$\frac{\alpha\beta}{2(\alpha\beta+1-\alpha)} T < x h < \frac{\alpha\beta}{\alpha\beta+1-\alpha} T$	$w_\delta < 0$	$w_{\bar{y}} <> 0$	$w_\phi > 0$

Die Abhängigkeit des Lohnes kommt aufgrund der Stundenkomponente des Beschäftigungseinkommens, $X = xh + \delta(xh - h)$, zustande. Die Stundenkomponente X entspricht einem Gewichtungsfaktor, der sich stets in gleicher Richtung mit dem Überstundenzuschlag verändert, wenn $x > 1$.

Um eine Einschätzung darüber zu ermöglichen, wie realistisch das Eintreffen der soeben ermittelten Bedingungen ist, wurden die Monopollösung wie auch die Arbeitszeitschwellen aus den Bedingungen (6.1.15) bzw. (5.1.49) unter plausiblen Parameterannahmen berechnet und in Abbildung 6.1 grafisch dargestellt. Mithilfe des Diagramms lässt sich veranschaulichen, zwischen welchen Schranken die Optimallösung unter realistischen Bedingungen liegen wird.[93]

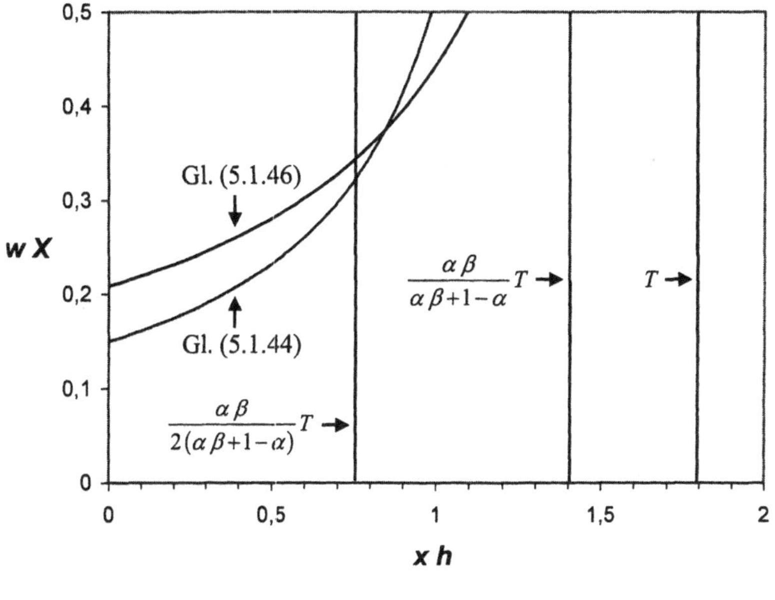

Abbildung 6.1 Optimallösung und Arbeitszeitschwellen

Die exemplarisch durchgeführten Berechnungen lassen darauf schließen, dass jene Fälle mit

[93] Abbildung 6.1 basiert auf den Parameterannahmen der numerischen Simulationen. In Abschnitt 7.1 werden die Parameterannahmen näher erläutert und anhand empirischer Daten auf ihre Plausibilität überprüft.

$$\frac{\alpha\beta}{2(\alpha\beta+1-\alpha)}T < x\,h < \frac{\alpha\beta}{\alpha\beta+1-\alpha}T \qquad (6.1.20)$$

am plausibelsten sind.

Bei Veränderungen der Personalfixkosten ist somit mit gleichgerichteten Reaktionen des Lohnsatzes (vgl. Tabelle 6.2: $w_\phi > 0$) und des Arbeitszeitstandards (vgl. Tabelle 6.1: $h_\phi > 0$) zu rechnen.

Aus dem Optimierungskalkül der Monopolgewerkschaft (5.1.29) geht hervor, dass höhere Fixkosten unter der Annahme unveränderter Werte aller übrigen Variablen die unterstellte Beschäftigungsnachfrage und damit den gewerkschaftlichen Nutzenzuwachs reduzieren. Um weiterhin ihren maximalen Nutzen zu erzielen, reagiert die Gewerkschaft mit Anpassungen des Stundenstandards und des Tariflohns: ceteris paribus würde ein Ansteigen der Personalfixkosten ϕ in Abbildung 5.1 bzw. Abbildung 6.1 eine Parallelverschiebung nach oben jener Kurve, die die Gleichung (5.1.46) darstellt, verursachen, während die andere Kurve unverändert bliebe. $x\,h$ wie auch $w\,X$, das Einkommen pro Beschäftigten, würden zunehmen.

Tatsächlich ist jedoch keine Ceteris-paribus-Situation gegeben, sondern es gilt, bereits vorweg den Effekt der Fixkosten auf den Arbeitszeitstandard h zu berücksichtigen. Denn dadurch verändern sich bei einer Variation der Fixkosten auch die Krümmungen der beiden Kurven.

Werden sinnvolle Parameter angenommen, die zu positiven Beschäftigungseinkommen führen, reagiert die Gewerkschaft stets mit einer Erhöhung des Stundenstandards h, weil dann die Bedingungen (6.1.7) bzw. (5.1.49) zutreffen. Das Anheben des Arbeitszeitstandards entspricht einer Zunahme der Stundenkomponente X des Beschäftigungseinkommens und bewirkt eine Einkommenssteigerung. Durch die Anpassung des tariflichen Stundenstandards nach oben erreicht die Gewerkschaft – trotz verringerter Freizeit $(T - x\,h)$ – eine Zunahme der individuellen Nutzen der Beschäftigten. Der Freizeitverlust wird durch die Erhöhung des Beschäftigungseinkommens überkompensiert.

Um ihre Nutzeneinbußen aus verringerten Beschäftigungsniveaus auszugleichen, passt die Gewerkschaft unter realistischen Parameterannahmen zudem auch den

Lohnsatz w nach oben an, wenn die Personalfixkosten zunehmen.[94] Ein höherer Lohn bedeutet ein höheres Entgelt und höhere individuelle Nutzen der Beschäftigten. Unter realistischen Bedingungen reagiert die Monopolgewerkschaft also mit Erhöhungen des Lohnsatzes und des Arbeitszeitstandards auf Fixkostenzuwächse.

Wie verändern sich im Falle von (6.1.20) Arbeitszeitstandard und Lohnsatz, wenn nicht die Personalfixkosten, sondern das Alternativeinkommen variiert wird? Hinsichtlich des Optimierungskalküls der Gewerkschaft würde ein Ansteigen der Arbeitslosenunterstützung ceteris paribus zunächst zu einer Verringerung der individuellen Nutzeneinbuße im Falle von Arbeitslosigkeit führen. Wenn das Alternativeinkommen zunimmt, erhöht sich die Fall-back-Position der (Monopol-) Gewerkschaft, ihre Machtposition wird gestärkt. Die Gewerkschaft reagiert mit Veränderungen des Stundenstandards und des Lohnsatzes. In Abbildung 5.1 und Abbildung 6.1 käme es unter der Annahme unveränderter Werte aller übrigen Variablen bei einer Erhöhung des Alternativeinkommens zu Verschiebungen beider Kurven nach oben. Der neue Schnittpunkt würde demnach eine Abnahme von $x\,h$ aber einen Anstieg des Beschäftigungseinkommens $w\,X$ bedeuten.

Wird die Ceteris-paribus-Annahme aufgegeben, um im tatsächlich neuen Optimum auch den Effekt des veränderten Alternativeinkommens auf den Arbeitszeitstandard h zu berücksichtigen, verändern sich dadurch die Krümmungen der beiden Kurven. Theoretisch ist daher sowohl eine Verlängerung als auch eine Verkürzung der tariflichen Arbeitsdauer möglich. Im betrachteten Fall (6.1.20), der, wie zuvor gezeigt, bei plausiblen Parameterannahmen eintritt, senkt die Gewerkschaft den Stundenstandard als Reaktion auf ein erhöhtes Niveau des Alternativeinkommens.[95] Die erwartete Freizeit nimmt zu.

Der Effekt einer Variation der Arbeitslosenunterstützung auf den Tariflohn w setzt sich aus einem positiven direkten Effekt auf das Beschäftigungseinkommen und aus einander entgegengerichteten indirekten Effekten über die Anpassung des Arbeitszeitstandards – den Wirkungen des tariflichen Standards auf das Beschäftigungseinkommen bzw. auf die Arbeitszeitkomponente – zusammen. Analytisch schlägt sich dieser Umstand in Gleichung (6.1.16) nieder. Unter realistischen Pa-

---

[94] In die Lohnreaktion auf gestiegene Fixkosten geht der Effekt auf den Arbeitszeitstandard (h_ϕ) ein – allerdings einmal mit positivem (Auswirkung auf das Beschäftigungseinkommen) und einmal mit negativem Vorzeichen (Wirkung über die Stundenkomponente; siehe (6.1.12)). Im plausiblen Fall (6.1.20) überwiegt der positive Teileffekt, da dann auch immer Bedingung (6.1.15) gegeben ist.

[95] Vgl. Tabelle 6.1.

rameterannahmen ist der indirekte Gesamteffekt negativ.[96] Da sich ein positiver direkter und ein negativer indirekter Effekt gegenüberstehen, könnte die (Monopol-)Gewerkschaft bei einem Anstieg des Alternativeinkommens sowohl mit einer Erhöhung als auch mit einer Reduktion des Lohnsatzes reagieren. Somit ist unter realistischen Bedingungen davon auszugehen, dass sich der tarifliche Arbeitszeitstandard stets verringert, wenn das Alternativeinkommen zunimmt, während das Lohnniveau ansteigen oder auch abnehmen kann.

Nachdem sich die Analyse der komparativ statischen Effekte bisher mit den Entscheidungsvariablen der Monopolgewerkschaft, *h* und *w*, befasste, richtet sich die Untersuchung im folgenden auf die Wirkung von Änderungen exogener Variablen auf die tatsächliche Beschäftigungs- und Arbeitszeitnachfrage der Unternehmung.

6.1.3 Effekte auf die Arbeitszeitnachfrage b(w, h)

Wird von einer inneren Lösung ($h < b < 1$) zwischen dem tariflichen Stundenstandard und der gesetzlich maximal zulässigen Obergrenze ausgegangen, dann definiert Gleichung (5.1.21) die Länge der vom Unternehmen nachgefragten Arbeitszeit in Abhängigkeit vom Lohn *w* und dem Arbeitszeitstandard *h*, die zuvor von der Gewerkschaft festgesetzt wurden. Abgeleitet nach den Personalfixkosten ϕ, führt (5.1.21) zu

$$\begin{aligned}
\frac{\partial b}{\partial \phi} &= \frac{\beta}{w(1+\delta)(1-\beta)} + \frac{\partial b}{\partial w}\frac{\partial w}{\partial \phi} + \frac{\partial b}{\partial h}\frac{\partial h}{\partial \phi} \\
&= \frac{\beta}{w(1+\delta)(1-\beta)}\left[1-\left(\delta h + \frac{\phi-\delta w h}{w}\right)w_\phi - \delta w h_\phi\right] \\
&= \frac{\beta}{w(1+\delta)(1-\beta)}\left[1 - \frac{\phi}{w}w_\phi - \delta w h_\phi\right] \\
&= \frac{\beta}{w(1+\delta)(1-\beta)}\left[1 - \eta_\phi^w - \frac{\delta w h}{\phi}\eta_\phi^h\right] \qquad (6.1.21).
\end{aligned}$$

Da w, h, δ, β, $(1-\beta)$ und ϕ annahmegemäß mit positiven Werten belegt sind, ist b_ϕ nur dann positiv, wenn

[96] Denn in so einem Fall sinkt der Stundenstandard bei Zunahme des Alternativeinkommens, vgl. (6.1.10) bzw. Tabelle 6.1, und der Wirkung des Stundenstandards auf das Beschäftigungseinkommen kommt aufgrund von (6.1.15) die größere Bedeutung zu als seiner Wirkung auf die Zeitkomponente.

$$\eta_{\phi}^{w} + \eta_{\phi}^{h} \frac{\delta w h}{\phi} < 1 \qquad (6.1.22),$$

andernfalls gilt $b_{\phi} < 0$. Weil außer den Personalfixkosten auch der Tariflohn und der Arbeitszeitstandard in die Arbeitszeitnachfrage der Unternehmung (5.1.21) eingehen, wirken sich Veränderungen der Fixkosten einerseits direkt und andererseits auch über die Reaktionen von w und h auf die tatsächliche Arbeitsdauer aus. Beide Anpassungsreaktionen sind vom positiven direkten Effekt abzuziehen. Im zuvor dargestellten plausibelsten Fall (6.1.20) verändern sich sowohl der Lohn als auch der Stundenstandard in gleicher Richtung wie die Fixkosten, die Elastizitäten in (6.1.22) sind positiv. [97]

Dementsprechend werden sich Personalfixkosten und tatsächliche Arbeitszeitnachfrage umso eher in gleicher Richtung verändern,

- je unelastischer w und h auf Fixkostenvariationen reagieren und
- je geringer die zusätzlichen Kosten einer Überstunde, δw, im Vergleich zu den Fixkosten pro Tarifstunde, ϕ/h, sind.

Durch analoges Vorgehen lassen sich die Effekte von Variationen des Alternativeinkommens überprüfen: Wird die Arbeitszeitnachfrage des Unternehmens, Gleichung (5.1.21), nach $\bar{y}$ differenziert, so ergibt sich

$$\begin{aligned}
\frac{\partial b}{\partial \bar{y}} &= \frac{\partial b}{\partial w}\frac{\partial w}{\partial \bar{y}} + \frac{\partial b}{\partial h}\frac{\partial h}{\partial \bar{y}} \\
&= \frac{\beta}{(1+\delta)(1-\beta)}\left[\left(-\frac{\delta h}{w} - \frac{\phi - \delta w h}{w^2}\right) w_{\bar{y}} - \delta h_{\bar{y}}\right] \\
&= \frac{\beta}{w(1+\delta)(1-\beta)}\left[-\frac{\phi}{w} w_{\bar{y}} - \delta w h_{\bar{y}}\right] \\
&= \frac{-\beta}{w(1+\delta)(1-\beta)}\left[\frac{\phi}{\bar{y}}\eta_{\bar{y}}^{w} + \frac{\delta w h}{\bar{y}}\eta_{\bar{y}}^{h}\right] \qquad (6.1.23).
\end{aligned}$$

[97] Wie aus Tabelle 6.1 und Tabelle 6.2 ersichtlich, kommt es in keinem Fall dazu, dass sowohl h_{ϕ} als auch w_{ϕ} negativ werden – nur dann könnte auch ohne Kenntnis der Elastizitäten (bzw. der Größenordnung dieser Reaktionen) auf $b_{\phi} > 0$ geschlossen werden. Aufgrund der komparativ statischen Ergebnisse für Lohn und Stundenstandard lässt sich also keine Situation herausfiltern, die eine eindeutige Aussage darüber ermöglichen würde, ob die Arbeitszeitnachfrage der Unternehmung bei einer Erhöhung der Personalfixkosten zu- oder abnimmt.

Auf Variationen des Alternativeinkommens (beispielsweise der Höhe der Arbeitslosenunterstützung) reagiert die Arbeitszeitnachfrage deshalb nur dann in entgegengesetzter Richtung, wenn

$$\eta_{\bar{y}}^{w} + \frac{\delta w h}{\phi} \eta_{\bar{y}}^{h} > 0 \qquad (6.1.24).$$

Falls (6.1.24) < 0, würde die Anpassung der Anzahl der Arbeitsstunden das gleiche Vorzeichen aufweisen wie die Veränderung des Alternativeinkommens. Veränderungen der Höhe des Alternativeinkommens führen zu Anpassungen von Lohnsatz und tariflicher Arbeitszeit und ziehen so Effekte auf die Arbeitszeitnachfrage des Unternehmens nach sich. Eine direkte Auswirkung von Variationen der Arbeitslosenunterstützung auf b ist nicht gegeben. Da mit einer negativen Elastizität des Stundenstandards bezüglich des Alternativeinkommens zu rechnen ist aber das Vorzeichen der Elastizität des Tariflohnes in Bezug auf das Alternativeinkommen unter realistischen Parameterannahmen ungewiss bleibt, lässt sich ohne Kenntnis der Parameterwerte keine eindeutige Aussage über die Anpassung der Arbeitszeitnachfrage formulieren.

Dennoch kann festgehalten werden, dass sich Alternativeinkommen und tatsächliche Arbeitszeit umso eher in entgegengesetzter Richtung bewegen werden,

- je höher die ***positive*** Elastizität des Lohnsatzes bezüglich Veränderungen des Alternativeinkommens,
- je unelastischer die negative Anpassungsreaktion des Stundenstandards und
- je geringer die zusätzlichen Kosten einer Überstunde, δw, im Vergleich zu den Fixkosten pro Tarifstunde, ϕ/h.

Bei ***negativer*** Reaktion des Lohnniveaus auf Variationen des Alternativeinkommens würde sich die Arbeitsdauer in der gleichen Richtung wie die Arbeitslosenunterstützung verändern.

Um die Effekte von Variationen des Überstundenzuschlages zu betrachten, wird schließlich die Arbeitszeitnachfrage (5.1.21) nach δ abgeleitet:

$$\frac{\partial b}{\partial \delta}=\frac{\beta}{1-\beta}\left[\frac{-wh}{w(1+\delta)}-\frac{\phi-\delta wh}{w(1+\delta)^2}\right]+\frac{\partial b}{\partial w}\frac{\partial w}{\partial \delta}$$

$$=\frac{\beta}{w(1+\delta)(1-\beta)}\left\{-wh-\frac{\phi-\delta wh}{1+\delta}-\frac{\phi}{w}w_\delta\right\}$$

$$=\frac{-\beta}{w(1+\delta)(1-\beta)}\left\{\frac{wh+\phi}{1+\delta}+\frac{\phi}{\delta}\eta_\delta^w\right\} \qquad (6.1.25).$$

Da w, h, δ, β, $(1-\beta)$ und ϕ positive Werte annehmen, ist b_δ negativ, wenn

$$\frac{wh+\phi}{1+\delta}+\frac{\phi}{\delta}\eta_\delta^w>0$$

$$\eta_\delta^w>-\frac{w+\phi/h}{\phi/h}\bigg/\frac{w(1+\delta)}{\delta w} \qquad (6.1.26).$$

Zum einen wirken Variationen des Überstundenzuschlages unmittelbar – und zwar negativ – auf die Stundennachfrage des Unternehmens, zum anderen kommt es auch zu einem indirekten Effekt über die induzierte Veränderung des optimalen Lohnsatzes. Da aufgrund der Voraussetzung positiver Einkommen stets $w_\delta < 0$ gilt (siehe Tabelle 6.2) und sich die Lohnreaktion mit umgekehrten Vorzeichen in der Anpassung der Arbeitsdauer niederschlägt, wirken direkter und indirekter Effekt einer Veränderung von δ in entgegengesetzter Richtung. Ohne das Ausmaß der Lohnanpassung im Vergleich zu den anderen Parameterwerten zu kennen, lässt sich das Vorzeichen von b_δ nicht eindeutig bestimmen. Ob sich die von der Unternehmung nachgefragten Arbeitsstunden bei einem Ansteigen des Überstundenzuschlages reduzieren, hängt von Bedingung (6.1.26) ab. Wenn diese zutrifft, überwiegt der direkte Effekt, sodass $b_\delta < 0$. Überstundenzuschlag und tatsächliche Arbeitszeitnachfrage werden sich umso eher in entgegengesetzter Richtung verändern

- je höher die Gesamtkosten pro Tarifstunde $(w + \phi/h)$ im Verhältnis zu den Fixkosten pro Tarifstunde ϕ/h,
- je geringer die gesamten Kosten einer Überstunde $w\ (1 + \delta)$ im Verhältnis zu den zusätzlichen Kosten einer Überstunde $\delta\ w$,
- je unelastischer die negative Anpassungsreaktion des Lohnsatzes auf Variationen von δ.

6.1.4 Effekte auf die Beschäftigungsnachfrage N(w, h)

Für tatsächliche Arbeitszeitlängen zwischen dem tariflichen Arbeitszeitstandard und der gesetzlichen Obergrenze ($h < b < 1$) bestimmt sich die Beschäftigungsnachfrage des Unternehmens $N(w, h)$ gemäß Gleichung (5.1.25). Wird diese zunächst wieder nach den Personalfixkosten pro Beschäftigten ϕ differenziert, ergibt sich

$$
\begin{aligned}
\frac{\partial N}{\partial \phi} = & \frac{-1}{1-\alpha} \frac{N}{(\phi-\delta w h)^{1-\alpha\beta}\left[w(1+\delta)(1-\beta)\right]^{\alpha\beta}} \\
& \cdot\left\{(1-\alpha\beta)(\phi-\delta w h)^{-\alpha\beta}\left[1-\delta\left(w_\phi h + w h_\phi\right)\right]\right. \\
& \left.\cdot\left[w(1+\delta)(1-\beta)\right]^{\alpha\beta} + (\phi-\delta w h)^{1-\alpha\beta}\alpha\beta w^{\alpha\beta-1} w_\phi\left[(1+\delta)(1-\beta)\right]^{\alpha\beta}\right\} \\
= & \frac{-1}{1-\alpha}\frac{N}{(\phi-\delta w h)^{1-\alpha\beta}}\left\{(1-\alpha\beta)(\phi-\delta w h)^{-\alpha\beta}\left[1-\delta\left(w_\phi h + w h_\phi\right)\right]\right. \\
& \left. + (\phi-\delta w h)^{1-\alpha\beta}\alpha\beta w^{-1} w_\phi\right\} \\
= & -\frac{N}{1-\alpha}\left\{\frac{1-\alpha\beta}{\phi-\delta w h}\left[1-\delta\left(w_\phi h + w h_\phi\right)\right] + \frac{\alpha\beta}{w} w_\phi\right\} \\
= & -\frac{N}{1-\alpha}\left\{\frac{1-\alpha\beta}{\phi-\delta w h}\left[1-\frac{\delta w h}{\phi}\left(\eta_\phi^w + \eta_\phi^h\right)\right] + \frac{\alpha\beta}{\phi}\eta_\phi^w\right\} \qquad (6.1.27).
\end{aligned}
$$

Der Gesamteffekt setzt sich auch hier aus direkten und indirekten Effekten zusammen. h_ϕ ist bei nicht-negativen Beschäftigungseinkünften stets positiv; liegt außerdem die von der Gewerkschaft unterstellte Arbeitszeitnachfrage $x\ h$ über dem Schwellenwert aus Bedingung (6.1.15), gilt auch $w_\phi > 0$ (vgl. Tabelle 6.1, Tabelle 6.2). Für diesen plausiblen Fall (6.1.20) lässt sich festhalten, dass N_ϕ jedenfalls negativ ist, wenn

$$\frac{\delta w h}{\phi}\left(\eta_\phi^w + \eta_\phi^h\right) < 1 \qquad (6.1.28).[98]$$

Trifft die hinreichende Bedingung (6.1.28) zu, führen Fixkostenerhöhungen zu Beschäftigungsrückgängen. In den übrigen Fällen lässt sich das Vorzeichen von

[98] Denn $\phi > \delta\, w\, h$ muss als Voraussetzung dafür, dass die innere Lösung überhaupt definiert ist, sowieso gegeben sein. Die Unternehmung würde sonst die Randlösung $b = h$ wählen.

N_ϕ nicht vorhersehen. Fixkosten und Beschäftigung werden sich umso eher in entgegengesetzter Richtung bewegen,

- je unelastischer der Arbeitszeitstandard auf Veränderungen der Personalfixkosten reagiert und
- je niedriger die zusätzlichen Kosten einer Überstunde, $\delta\, w$, im Vergleich zu den Fixkosten pro Tarifstunde ϕ/h sind.

Das Differential der Beschäftigungsnachfrage (5.1.25) nach dem Alternativeinkommen lautet:

$$\frac{\partial N}{\partial \bar{y}} = \frac{-1}{1-\alpha} \frac{N}{(\phi-\delta w h)^{1-\alpha\beta}\left[w(1+\delta)(1-\beta)\right]^{\alpha\beta}}$$

$$\cdot\Big\{(1-\alpha\beta)(\phi-\delta w h)^{-\alpha\beta}\left[-\delta\left(w_{\bar{y}} h + w h_{\bar{y}}\right)\right]$$

$$\cdot\left[w(1+\delta)(1-\beta)\right]^{\alpha\beta} + (\phi-\delta w h)^{1-\alpha\beta}\alpha\beta w^{\alpha\beta-1} w_{\bar{y}}\left[(1+\delta)(1-\beta)\right]^{\alpha\beta}\Big\}$$

$$= \frac{-1}{1-\alpha}\frac{N}{(\phi-\delta w h)^{1-\alpha\beta}}\Big\{(1-\alpha\beta)(\phi-\delta w h)^{-\alpha\beta}\left[-\delta\left(w_{\bar{y}} h + w h_{\bar{y}}\right)\right]$$

$$+(\phi-\delta w h)^{1-\alpha\beta}\alpha\beta w^{-1} w_{\bar{y}}\Big\}$$

$$= -\frac{N}{1-\alpha}\left\{-\frac{1-\alpha\beta}{\phi-\delta w h}\,\delta\left(w_{\bar{y}} h + w h_{\bar{y}}\right) + \frac{\alpha\beta}{w} w_{\bar{y}}\right\}$$

$$= -\frac{N}{1-\alpha}\left\{-\frac{1-\alpha\beta}{\phi-\delta w h}\,\frac{\delta w h}{\bar{y}}\left(\eta^w_{\bar{y}} + \eta^h_{\bar{y}}\right) + \frac{\alpha\beta}{\bar{y}}\eta^w_{\bar{y}}\right\} \qquad (6.1.29).$$

Die partielle Ableitung (6.1.29) ist daher dann negativ, wenn

$$-(1-\alpha\beta)\,\delta w h\left(\eta^w_{\bar{y}} + \eta^h_{\bar{y}}\right) + (\phi-\delta w h)\,\alpha\beta\,\eta^w_{\bar{y}} > 0$$

$$\delta w h\;\eta^h_{\bar{y}}(\alpha\beta-1) + \eta^w_{\bar{y}}\left(\alpha\beta\phi - \delta w h\right) > 0$$

$$(\alpha\beta-1)\,\frac{\delta w h}{\phi}\,\eta^h_{\bar{y}} + \left(\alpha\beta - \frac{\delta w h}{\phi}\right)\eta^w_{\bar{y}} > 0 \qquad (6.1.30).$$

Veränderungen des Alternativeinkommens wirken nur indirekt – über die Anpassungsreaktionen von w und h – auf die Beschäftigungsnachfrage der Unternehmung. Unter realistischen Voraussetzungen kann der Effekt der Arbeitslosenunterstützung auf die Lohnhöhe sowohl positiv als auch negativ sein. Aufgrund des negativen Effekts auf h und wegen $\alpha\beta < 1$ ist der erste Term der Addition in Ungleichung (6.1.30) positiv. Als hinreichende Bedingungen für ein Abnehmen der Beschäftigungsnachfrage bei Erhöhung des Alternativeinkommens lassen sich deshalb

$$\alpha\beta > \frac{\delta w h}{\phi} \quad \text{bei} \quad \eta_{\bar{y}}^{w} > 0 \qquad \text{bzw.} \qquad \alpha\beta < \frac{\delta w h}{\phi} \quad \text{bei} \quad \eta_{\bar{y}}^{w} < 0$$

aufstellen. Im Falle einer ***positiven*** Elastizität des Lohnsatzes bezüglich des Alternativeinkommens ist die Beschäftigungswirkung jedenfalls dann negativ, wenn die Relation der zusätzlichen Kosten einer Überstunde, δw, zu den Fixkosten pro Tarifstunde, ϕ/h, geringer ist als die Elastizität des Outputs bezüglich der Arbeitszeit, $\alpha\beta$. Bzw. bei ***negativem*** Lohneffekt jedenfalls dann, wenn das Kostenverhältnis $\delta w h/\phi$ die Produktionselastizität $\alpha\beta$ übersteigt.[99] Ansonsten können keine eindeutigen Aussagen über die Reaktion der Beschäftigung bei Variationen des Alternativeinkommens gemacht werden.

Wie schon die Arbeitszeitnachfrage wird die Beschäftigungsnachfrage nun auch auf ihre Reaktion bei Variationen des Überstundenzuschlages überprüft. Dazu wird (5.1.25) nach δ differenziert:

$$\begin{aligned}
\frac{\partial N}{\partial \delta} &= \frac{-1}{1-\alpha} \frac{N}{(\phi-\delta w h)^{1-\alpha\beta}\left[w(1+\delta)(1-\beta)\right]^{\alpha\beta}} \\
&\quad \cdot \Big\{(1-\alpha\beta)(\phi-\delta w h)^{-\alpha\beta}\left[-(w+\delta w_{\delta})h\right] \\
&\quad \cdot \left[w(1+\delta)(1-\beta)\right]^{\alpha\beta} + (\phi-\delta w h)^{1-\alpha\beta}\alpha\beta\left[w(1+\delta)(1-\beta)\right]^{\alpha\beta-1} \\
&\quad \cdot (1-\beta)\left[w_{\delta}(1+\delta)+w\right]\Big\} \\
&= \frac{-1}{1-\alpha} \frac{N}{(\phi-\delta w h)^{1-\alpha\beta}} \Big\{(1-\alpha\beta)(\phi-\delta w h)^{-\alpha\beta}\left[-(w+\delta w_{\delta})h\right] \\
&\quad + (\phi-\delta w h)^{1-\alpha\beta}\alpha\beta w^{-1}(1+\delta)^{-1}\left[w_{\delta}(1+\delta)+w\right]\Big\} \\
&= -\frac{N}{1-\alpha}\left\{-\frac{1-\alpha\beta}{\phi-\delta w h} h(w+\delta w_{\delta}) + \alpha\beta\left(\frac{w_{\delta}}{w}+\frac{1}{1+\delta}\right)\right\} \qquad (6.1.31).
\end{aligned}$$

[99] Positive Beschäftigungseffekte sind unter diesen Umständen nicht möglich. Bei negativer Elastizität der Lohnhöhe bezüglich der Arbeitslosenunterstützung führt ein Ansteigen des Alternativeinkommens zwar zu längeren Arbeitszeiten. Der (dadurch bedingte) erhöhte Ertrag des Unternehmens wird jedoch durch den Kostenzuwachs aufgrund der Überstunden kompensiert.

Die Höhe des Überstundenzuschlages hat sowohl direkt als auch indirekt – über den Lohnsatz – Einfluss auf das Niveau der Beschäftigungsnachfrage. Da w_δ stets negativ ist (siehe Tabelle 6.2), wird das Vorzeichen der Ableitung (6.1.31) von den Ausdrücken in den beiden runden Klammern bestimmt:

$$w + \delta w_\delta > 0 \qquad \text{wenn} \qquad 1 + \eta_\delta^w > 0$$

$$\frac{w_\delta}{w} + \frac{1}{1+\delta} < 0 \qquad \text{wenn} \qquad \eta_\delta^w + \frac{\delta}{1+\delta} < 0$$

In einer derart charakterisierten Situation, die unter der Bedingung, dass

$$-1 < \eta_\delta^w < -\frac{\delta}{1+\delta} \qquad (6.1.32)$$[100],

eintritt, hat N_δ ein positives Vorzeichen. Die Beschäftigungsnachfrage steigt, wenn der Überstundenzuschlag erhöht wird. Trifft die hinreichende Bedingung (6.1.32) nicht zu, dann lässt sich die Richtung des Effektes nicht mehr eindeutig voraussagen.

6.2 Vergleich der Faktornachfragen bei flexiblen und bei starren Arbeitszeitregelungen

Es stellt sich nun die Frage, wie sich die Beschäftigungs- und die Arbeitszeitnachfrage der Unternehmung bei starren Arbeitszeitregelungen von den Faktornachfragen in einem flexiblen Arbeitszeitsystem unterscheiden. Dabei soll im Folgenden ein Arbeitszeitregime dann als starr gelten, wenn das Unternehmen gezwungen ist, den tariflichen Arbeitszeitstandard zu übernehmen: $b = h$. Es besteht also keine Möglichkeit, die Beschäftigten über die vertraglich vereinbarte Länge der Arbeitszeit hinaus einzusetzen.[101] Im traditionellen Überstundenmodell – dem einfachsten Fall eines flexiblen Arbeitszeitsystems – kann das Unternehmen die Arbeitsstunden dagegen bis zur gesetzlichen Höchstgrenze ausdehnen: $h \leq b \leq 1$.

Sollen nun zunächst die Niveaus der Beschäftigungs- bzw. der Arbeitszeitnachfrage im starren und im flexiblen Fall verglichen werden, so ist bereits bekannt,

---

[100] Da $\delta < 1+\delta$, gilt $-\delta/(1+\delta) > -1$.

[101] Im Falle einer Monopolgewerkschaft wird der Arbeitszeitstandard einfach von dieser bestimmt und nicht zwischen Unternehmung und Gewerkschaft ausgehandelt.

dass – bei vorhandener Arbeitszeitflexibilität – die Stundennachfrage der Unternehmung über dem tariflichen Standard liegen wird, wenn

$$\beta > \frac{w(1+\delta)}{w+\frac{\phi}{h}}$$ vgl. (5.1.19).

Die Elastizität der Arbeitsleistung bezüglich einer Arbeitsstunde, β, muss die relative Zunahme der durchschnittlichen Stundenkosten, zu der eine Überstunde führen würde, übersteigen. Andernfalls verzichtet das Unternehmen auf Überstunden und akzeptiert den Arbeitszeitstandard. Allerdings sind Lohnsatz und Arbeitszeitstandard im flexiblen Fall und im starren Fall verschieden. Der Arbeitszeitstandard ist in den flexiblen Überstundensystemen – mit $x > 1$ – geringer als der Stundenstandard (und damit die Arbeitsdauer) in einem starren Arbeitszeitregime. Denn im starren System kann die Gewerkschaft von der Übereinstimmung zwischen Arbeitszeitnachfrage und tariflichem Standard ausgehen und daher mit $x = 1, X = h$ rechnen.[102]
Der Lohnsatz ist bei starren Arbeitszeiten stets höher als im flexiblen System: Wie soeben erläutert, gilt $h_f < h_s = x_s\, h_s = x_f\, h_f$, sodass $w_f = w\, X\, /\, [h_s + \delta\,(h_s - h_f)] < w_s = w\, X\, /\, h_s$ sein muss.[103] Da bei Arbeitszeitflexibilität Überstunden möglich sind, welche mit dem Zuschlag δ vergütet werden, wird im flexiblen Arbeitszeitsystem ein geringerer Tariflohn fixiert als im starren Fall. Aufgrund der unterschiedlichen Lohnhöhen und Arbeitszeitstandards lässt sich ohne konkrete Parameterwerte nicht feststellen, ob die tatsächlichen Arbeitsstunden im flexiblen System über oder unter der Arbeitszeit im starren Regime liegen.

Um festzustellen, ob in einem flexiblen Arbeitszeitsystem eine höhere oder niedrigere Beschäftigtenzahl zu erwarten ist als bei einer starren Stundenhandhabung, müssen die beiden Beschäftigungsnachfragefunktionen (5.1.25), für innere Lösungen, und (5.1.23), für die Randlösung $b = h$, einander gegenübergestellt werden:

---

102 Zur grafischen Lösung kommen auch im starren System die Diagramme aus Abbidlung 5.1 Abbildung 6.1 zur Anwendung. Auf der Abszisse ist dann h und auf der Ordinate $w\, h$ abzulesen.

103 Um zu verdeutlichen, dass die tariflichen Stundenstandards in flexiblen und starren Arbeitszeitsystemen voneinander abweichen, werden an dieser Stelle die Variablen w_f, w_s, h_f und $h_s = x_f\, h_f > h_f$ eingeführt.

$$\left[\frac{\alpha\,\beta^{\alpha\beta}(1-\beta)}{\left(\phi-\delta\,w_f\,h_f\right)^{1-\alpha\beta}\left[w_f\,(1+\delta)(1-\beta)\right]^{\alpha\beta}}\right]^{\frac{1}{1-\alpha}} \quad \text{vs.} \quad \left[\frac{\alpha\,h_s^{\alpha\beta}}{w_s\,h_s+\phi}\right]^{\frac{1}{1-\alpha}}$$

$$\frac{\beta^{\alpha\beta}(1-\beta)}{\left(\phi-\delta\,w_f\,h_f\right)^{1-\alpha\beta}\left[w_f\,(1+\delta)(1-\beta)\right]^{\alpha\beta}} \quad \text{vs.} \quad \frac{h_s^{\alpha\beta}}{w_s\,h_s+\phi}$$

$$\left[\frac{\beta\left(\phi-\delta\,w_f\,h_f\right)}{w_f\,(1+\delta)(1-\beta)}\right]^{\alpha\beta} \quad \text{vs.} \quad \frac{h_s^{\alpha\beta}\left(\phi-\delta\,w_f\,h_f\right)}{(w_s\,h_s+\phi)(1-\beta)}$$

$$\frac{\beta\left(\phi-\delta\,w_f\,h_f\right)}{w_f\,(1+\delta)(1-\beta)} \quad \text{vs.} \quad h_s\left[\frac{\phi-\delta\,w_f\,h_f}{(w_s\,h_s+\phi)(1-\beta)}\right]^{\frac{1}{\alpha\beta}} \qquad (6.2.1).$$

Der linke Term entspricht der Arbeitszeitnachfrage des Unternehmens aus Gleichung (5.1.21). Wie gerade vorhin aufgezeigt, kann diese – bei flexiblen Arbeitszeiten mögliche – innere Lösung größer oder kleiner als die Arbeitsdauer h_s im starren System sein.
Wenn die Stundenelastizität β über den durch eine Überstunde verursachten relativen Anstieg der Kosten pro Stunde liegt, gilt zudem dass

$$\left[\frac{\phi-\delta\,w_f\,h_f}{(w_s\,h_s+\phi)(1-\beta)}\right]^{\frac{1}{\alpha\beta}}$$

größer oder kleiner als eins sein kann, denn es lässt sich nicht eindeutig bestimmen, ob $\phi-\delta\,w_f\,h_f$ oder das Produkt $(w_s\,h_s+\phi)(1-\beta)$ größer ist:

Da $\beta > \dfrac{w_f\,h_f\,(1+\delta)}{w_f\,h_f+\phi}$, muss $\beta\left(w_f\,h_f+\phi\right) > w_f\,h_f\,(1+\delta)$ und somit auch $\phi-\delta\,w_f\,h_f > \left(w_f\,h_f+\phi\right)(1-\beta)$ sein. Doch $(w_s\,h_s+\phi) > \left(w_f\,h_f+\phi\right)$, da $w_s > w_f$ und $h_s > h_f$. Die Beschäftigungsmenge im flexiblen Zeitsystem könnte folglich sowohl über als auch unter der Beschäftigung bei starren Arbeitszeitregelungen liegen.
Eine eindeutige Aussage wird erst dann möglich, wenn die Parameter exemplarisch mit numerischen Werten belegt werden.[104]

[104] Siehe Kapitel 7 Numerische Simulationen.

Neben den Faktornachfrageniveaus interessieren auch die Unterschiede der komparativ statischen Effekte in starren und flexiblen Arbeitszeitsystemen. Um diese zu untersuchen, werden in der Folge die Wirkungen von Veränderungen der exogenen Variablen auf Beschäftigungs- und Arbeitszeitnachfrage bei einer starren Regelung ermittelt und den Ergebnissen bei vorhandener Arbeitszeitflexibilität (aus Abschnitt 6.1) gegenübergestellt.[105]

Da $b = h$, gilt $b_\phi = h_\phi$ und somit, dass $b_\phi > 0$. Denn der Arbeitszeitstandard h reagiert bei positiven Beschäftigungseinkommen immer gleichgerichtet auf Veränderungen der Personalfixkosten.[106] Im starren Zeitregime kann daher davon ausgegangen werden, dass die Arbeitsstunden bei einer Erhöhung der Personalfixkosten ϕ stets zunehmen. Anders als im flexiblen System, wo neben direkten Fixkosteneffekten auf die Arbeitszeitnachfrage die Anpassungen von h und w von Bedeutung sind, ist bei Variationen der Fixkosten nur die Reaktion des Stundenstandards hier ($b = h$) relevant.

Dementsprechend stimmen im starren Arbeitszeitsystem die Effekte von Variationen des Alternativeinkommens auf die Stundennachfrage mit den Effekten auf den tariflichen Standard überein. Die Arbeitsstunden variieren in entgegengesetzter Richtung wie das Alternativeinkommen (vgl. Tabelle 6.1).

Auf Veränderungen des Überstundenzuschlages reagiert die Arbeitszeit im starren Regime nicht. Da keine Überstunden möglich sind, bleibt δ ohne Bedeutung für das gewerkschaftliche Optimierungsproblem.

Zur Ermittlung der Anpassungsreaktionen der Beschäftigungsnachfrage im starren Arbeitszeitregime ist die Nachfragefunktion (5.1.23) nach den Personalfixkosten bzw. dem Alternativeinkommen abzuleiten. Zunächst sollen wiederum die Effekte von Variationen der Fixkosten untersucht werden:

---

105 Zur Vereinfachung der Darstellung wird in den anschließenden Ausführungen zu den komparativ statischen Effekten im starren Arbeitszeitsystem ohne Überstunden auf den Index s (für starres System) verzichtet.

106 Die komparativ statischen Effekte auf h, den optimalen Stundenstandard der Monopolgewerkschaft, entsprechen auch in einem starren Arbeitszeitregime den Ergebnissen aus Abschnitt 6.1. Die Gewerkschaft rechnet dann mit $x = 1, x\,h = h$.

$$\frac{\partial N}{\partial \phi} = \frac{1}{1-\alpha} N \frac{wh+\phi}{\alpha h^{\alpha\beta}} \left\{ \frac{-\alpha h^{\alpha\beta}}{(wh+\phi)^2} \left(w_\phi h + w h_\phi + 1 \right) + \frac{\alpha^2 \beta h^{\alpha\beta-1}}{wh+\phi} h_\phi \right\}$$

$$= \frac{N}{1-\alpha} \left\{ -\frac{w_\phi h + w h_\phi + 1}{wh+\phi} + \frac{\alpha\beta}{h} h_\phi \right\}$$

$$= \frac{N}{1-\alpha} \left\{ -\left[\left(\eta_\phi^w + \eta_\phi^h \right) \frac{wh}{\phi} + 1 \right] \Big/ (wh+\phi) + \frac{\alpha\beta}{\phi} \eta_\phi^h \right\} \qquad (6.2.2).$$

Wie im flexiblen System kommt es auch hier zu direkten und indirekten – über Veränderungen von w und h – Effekten auf die Beschäftigung. Nichtsdestotrotz weichen die Gesamteffekte N_ϕ aufgrund der unterschiedlichen Definition der Nachfragefunktionen in den zwei Regimen voneinander ab. Während das Unternehmen auf Fixkostenvariationen im flexiblen Fall auch mit Veränderungen der Arbeitszeitnachfrage reagieren kann, ist es im starren Regime gezwungen, den Stundenstandard zu übernehmen, und kann lediglich das Beschäftigungsniveau anpassen.

Da von positiven Werten für N und $(1-\alpha)$ ausgegangen werden kann, gilt $N_\phi < 0$ im starren System, wenn

$$-\left[\left(\eta_\phi^w + \eta_\phi^h \right) \frac{wh}{\phi} + 1 \right] \Big/ (wh+\phi) + \frac{\alpha\beta}{\phi} \eta_\phi^h < 0$$

$$-\left[\left(\eta_\phi^w + \eta_\phi^h \right) \frac{wh}{\phi} + 1 \right] + \alpha\beta \eta_\phi^h \left(\frac{wh}{\phi} + 1 \right) < 0$$

$$\eta_\phi^h \left(\frac{wh}{\phi} (\alpha\beta - 1) + \alpha\beta \right) - \eta_\phi^w \frac{wh}{\phi} - 1 < 0 \qquad (6.2.3).$$

Unter der Voraussetzung positiver Einkommen der Beschäftigten ist $h_\phi > 0$. Außerdem ist auch w_ϕ positiv, wenn $b = h$ über der Stundenschwelle aus Bedingung (6.1.15) liegt.[107] In solch einer Situation ist N_ϕ jedenfalls negativ, wenn

$$\frac{wh}{\phi} (\alpha\beta - 1) + \alpha\beta < 0$$

$$\frac{wh}{\phi} > \frac{\alpha\beta}{1-\alpha\beta} \quad \Rightarrow \quad \alpha\beta < \frac{w}{w + \phi/h} \qquad (6.2.4).$$

[107] Aufgrund von $x = 1$ ($xh = h$) haben die komparativ statischen Effekte auf w und h aus Abschnitt 6.1 auch im starren Arbeitszeitsystem Geltung.

Trifft die hinreichende Bedingung (6.2.4) nicht zu, bleibt das Vorzeichen des Effektes auf die Beschäftigungsnachfrage uneindeutig. Es kann nicht mehr davon ausgegangen werden, dass die Zahl der Beschäftigten stets abnimmt, wenn die Personalfixkosten steigen. Bei starren Regelungen zieht ein Fixkostenanstieg – wie gezeigt – immer verlängerte Arbeitszeiten nach sich. Wenn (6.2.4) nicht zutrifft, bestünde ein Spielraum für Beschäftigungszunahmen, da der relative Outputzuwachs dann höher wäre als die relative Kostenzunahme, welche die längeren Arbeitszeiten verursachen würden. Aufgrund von (6.2.3) werden sich Fixkosten und Beschäftigung umso eher in entgegengesetzter Richtung verändern

- je unelastischer die tarifliche (= tatsächliche) Arbeitszeit auf Fixkostenvariationen reagiert,
- je elastischer die Lohnreaktion auf veränderte Personalfixkosten,
- je geringer die Elastizität des Outputs bezüglich der Arbeitszeit, $\alpha\,\beta$, und
- je höher die variablen Lohnkosten w im Verhältnis zu den gesamten Personalkosten pro Stunde und Beschäftigten $(w + \phi/h)$.

Um die Wirkung von Veränderungen des Alternativeinkommens zu bestimmen, wird die Beschäftigungsnachfrage (5.1.23) erneut partiell differenziert:

$$
\begin{aligned}
\frac{\partial N}{\partial \bar{y}} &= \frac{1}{1-\alpha} N \frac{wh+\phi}{\alpha h^{\alpha\beta}} \left\{ \frac{-\alpha h^{\alpha\beta}}{(wh+\phi)^2} \left(w_{\bar{y}}\, h + w\, h_{\bar{y}} \right) + \frac{\alpha^2 \beta h^{\alpha\beta-1}}{wh+\phi} h_{\bar{y}} \right\} \\
&= \frac{N}{1-\alpha} \left\{ -\frac{w_{\bar{y}}\, h + w\, h_{\bar{y}}}{wh+\phi} + \frac{\alpha\beta}{h} h_{\bar{y}} \right\} \\
&= \frac{N}{1-\alpha} \left\{ -\left[\left(\eta_{\bar{y}}^{w} + \eta_{\bar{y}}^{h} \right) \frac{wh}{\bar{y}} \right] \Big/ (wh+\phi) + \frac{\alpha\beta}{\bar{y}} \eta_{\bar{y}}^{h} \right\} \qquad (6.2.5).
\end{aligned}
$$

Die Ableitung der Beschäftigungsnachfrage nach dem Alternativeinkommen ist somit negativ, wenn

$$
\begin{aligned}
&-\left[\left(\eta_{\bar{y}}^{w} + \eta_{\bar{y}}^{h} \right) wh \right] \Big/ (wh+\phi) + \alpha\beta\eta_{\bar{y}}^{h} < 0 \\
&-\left[\left(\eta_{\bar{y}}^{w} + \eta_{\bar{y}}^{h} \right) wh \right] + \alpha\beta\eta_{\bar{y}}^{h} (wh+\phi) < 0 \\
&\eta_{\bar{y}}^{h} \left[wh(\alpha\beta-1) + \alpha\beta\phi \right] - \eta_{\bar{y}}^{w} wh < 0 \qquad (6.2.6).
\end{aligned}
$$

Variationen der Höhe des Arbeitslosengeldes wirken sich auch im starren System über die Anpassungsreaktionen von w und h auf die Beschäftigungsnachfrage aus. Unter realistischen Bedingungen (6.1.20) ist die Elastizität der tariflichen Arbeitszeit bezüglich des Alternativeinkommens negativ, die Reaktion der Lohnhöhe ist ungewiss. Daher sind (6.2.5) und (6.2.6) jedenfalls dann negativ, wenn der Lohnsatz eine positive Elastizität bezüglich der Arbeitslosenunterstützung aufweist und die Bedingung (6.2.4) nicht eintritt, sondern das Verhältnis der variablen Lohnkosten w zu den gesamten Personalkosten pro Stunde und Beschäftigten $(w + \phi/h)$ unter der Elastizität des Outputs bezüglich der Arbeitszeit, $\alpha\beta$, liegt. Da $b = h$, bewirkt ein Anheben des Alternativeinkommens eine Verkürzung der Arbeitsdauer. Die dadurch verursachte Beschäftigungswirkung ist negativ, wenn der relative Kostenrückgang aufgrund der kürzeren Arbeitszeit geringer ist als die relative Reduktion des Outputs – d.h., wenn (6.2.4) keine Gültigkeit hat. Im umgekehrten Fall – wenn (6.2.4) gilt und die Elastizität des Lohnniveaus negativ ist – käme es zu einem positiven Beschäftigungseffekt: Bei einer Erhöhung des Alternativeinkommens würde auch die Beschäftigung zunehmen. In allen anderen Situationen lässt sich keine eindeutige Beschäftigungsreaktion vorhersehen.

Wie die Arbeitszeit bleibt auch das Beschäftigungsniveau im starren System bei Variationen des Überstundenzuschlages unverändert. Da es bei starren Arbeitszeitregelungen zu keinen Überstunden kommen kann, sind Variationen des Zuschlags δ irrelevant. Es gilt h_δ, $w_\delta = 0$, und die Nachfragefunktion (5.1.23) ist von δ unabhängig.

Zusammenfassend werden in Tabelle 6.3 noch einmal Arbeitszeitnachfrage, Beschäftigungsnachfrage und die soeben bestimmten komparativ statischen Effekte des starren Zeitregimes den entsprechenden Ergebnissen bei einer flexiblen Arbeitszeitregelung (vgl. Abschnitt 6.1) gegenübergestellt.[108] Dabei wurde vom plausibelsten Fall unter realistischen Parameterannahmen (6.1.20)

$$\frac{\alpha\beta}{2(\alpha\beta+1-\alpha)}T < xh < \frac{\alpha\beta}{\alpha\beta+1-\alpha}T$$

[108] Für den Vergleich der Faktornachfragen in flexiblen und starren Arbeitszeitsystemen wird hier angenommen, dass die Voraussetzung für die Existenz einer inneren Lösung $\beta > w(1+\delta)/(w+\phi/h)$, vgl. Bedingung (5.1.19), gegeben ist. Andernfalls würde das flexible Regime zu den gleichen Nachfragefunktionen führen wie das starre System.

ausgegangen. Wie gerade gezeigt, ist diese Voraussetzung von Bedeutung für die Resultate zur komparativen Statik. Beschäftigungs- und Arbeitszeitreaktionen können in anderer Richtung erfolgen, wenn die Optimallösung des Monopolmodells nicht innerhalb der Schranken aus (6.1.20) liegt.

Tabelle 6.3 Arbeitszeit und Beschäftigung bei flexiblen und starren Arbeitszeitregelungen

	flexibel	**starr**
x	$x \geq 1$	$x = 1$
h	$h < h_{\text{starr}}$ wenn $x > 1$, $h = h_{\text{starr}}$ wenn $x = 1$	$h \geq h_{\text{flex}}$
w	$w \leq w_{\text{starr}}$	$w \geq w_{\text{flex}}$
b	$\dfrac{\beta(\phi - \delta w h)}{w(1+\delta)(1-\beta)}$	h
N	$\left[\dfrac{\alpha \beta^{\alpha\beta}(1-\beta)}{(\phi - \delta w h)^{1-\alpha\beta}\left[w(1+\delta)(1-\beta)\right]^{\alpha\beta}}\right]^{\frac{1}{1-\alpha}}$	$\left(\dfrac{\alpha h^{\alpha\beta}}{wh+\phi}\right)^{\frac{1}{1-\alpha}}$
b_ϕ	$b_\phi > 0$ wenn $\eta_\phi^w + \eta_\phi^h \dfrac{\delta w h}{\phi} < 1$, u.u.	$b_\phi > 0$
N_ϕ	$N_\phi < 0$ wenn $\dfrac{\delta w h}{\phi}\left(\eta_\phi^w + \eta_\phi^h\right) < 1$ (hinreichende Bedingung) N_ϕ sonst uneindeutig	$N_\phi < 0$ wenn $\alpha\beta < \dfrac{w}{w + \phi/h}$ (hinreichende Bedingung) N_ϕ sonst uneindeutig
$b_{\bar{y}}$	$b_{\bar{y}} < 0$ wenn $\eta_{\bar{y}}^w + \eta_{\bar{y}}^h \dfrac{\delta w h}{\phi} > 0$, u.u.	$b_{\bar{y}} < 0$

$N_{\bar{y}}$	$N_{\bar{y}} < 0$ wenn $\alpha\beta > \frac{\delta w h}{\phi}$ bei $\eta_{\bar{y}}^{w} > 0$ oder $\alpha\beta < \frac{\delta w h}{\phi}$ bei $\eta_{\bar{y}}^{w} < 0$ (hinreichende Bedingungen) $N_{\bar{y}}$ sonst uneindeutig	$N_{\bar{y}} < 0$ wenn $\alpha\beta > \frac{w}{w+\phi/h}$ bei $\eta_{\bar{y}}^{w} > 0$ (hinreichende Bedingung) $N_{\bar{y}} > 0$ wenn $\alpha\beta < \frac{w}{w+\phi/h}$ bei $\eta_{\bar{y}}^{w} < 0$ (hinreichende Bedingung)
b_{δ}	$b_{\delta} < 0$ wenn $\eta_{\delta}^{w} > \frac{w+\phi/h}{\phi/h} \Big/ \frac{w(1+\delta)}{\delta w}$, u.u.	$b_{\delta} = 0$
N_{δ}	$N_{\delta} > 0$ wenn $-1 < \eta_{\delta}^{w} < -\frac{\delta}{1+\delta}$ (hinreichende Bedingung) N_{δ} sonst uneindeutig	$N_{\delta} = 0$

7 Numerische Simulationen

Aufgrund der Ergebnisse der komparativen Analyse in Kapitel 6 könnten das Beschäftigungsniveau bzw. die zu leistende Arbeitsdauer im Modell mit flexiblen Arbeitszeitregelungen sowohl über als auch unter den Niveaus in einem starren Arbeitszeitsystem liegen. Aus der Untersuchung der komparativ statischen Effekte resultierte eine Reihe von Bedingungen, deren Eintreten entscheidend dafür ist, ob die Beschäftigungs- bzw. die Arbeitszeitnachfrage bei Veränderungen exogener Parameter zu- oder abnimmt.

Im Folgenden werden nun mithilfe numerischer Simulationen konkrete Ergebnisse in plausiblen Beispielsituationen ermittelt. Auf diese Weise ist festzustellen, wie sich Veränderungen der exogenen Variablen (Personalfixkosten, Alternativeinkommen und Überstundenzuschlag) auf die Beschäftigung und die Arbeitszeitnachfrage in starren und flexiblen Arbeitszeitsystemen auswirken.

Vor den Simulationsresultaten werden zunächst die zugrunde liegenden Parameterannahmen besprochen und anhand empirischer Daten auf ihre Plausibilität überprüft. Zudem werden die für die Simulation nötigen Rechenschritte skizziert (Abschnitt 7.1).
In Abschnitt 7.2 werden die simulierten Effekte von Fixkostenvariationen auf den tariflichen Arbeitszeitstandard, den Lohnsatz, die variablen Personalkosten, die tatsächliche Arbeitszeit- sowie die Beschäftigungsnachfrage dargestellt.
Die Abschnitte 7.3 und 7.4 zeigen die entsprechenden Simulationsergebnisse bei Veränderungen des Alternativeinkommens bzw. des Überstundenzuschlags.
Im Anschluss daran werden die Auswirkungen von Veränderungen der gesetzlich maximal zulässigen Arbeitsdauer simuliert (Abschnitt 7.5).
In Abschnitt 7.6 wird von den zuvor ermittelten Simulationsergebnissen im starren und im flexiblen asymmetrischen Modell auf die Beschäftigungs- und Arbeitszeiteffekte in einem Modell mit flexibler Arbeitszeit und korrekter Vorwegnahme der Faktornachfragen geschlossen. Die Gründe für die Unterschiede zwischen den Effekten im starren und im flexiblen Simulationsmodell werden erläutert.
Abschnitt 7.7 vergleicht die Niveaus der Beschäftigungseffekte der unterschiedlichen Parametervariationen, Abschnitt 7.8 geht auf die jeweiligen Auswirkungen auf den gewerkschaftlichen Nutzenzuwachs und den Unternehmensprofit ein.

7.1 Parameterannahmen

Die numerischen Simulationen basieren auf folgenden Parameterannahmen: Die Elastizität des Outputs bezüglich der Beschäftigtenzahl beträgt $\alpha = 0{,}8$, die Stundenelastizität der eingesetzten Arbeitsleistung $\beta = 0{,}9$. Diese Werte sind den empirischen Ergebnissen von DeBeaumont und Singell (1999) entnommen. In ihrer ökonometrischen Untersuchung überprüfen die beiden Autoren Schätzungen von Stunden- und Beschäftigungselastizitäten und gelangen zu dem Schluss, dass ältere Studien die Stundenelastizität des Outputs $\alpha\beta$ aufgrund der Aggregation von Daten aus verschiedenen Industriebranchen deutlich überschätzten.[111] Im Gegensatz zu vielen vorhergehenden Ergebnissen (Überblick in Hart, 1987 sowie in Hart/McGregor, 1988) resultieren aus den branchenspezifischen Schätzungen von DeBeaumont und Singell für das produzierende Gewerbe in den USA niedrigere Werte für die Stundenelastizität $\alpha\beta$ als für die Beschäftigungselastizität α. Der Durchschnitt der ermittelten Schätzwerte beträgt 0,84 für α und 0,77 für $\alpha\beta$.[112] Daraus lässt sich auf ein β in Höhe von 0,92 schließen.

$T = t_{phys} / t_{gesetz}$, die natürliche, physikalische Periodenlänge bezogen auf die gesetzlich maximal zulässige Arbeitsdauer wird auf $T = 1{,}8$ festgesetzt. Wie in Abschnitt 4.3 erläutert, werden die Zeitvariablen des vorliegenden Modells in Anteilen bzw. Vielfachen des gesetzlichen Maximums gemessen.[113] Im Modell ist die gesetzliche Schranke somit auf eins normiert. Bei $T = 1{,}8$ beträgt die gesetzliche Stundenobergrenze im Simulationsbeispiel 13,3 Stunden pro Tag[114] und orientiert sich daher an den Vorschriften der EU (Directive 93/104/EC), die maximal dreizehn Arbeitsstunden täglich gestatten (EIRO, 2002b).

Hinsichtlich der zu verändernden exogenen Variablen wird eine Ausgangssituation unterstellt, in welcher Fixkosten in Höhe von $\phi = 0{,}085$ anfallen, und das Al-

---

[111] Die Produktionsfunktion von Branchen mit längeren Arbeitszeiten unterscheidet sich von jener in Branchen mit kürzeren Arbeitszeiten: Unternehmen mit höherem Stundeneinsatz sind signifikant effizienter. Mit unterschiedlich hohe Beschäftigungszahlen gehen dagegen keine signifikanten Effizienzunterschiede zwischen den Branchen einher; Datenaggregation hinsichtlich der Beschäftigungselastizität α verursacht keine Verzerrungen. Bereits die Untersuchung von Leslie und Wise (1980) zielte auf eine Korrektur des Aggregationsfehlers bei $\alpha\beta$ ab, lieferte allerdings aufgrund des beschränkten Datenumfangs keine signifikanten Ergebnisse.

[112] Um auch die unterschiedlichen Branchengrößen (Produktionsumfang) zu berücksichtigen, wurden WLS-Schätzungen (Weighted Least Squares) durchgeführt.

[113] Siehe auch Tabelle 9.2 Beschreibung der Modellvariablen im Anhang (Abschnitt 9.7).

[114] $T = \frac{t_{phys}}{t_{gesetz}} = \frac{24}{13{,}3} = 1{,}8$.

ternativeinkommen einen Wert von 0,15 annimmt.[115] Diese Parameterkonstellation führt zu plausiblen Ergebnissen, die mit den realen Verhältnissen konform gehen: Wie in Abbildung 6.1 abzulesen, resultiert aus dem Optimierungskalkül der Gewerkschaft ein Beschäftigungseinkommen $wX = 0{,}37$. Um die Plausibilität der Parameter für die Personalfixkosten und die Arbeitslosenunterstützung zu prüfen, müssen diese nun ins Verhältnis zum Beschäftigungseinkommen gesetzt und mit entsprechenden Zahlen aus der empirischen Literatur verglichen werden. Die angenommenen Fixkosten betragen demnach 22,7 Prozent des resultierenden (tariflichen) Einkommens pro Beschäftigten. Dieser Wert erscheint realistisch. In Munz et al. (1998) finden sich detaillierte Angaben über Struktur und Zusammensetzung der Lohn- und Lohnnebenkosten in Deutschland. Insbesondere werden die Lohnnebenkosten in fixe und variable Komponenten aufgeteilt, was in anderen Lohnkostenstatistiken nicht üblich ist. Im Jahr 1992 beliefen sich die fixen Lohnnebenkosten pro (Vollzeit-)Beschäftigten im produzierenden Gewerbe auf 9.413 DM, das Jahresnettoeinkommen pro Beschäftigten auf 41.660 DM.[116] In Relation zum Arbeitsentgelt betrugen die Fixkosten somit 22,6 Prozent. Dieser Durchschnittswert für das produzierende Gewerbe entspricht beinahe genau dem Verhältnis in der Modellsimulation. Wie die Tabelle 9.1 im Anhang (Abschnitt 9.6) zeigt, weisen die einzelnen Branchen sehr unterschiedliche Lohnkostenstrukturen auf. Während in der Textilbranche lediglich fixe Lohnnebenkosten in Höhe von 11,2 Prozent des Nettoeinkommens anfielen, waren es in der Energie- und Wasserversorgung 47,2 Prozent. Bei Hart (1984) finden sich ältere Vergleichszahlen für USA und UK. Simmons (2001) geht davon aus, dass diese Zahlen angesichts der Zunahme der Lohnnebenkosten in den vergangenen Jahren nach oben korrigiert werden müssen. Werden die von Hart (1984) angeführten fixen Lohnnebenkosten und Nettoarbeitseinkommen zueinander ins Verhältnis gesetzt, errechnet sich für die USA ein Prozentsatz von 14,9 bzw. 13,6 Prozent für UK.[117]

Das Verhältnis des angenommenen Alternativeinkommens zum Beschäftigungseinkommen wX, das sich in der Modellsimulation ergibt, beträgt 40,1 Prozent. Somit erfüllt auch diese getroffene Annahme den Plausibilitätsanspruch. Denn ein OECD-Vergleich länderspezifischer Netto-Lohnersatzquoten für das Jahr 1994

[115] Aufgrund der vorgenommenen Normierungen ($p = 1$, $A = 1$; siehe Abschnitte 4.1 und 5.1.2) entspricht die monetäre Einheit im Modell dem Ertrag pro effektiver Arbeitszeiteinheit. Ein Überblick über Variablen und Einheiten findet sich in Tabelle 9.2 im Anhang (Abschnitt 9.7).

[116] Die Daten beziehen sich auf die alten Bundesländer.

[117] Zahlen für das produzierende Gewerbe in USA und UK, 1981 (Hart, 1984: Tabelle 2.8; eigene Berechnungen).

ergab Werte zwischen 35 (UK) und 80 Prozent (Schweden).[118] Außer UK wies in der OECD-Studie nur Italien eine ähnlich niedrige Quote (37 Prozent) auf.[119] Deutschland liegt in dieser Studie mit 60 Prozent genau im OECD-Durchschnitt. 60 Prozent des pauschalierten Nettoarbeitsentgelts der letzten 52 Wochen betrug bisher auch das aktuelle Arbeitslosengeld für Arbeitnehmer (ohne Kind), die in den letzten drei Jahren vor der Arbeitslosmeldung mindestens zwölf Monate in einem Versicherungspflichtverhältnis gestanden haben (BMA, 2000).[120] Alle arbeitslos gemeldeten Arbeitnehmer, die für ihren Lebensunterhalt auf die Unterstützung angewiesen sind aber die Anwartschaftszeit für Arbeitslosengeld nicht erfüllen, haben Anspruch auf Arbeitslosenhilfe in Höhe von 53 Prozent des früheren pauschalierten Nettoarbeitsentgelts. Es bleibt abzuwarten, wie sich die derzeitige Situation im Rahmen der Arbeitsmarktreformen auf der Basis des Hartz-Konzepts sowie der geplanten Budgetkonsolidierung verändern wird.
Zur Darstellung der Entwicklung der Lohnersatzquoten in den vergangenen Jahrzehnten wurde ein Index für Brutto-Lohnersatzraten berechnet. Im OECD-Durchschnitt nahm dieser von 16 Prozent im Jahre 1961 auf 31 Prozent im Jahre 1995 zu (OECD, 1996).

Wird in der Simulation die Wirkung von Veränderungen der Fixkostenvariable untersucht, dann wird das Alternativeinkommen auf den genannten Wert in Höhe von 0,15 festgesetzt. Im umgekehrten Fall, bei Variationen des Niveaus der Arbeitslosenunterstützung wird für die Fixkosten je Beschäftigten der Parameterwert $\phi = 0{,}085$ unterstellt.
Ist der Überstundenzuschlag konstant, soll, wie in der Realität häufig anzutreffen, $\delta = 0{,}5$ gelten. Es wird also davon ausgegangen, dass für Überstunden der 1,5fache Lohn auszuzahlen ist. In den USA ist dieser Überstundenzuschlag von 50 Prozent sogar gesetzlich festgelegt (und zwar unverändert seit 1938; Fair Labour Standards Act). Für UK, wo der Überstundenzuschlag in Verhandlungen zwischen Unternehmen und Gewerkschaft vereinbart wird, ermittelten Hart und Ruffell (1993) einen Überstundenzuschlag von etwa 40 Prozent.[121]

---

[118] OECD (1996): Die genannten Netto-Lohnersatzraten wurden für Alleinverdienerhaushalte ohne Kinder ermittelt. Ihnen liegen die Einkünfte des durchschnittlichen Industriearbeiters im jeweiligen Land zugrunde. In die Berechnung der Netto-Ersatzraten wurden alle Steuern und etwaige Förderungen bei Beschäftigung wie bei Arbeitslosigkeit miteinbezogen.

[119] Der Abstand dieser beiden Länder zum OECD-Durchschnitt verringert sich, wenn Haushalte mit zwei Kindern unterstellt werden.

[120] Die Anspruchsdauer richtet sich nach der versicherungspflichtigen Beschäftigung innerhalb der letzten sieben Jahre und nach dem Lebensalter. Für jüngere Arbeitslose (bis Vollendung des 45. Lebensjahres) liegt der Höchstanspruch bei einem Jahr.

[121] Auch in Deutschland wird der Überstundenzuschlag in Verhandlungen zwischen Unternehmen und Gewerkschaft vereinbart, allerdings üblicherweise auf einer anderen Verhandlungsstufe (lo-

Im Falle des flexiblen Arbeitszeitsystems wird in den Simulationen davon ausgegangen, dass die Gewerkschaft mit zwanzig Prozent mehr Arbeitszeit, als es der tariflich vereinbarte Standard vorsehen würde, rechnet. Sie kalkuliert also mit einem Abweichungsfaktor $x_f = 1{,}2$. Für einzelne Branchen erscheint dieser Wert durchaus zutreffend, aus den gesamtwirtschaftlichen Durchschnittszahlen der Arbeitszeitstatistik errechnet sich jedoch für Deutschland ein niedrigerer Faktor (1,064): 40,1 üblichen Wochenarbeitsstunden standen 37,7 kollektivvertraglich vereinbarte Wochenstunden gegenüber (EIRO, 2002).

Für eine numerische Simulation ist zunächst die Optimalitätsbedingung (5.1.47) aus dem Monopolmodell aufzulösen. Aus dieser quadratischen Gleichung resultieren zwei positive Lösungen für $x\,h$, die von der Gewerkschaft ins Kalkül gezogenen Arbeitszeit. Wie aus Abbildung 5.1 abgelesen werden kann, ist aber immer nur der kleinere der beiden Werte, der die Bedingung (5.1.49) $x\,h < \Omega\,T\,/\,(\Omega + 1)$ erfüllt, relevant. Der größere Lösungswert $x\,h > T$ würde eine negative Lösung für $w\,X$ bedeuten und entspricht daher nicht dem Optimum. Aufgrund der gesetzlichen Arbeitszeitbeschränkung, ist zudem in Fällen mit einem Ergebnis $x\,h > 1$ der Wert gleich eins zu setzen. Denn die Gewerkschaft kann nie von einer das gesetzliche Maximum überschreitenden Arbeitsdauer ausgehen. Unter Berücksichtigung der Annahmen $x_s = 1$ bei starren bzw. $x_f = 1{,}2$ bei flexiblen Arbeitszeiten führt die Gleichung (5.1.47) somit zum optimalen Arbeitszeitstandard h der Monopolgewerkschaft. Durch anschließendes Einsetzen in (5.1.46) lässt sich der optimale Lohnsatz w ermitteln.

Die Lösungswerte für w und h werden nun in die Faktornachfragefunktionen der Unternehmung übernommen. Wie bereits dargestellt, ist die Unternehmung bei starren Arbeitszeitregelungen gezwungen, den tariflichen Arbeitszeitstandard als tatsächliche Arbeitsdauer zu übernehmen ($b_s = h_s$). Im flexiblen Arbeitszeitsystem können dagegen entweder eine innere Lösung oder die Randlösungen $b_f = h_f$, $b_f = 1$ resultieren. Im Falle einer inneren Lösung bestimmt sich die gewinnmaximale Arbeitszeitnachfrage des Unternehmens gemäß Gleichung (5.1.21). Um zur Beschäftigungsnachfrage zu gelangen, wird schließlich in (5.1.22) eingesetzt.

Um die Sensitivität der Simulationsergebnisse auf die getroffenen Parameterannahmen zu überprüfen, wurden neun weitere Parametersätze getestet. Die Überprüfung fand in Form einer Simulation von Fixkostenvariationen statt. Alle Para-

kal) als Lohnsatz und Arbeitszeitstandard (überregional, branchenspezifisch) (Simmons, 2001). Im Verhandlungsmodell über Lohn und Stundenstandard wird δ deshalb als exogene Variable berücksichtigt.

metersätze führten zu qualitativ gleichen Ergebnissen. In drei Fällen kam es nur im oberen Randlösungsbereich (bei Erreichen des gesetzlichen Stundenmaximums $b = 1$) zur Übereinstimmung von starrem und flexiblem System, die Arbeitsdauer im starren System lag hier ansonsten über der im flexiblen System. In allen anderen sieben Fällen ergab sich auch im Bereich innerer Lösungen ein Schnittpunkt zwischen flexiblem und starrem System (siehe Tabelle 7.1).

Tabelle 7.1 Getestete Parametersätze

Parametersatz	α	β	T	$\bar{y}$	δ	x_f	starr = flexibel
i	0,8	0,9	1,8	0,15	0,5	1,2	Schnittp. + ob. Randl.
ii	0,8	0,9	1,8	0,15	0,5	1,07	Schnittp. + ob. Randl.
iii	0,84	0,67	1,8	0,15	0,5	1,07	Schnittp. + ob. Randl.
iv	0,84	0,67	2,4	0,15	0,5	1,07	ob. Randl.
v	0,84	0,67	1,8	0,15	0,8	1,2	ob. Randl.
vi	0,84	0,67	1,8	0,05	0,8	1,2	ob. Randl.
vii	0,84	0,67	1,8	0,15	0,5	1,2	Schnittp. + ob. Randl.
viii	0,89	0,81	1,8	0,15	0,5	1,2	Schnittp. + ob. Randl.
ix	0,75	0,9	1,8	0,05	0,5	1,2	Schnittp. + ob. Randl.
x	0,75	0,9	1,8	0,05	0,8	1,2	Schnittp. + ob. Randl.

7.2 Variation der Personalfixkosten

In der Folge werden als erstes die Simulationsergebnisse bei Variationen der Personalfixkosten ϕ besprochen. Der tarifliche Arbeitszeitstandard h nimmt zu, wenn die Fixkosten ansteigen. Dieser Effekt war auch bereits analytisch eindeutig festzustellen. Denn bei Existenz einer Lösung des gewerkschaftlichen Optimierungsproblems gilt stets $h_\phi > 0$, [122] und zwar sowohl im flexiblen als auch im starren Arbeitszeitsystem. Da jedoch die Gewerkschaft maximal mit einer Arbeitsdauer in Höhe der gesetzlichen Stundenobergrenze rechnen kann, führen weitere Erhöhungen der Personalfixkosten zu keinen Verlängerungen der tariflichen Arbeitszeit h, sobald $x\,h = 1$.

[122] Denn bei Zutreffen von Bedingung (5.1.49) ist auch die Bedingung (6.1.7) für $h_\phi > 0$ erfüllt.

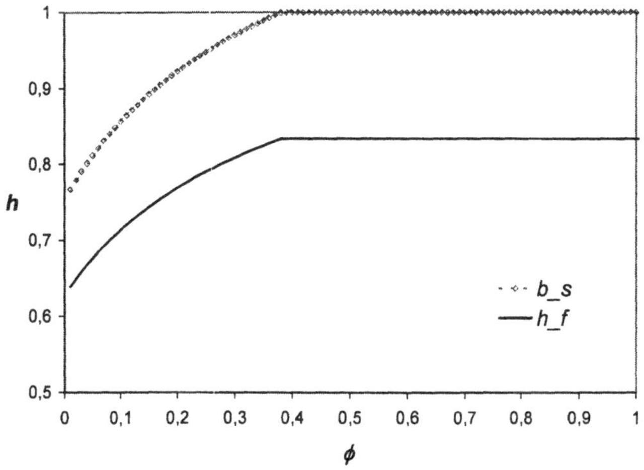

Abbildung 7.1 Wirkung der Personalfixkosten auf den tariflichen Arbeitszeitstandard

Im flexiblen Arbeitszeitsystem, das anders als das starre System Überstunden zulässt, liegt der Arbeitszeitstandard stets unter der tariflichen Arbeitsdauer im starren System. Denn es gilt $x_s = 1$, $x_f > 1$, sodass $h_f = h_s/x_f < h_s$.[123]

Weshalb reagiert nun (solange die gesetzlich maximal zulässige Arbeitszeit noch nicht erreicht ist) die Gewerkschaft mit einem Anheben des Arbeitszeitstandards auf Zunahmen der Personalfixkosten?[124] Ein Ansteigen der Fixkosten führt zu einem Rückgang der Beschäftigungsnachfrage. Somit würde sich – unter sonst gleichen Bedingungen – auch der zu maximierende Nutzenzuwachs der Gewerkschaft reduzieren. Die Gewerkschaft sieht sich also veranlasst, das Beschäftigungseinkommen $w\ X$ zu steigern, sodass der individuelle Nutzen u zunimmt. Deshalb erhöht sie den Arbeitszeitstandard h, was einer Zunahme der Stundenkomponente des Beschäftigungseinkommens $X = [x + \delta\,(\mathrm{x} - 1)]\ h$ gleichkommt. Zwar bedeutet ein höherer tariflicher Arbeitszeitstandard auch, dass die Gewerkschaft mit einem geringeren Arbeitnehmernutzen aus Freizeit $(T - x\ h)$ zu rechnen

[123] Im flexiblen Fall rechnet die Gewerkschaft damit, dass die Arbeitsstundennachfrage der Unternehmung um den Faktor x_f vom Arbeitszeitstandard abweichen wird. Deshalb wird sie im flexiblen System maximal $h_f = 1/x_f$ vereinbaren. Denn eine längere Arbeitsdauer als die gesetzliche Stundenobergrenze wäre unzulässig.

[124] Siehe auch Ausführungen in Abschnitt 6.1 hinsichtlich realistischer Optimallösungen wie in (6.1.20) bzw. in Abbildung 6.1.

hat, was aber in diesem Fall weniger wiegt als die Zunahme des Beschäftigungseinkommens.[125]

Aus dem eben genannten Grund – um Nutzeneinbußen aus verringerten Beschäftigungsniveaus zu kompensieren, setzt die Gewerkschaft ein höheres Entgelt der Beschäftigten durch – reagiert die Gewerkschaft auf gestiegene Fixkosten zudem mit Erhöhungen des Tariflohns w. Auch dieser Effekt konnte analytisch aufgezeigt werden: Wie bereits dargestellt, führen plausible Parameterannahmen zu einer Optimallösung wie in Abbildung 6.1 , $x\ h$ liegt zwischen den in Bedingung (6.1.20) angeführten Schranken. In einer derartigen Situation muss aufgrund der komparativ statischen Ergebnisse $w_\phi > 0$ gelten.

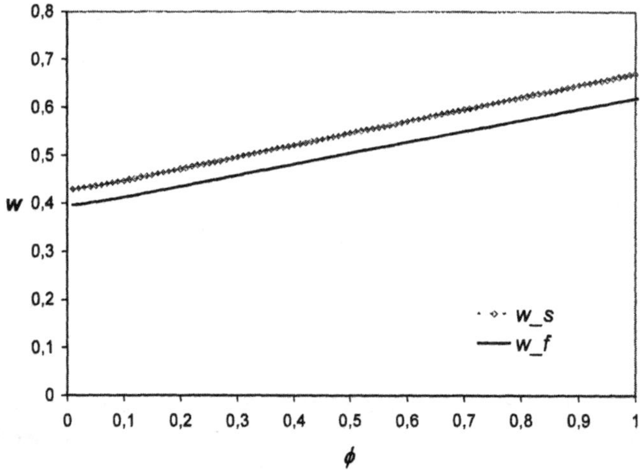

Abbildung 7.2 Wirkung der Personalfixkosten auf die tarifliche Lohnhöhe

Im flexiblen und im starren Arbeitszeitsystem hebt die Gewerkschaft den Lohnsatz w genauso wie den tariflichen Arbeitszeitstandard h an, damit das Beschäftigungseinkommen und der individuelle Nutzen steigen. Stößt die von der Gewerkschaft ins Kalkül gezogene Arbeitszeit $x\ h$ an die gesetzliche Obergrenze, kann

[125] Bei der gegebenen Parametersituation führt ein Anstieg von $w\ X$ zu einem individuellen Nutzenzuwachs, der die mit dieser Kostensteigerung einhergehende Beschäftigungsreduktion überkompensiert.

nur noch der Lohnsatz erhöht werden. Die Monopolgewerkschaft wählt dann den optimalen Lohn bei gegebenem $x\ h = 1$.[126]
Der Lohnsatz im flexiblen Arbeitszeitsystem liegt stets unter dem Lohnsatz im starren System, da ja im flexiblen Fall mit höher bezahlten Überstunden zu rechnen ist. Es gilt $x\ h = h_s > h_f$, sodass $w_f = w\,X\,/\,[h_s + \delta\,(h_s - h_f)] < w_s = w\,X\,/\,h_s$.

Wie die Erörterung der Effekte auf den Lohnsatz und auf den Arbeitszeitstandard aufzeigt, verursachen steigende Fixkosten eine Zunahme des Entgelts pro Beschäftigten, d.h. der variablen Personalkosten. Das ins gewerkschaftliche Optimierungskalkül eingehende Beschäftigungseinkommen $w\,X$ entspricht allerdings nur im starren Arbeitszeitregime dem tatsächlichen Entgelt pro Beschäftigten: $e_s = w_s\,h_s = w\,X$. Denn im starren Regime ($x_s = 1$) entspricht die von der Gewerkschaft ins Kalkül gezogene tarifliche Arbeitszeit h_s der tatsächlichen Arbeitszeit b_s. Im flexiblen Arbeitszeitsystem geht dagegen nicht die von der Gewerkschaft unterstellte Arbeitsdauer $x\ h$ in die variablen Personalkosten ein, sondern die vom tariflichen Lohnsatz und Arbeitszeitstandard abhängige Arbeitszeitnachfrage der Unternehmung b_f. Das tatsächlich anfallende Entgelt pro Beschäftigten entspricht hier: $e_f = w_f\,[b_f + \delta\,(b_f - h_f)]$.

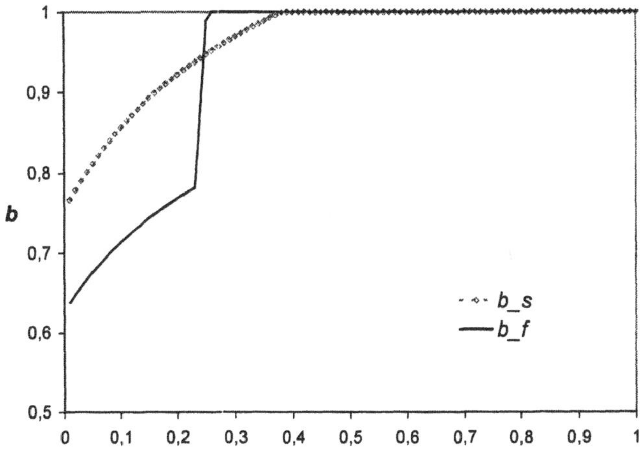

Abbildung 7.3 Wirkung der Personalfixkosten auf die tatsächliche Arbeitszeit

[126] Als Bedingung erster Ordnung ist nur noch die Ableitung des gewerkschaftlichen Nutzenzuwachses nach dem Lohnsatz relevant. Diese spiegelt sich in Gleichung (5.1.46) wider, auf deren Grundlage in den Simulationsbeispielen die Lohnhöhe ermittelt wird (siehe Erläuterungen in Abschnitt 7.1).

In der Simulation führen ansteigende Personalfixkosten sowohl im starren System, in dem Arbeitszeit und tariflicher Standard übereinstimmen (und somit $b_\phi = h_\phi > 0$ gilt), als auch im flexiblen Fall zu einer Zunahme der tatsächlichen Arbeitsdauer. Für den Bereich innerer Lösungen im flexiblen Arbeitszeitsystem trifft also Bedingung (6.1.22) zu. Im unteren Randlösungsbereich ($b_f = h_f$) liegt die Arbeitsdauer im flexiblen System unter der starren Arbeitszeit, da ja $h_s > h_f$. Ist die gesetzlich maximal zulässige Stundenzahl ($b = 1$) erreicht, werden durch weitere Fixkostenzuwächse keine längeren Arbeitszeiten verursacht.

Da nun feststeht, dass sich sowohl der Lohnsatz als auch die Arbeitszeitnachfrage in die gleiche Richtung wie die Personalfixkosten verändern, und die tatsächliche Arbeitsdauer zudem mindestens dem tariflichen Standard entsprechen muss, ist es offensichtlich, dass die variablen Personalkosten auch im flexiblen Arbeitszeitsystem mit zunehmenden Fixkosten ansteigen.

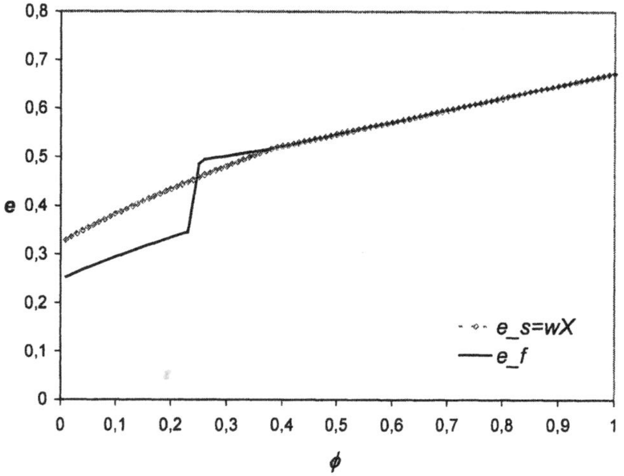

Abbildung 7.4 Wirkung der Personalfixkosten auf das Entgelt eines Beschäftigten

Solange die variablen Personalkosten im flexiblen Arbeitszeitsystem jene im starren System unterschreiten, muss das auch für die Gesamtkosten pro Beschäftigten gelten: $e_f + \phi < e_s + \phi$. Geringere Kosten pro Beschäftigten im flexiblen System führen natürlich dazu, dass die Nachfrage nach Beschäftigten über dem Beschäftigungsniveau im starren Arbeitszeitregime liegt (Abbildung 7.5). Die Arbeitszeitnachfrage ist dann im flexiblen System geringer als im starren (Abbildung

7.3). Entsprechendes gilt für den umgekehrten Fall: höhere variable Kosten und damit höhere Gesamtkosten pro Beschäftigten im flexiblen Arbeitszeitsystem führen zu längeren Arbeitszeiten sowie zu einer etwas niedrigeren Beschäftigungsnachfrage[127] als im starren Regime. Wenn das Entgelt pro Beschäftigten in beiden Arbeitszeitsystemen die gleiche Höhe annimmt (Abbildung 7.4), stimmen auch die Beschäftigungsnachfragen bzw. die Arbeitszeitlängen in den beiden Regimen überein. Dies gilt zum einem im Schnittpunkt der Kurven innerhalb des Intervalls innerer Lösungen, und zum anderen dann, wenn sowohl im flexiblen als auch im starren Arbeitszeitsystem die obere Randlösung $b_f = 1 = b_s$ resultiert.[128]

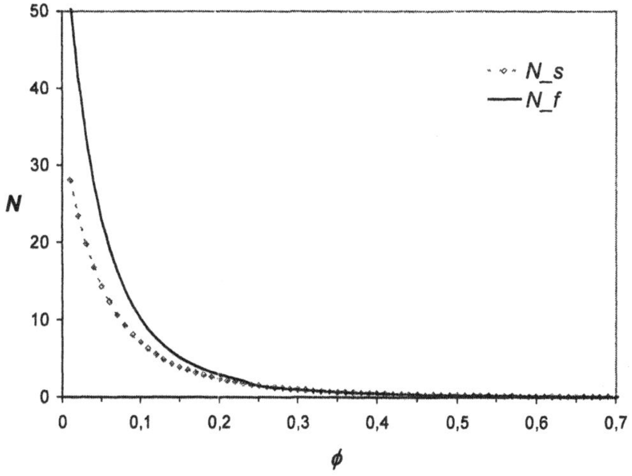

Abbildung 7.5 Wirkung der Personalfixkosten auf die Beschäftigungsnachfrage

N_ϕ ist somit im numerischen Beispiel sowohl bei flexiblen als auch bei starren Arbeitszeitregelungen negativ.[129] Da steigende Personalfixkosten, wie gerade gezeigt wurde, stets zunehmende Gesamtkosten pro Beschäftigten verursachen, geht die Beschäftigungsnachfrage in beiden Arbeitszeitsystemen bei ständig wachsenden Fixkosten gegen null. Sinkende Personalfixkosten ziehen daher im starren und im flexiblen Fall Beschäftigungszuwächse nach sich: Eine Reduktion der Fixkosten bewirkt stets günstige Beschäftigungseffekte.

[127] Aufgrund des niedrigen Beschäftigungsniveaus in Abbildung 7.5 nicht gut zu erkennen.
[128] Im letzteren Fall ist $e_f = e_s = w_s$.
[129] Selbst wenn die obere Randlösung $b = 1$ eintritt, obwohl die Veränderungen dann nur noch sehr gering sind.

Um Aufschluss darüber zu erlangen, welche Lösungsintervalle als plausibel gelten können, wird abschließend noch einmal der Anteil der Fixkosten am Beschäftigungseinkommen gegen die Fixkosten aufgetragen (Abbildung 7.6). Aufgrund der aus den Angaben in Munz et al. (1998) ermittelten Quoten von Personalfixkosten zwischen 11,2 und 47,2 Prozent des Nettoeinkommens (vgl. Abschnitt 7.1) erscheinen jene Simulationsergebnisse, bei denen es im flexiblen Fall zu unteren Randlösungen $b_f = h_f$ kommt, am realistischsten. Damit wäre die Beschäftigung im flexiblen System höher, die Arbeitszeit sowie das Einkommen pro Beschäftigten dagegen im starren Regime.[130]

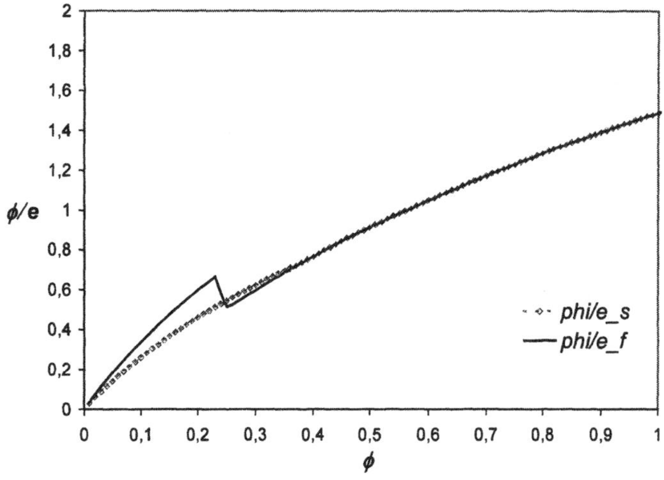

Abbildung 7.6 Veränderung der Relation zwischen Personalfixkosten und Entgelt

7.3 Variation des Alternativeinkommens

Als nächstes wird der Parameter für den Reservationslohn, also die Arbeitslosenunterstützung, variiert, um Beschäftigung, tatsächliche Arbeitsdauer, Lohnsatz und tariflichen Arbeitszeitstandard als Funktionen dieser exogenen Variablen darzustellen.

130 Bei inkorrekter Vorwegnahme der Faktornachfragen. Abschnitt 7.6 geht auf die Unterschiede im starren und im flexiblen Simulationsmodell ein und bespricht die Beschäftigungseffekte im flexiblen Modell ohne Asymmetrie.

Der Tariflohn nimmt in der Simulation sowohl bei flexiblen als auch bei starren Arbeitszeitregelungen zu, wenn die Arbeitslosenunterstützung ansteigt (Abbildung 7.7). Die komparativ statische Analyse ließ – auch wenn von realistischen Parameterannahmen wie in (6.1.20) ausgegangen wurde – darauf schließen, dass sowohl positive als auch negative Lohnreaktionen möglich sind.[131] Im numerischen Beispiel überwiegt der positive direkte Effekt des Alternativeinkommens auf den Lohnsatz: Steigt das Alternativeinkommen, so bedeutet dies eine Verbesserung der Fall-back-Position der Arbeitnehmer. Die individuelle Nutzeneinbuße, die einem Arbeitnehmer im Falle von Arbeitslosigkeit droht, verringert sich dadurch. Folglich vermindert sich auch der negative Effekt von Lohnerhöhungen. Deshalb besteht für die Gewerkschaft der Anreiz, den Lohnsatz *w* anzuheben.

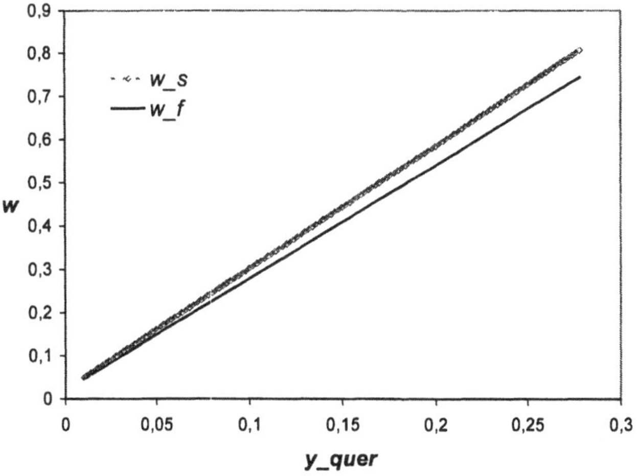

Abbildung 7.7 Wirkung des Alternativeinkommens auf die tarifliche Lohnhöhe

Wie schon bei der Variation der Fixkosten dargestellt wurde, ist der Lohnsatz im starren Arbeitszeitsystem stets höher als der Lohnsatz im flexiblen System. Denn dort sind Überstunden möglich, welche mit dem Zuschlag δ vergütet werden: Da $x\,h = h_s > h_f$, muss $w_f = w\,X \,/\, [h_s + \delta\,(h_s - h_f)] < w_s = w\,X \,/\, h_s$ sein.

Im Gegensatz zum Lohnsatz sinkt der tarifliche Arbeitszeitstandard *h*, wenn die Arbeitslosenunterstützung erhöht wird, im flexiblen wie auch im starren Arbeitszeitsystem (Abbildung 7.8). Dieser Effekt konnte in der komparativ statischen

131 Siehe Abschnitt 6.1.

Analyse für den Fall realistischer Parameterannahmen eindeutig festgestellt werden. Bei Lösungssituationen wie in (6.1.20) reagiert *h* der Veränderung des Reservationslohns entgegengesetzt.[132] Eine Reduktion des Alternativeinkommens führt somit zu höheren tariflichen Arbeitszeitstandards. Die Gewerkschaft kann bei der Optimierung allerdings maximal von der gesetzlich zulässigen Arbeitsdauer ausgehen. Wenn $x\, h = 1$, können Kürzungen der Arbeitslosenunterstützung zu keinen weiteren Verlängerungen der tariflichen Arbeitszeit führen.

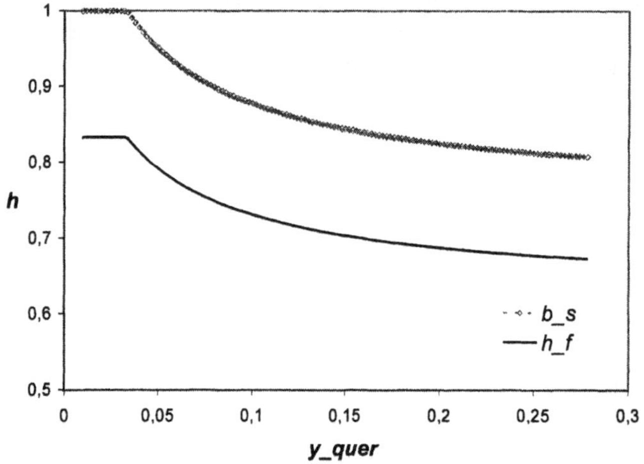

Abbildung 7.8 Wirkung des Alternativeinkommens auf den tariflichen Arbeitszeitstandard

Wenn das Alternativeinkommen ansteigt, verbessert sich wie erläutert die Fallback-Position der Gewerkschaft. Für den individuellen Arbeitnehmer reduziert sich die Nutzeneinbuße im Falle von Arbeitslosigkeit. Der Tariflohn kann stärker angehoben werden als im Fall einer Fixkostenerhöhung, die zunächst zu einer Abnahme der Beschäftigtenzahl führen würde. Anders als bei einer Zunahme der Fixkosten ist es nicht erforderlich, auch den Arbeitszeitstandard hinaufzusetzen, damit das Beschäftigungseinkommen zunimmt. Stattdessen kann die Gewerkschaft bei gleichzeitiger Zunahme des Beschäftigungseinkommens $w\, X$ einen niedrigeren Zeitstandard *h* durchsetzen, sodass auch die Freizeit $(T - x\, h)$ steigt.[133]

[132] In diesem Fall treffen die Bedingungen (6.1.7) und (6.1.10) zu (vgl. Tabelle 6.1).

[133] In der grafischen Darstellung des Optimierungskalküls der Gewerkschaft (Abbildungen 5.1 und 6.1) verursacht eine Erhöhung des Alternativeinkommens (ceteris paribus) eine Verschiebung

Der Arbeitszeitstandard in einem starren System ohne Überstunden ($x_s = 1$) liegt wiederum über dem tariflichen Standard in flexiblen Arbeitszeitsystemen ($x_f > 1$), denn $h_f = h_s/x_f < h_s$.

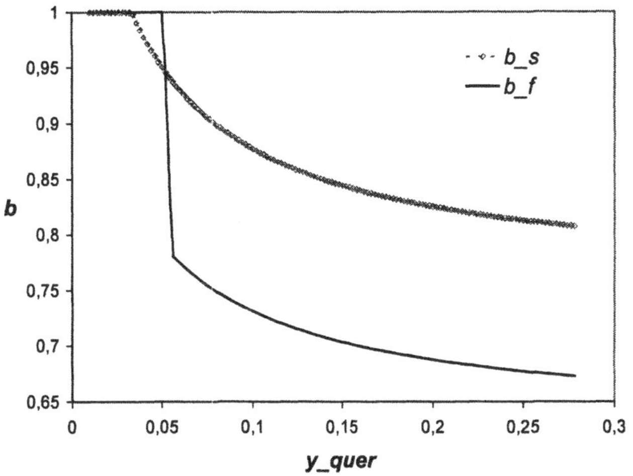

Abbildung 7.9 Wirkung des Alternativeinkommens auf die tatsächliche Arbeitszeit

Da die Unternehmen bei starren Arbeitszeitregelungen gezwungen sind, die tarifliche Arbeitsdauer zu übernehmen, entspricht h_s der tatsächlichen Arbeitszeit b_s (Abbildung 7.9). Anders im flexiblen Fall: hier bestimmt die Unternehmung ihre Arbeitszeitnachfrage b_f in Abhängigkeit vom tariflich fixierten Lohnsatz und Arbeitszeitstandard. Wie im starren System führt in der Simulation ein geringeres Alternativeinkommen auch im flexiblen Arbeitszeitsystem zu längeren Arbeitszeiten. Die analytisch hergeleitete Bedingung (6.1.24) für den Bereich innerer Lösungen im flexiblen Arbeitszeitsystem ist erfüllt. Im unteren Randlösungsbereich entspricht $b_f = h_f$ und liegt unter der Arbeitszeit im starren System (da $h_s > h_f$). Ist die gesetzlich maximal zulässige Stundenzahl ($b = 1$) erreicht, führen Kürzungen der Arbeitslosenunterstützung zu keinen weiteren Verlängerungen der tatsächlichen Arbeitszeit.

Da die tatsächliche Arbeitsdauer im Bereich innerer Lösungen sehr rasch abnimmt, wenn das Alternativeinkommen erhöht wird, führt ein Ansteigen der Ar-

beider Kurven nach oben: Der neue Schnittpunkt bedeutet eine Abnahme von $x\,h$ und eine Zunahme von $w\,X$.

beitslosenunterstützung in diesem Intervall zwar zu einer Zunahme des Tariflohns aber auch zu sinkenden variablen Personalkosten (Abbildung 7.10). Das tatsächlich anfallende Entgelt pro Beschäftigten $e_f = w_f [b_f + \delta (b_f - h_f)]$ nimmt ab. Bei den Randlösungen $b_f = 1$ sowie $b_f = h_f$ steigen die variablen Personalkosten hingegen auch im flexiblen Arbeitszeitsystem mit zunehmender Höhe des Alternativeinkommens. Das Entgelt pro Beschäftigten im starren Arbeitszeitregime, das mit dem ins gewerkschaftliche Optimierungskalkül eingehenden Beschäftigungseinkommen übereinstimmt ($e_s = w_s h_s = w X$), erhöht sich kontinuierlich bei ansteigendem Reservationslohn – aus den genannten Gründen: für die Gewerkschaft reduziert sich der negative Effekt einer Erhöhung des Beschäftigungseinkommen, wenn die Nutzeneinbußen im Falle von Arbeitslosigkeit abnehmen.

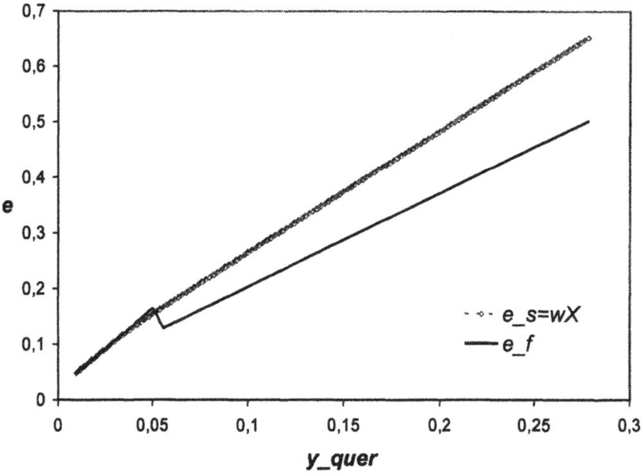

Abbildung 7.10 Wirkung des Alternativeinkommens auf das Entgelt eines Beschäftigten

Das tatsächlich anfallende Entgelt pro Beschäftigten $e_f = w_f [b_f + \delta (b_f - h_f)]$ nimmt ab. Bei den Randlösungen $b_f = 1$ sowie $b_f = h_f$ steigen die variablen Personalkosten hingegen auch im flexiblen Arbeitszeitsystem mit zunehmender Höhe des Alternativeinkommens. Das Entgelt pro Beschäftigten im starren Arbeitszeitregime, das mit dem ins gewerkschaftliche Optimierungskalkül eingehenden Beschäftigungseinkommen übereinstimmt ($e_s = w_s h_s = w X$), erhöht sich kontinuierlich bei ansteigendem Reservationslohn – aus den genannten Gründen: für die Gewerkschaft reduziert sich der negative Effekt einer Erhöhung des Beschäftigungseinkommen, wenn die Nutzeneinbußen im Falle von Arbeitslosigkeit abnehmen.

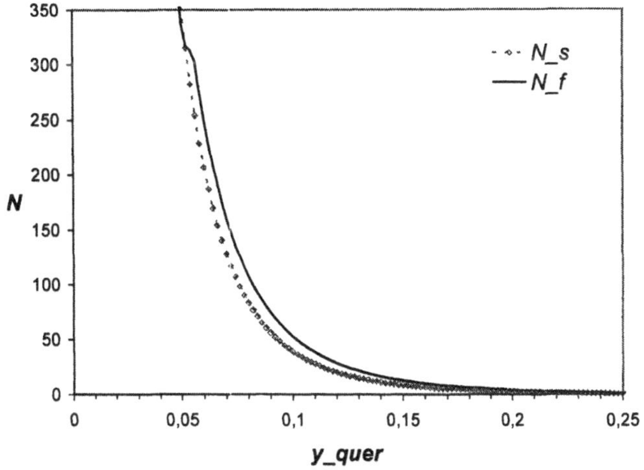

Abbildung 7.11 Wirkung des Alternativeinkommens auf die Beschäftigungsnachfrage

Bei sehr niedrigen Werten des Alternativeinkommens, nehmen die variablen Personalkosten – und damit auch die Gesamtkosten – pro Beschäftigten in beiden Arbeitszeitsystemen die gleiche Höhe an ($e_f + \phi = e_s + \phi$). Sowohl im flexiblen als auch im starren Arbeitszeitsystem ergibt sich dann die obere Randlösung $b_f = 1 = b_s$, die Beschäftigungsnachfragen der beiden Systeme sind identisch (Abbildung 7.11). Anschließend führen höhere Kosten pro Beschäftigten im flexiblen Arbeitszeitsystem zu längeren Arbeitszeiten und zu einer etwas niedrigeren Beschäftigungsnachfrage als im starren Regime.[134] Im Simulationsbeispiel schneiden sich die Personalkosten-, die Arbeitszeit- sowie die Beschäftigungskurven der beiden Systeme bei einem Alternativeinkommen in Höhe von etwa 0,052.[135] Ab diesem Wert liegen die Kosten pro Beschäftigten im flexiblen System unter den Kosten im starren Arbeitszeitregime. Die Arbeitszeitnachfrage ist geringer, das Beschäftigungsniveau höher als im starren System.

In der durchgeführten Simulation führen sinkende Alternativeinkommen in beiden Arbeitszeitsystemen zu Beschäftigungszunahmen, und zwar umso deutlicher je geringer die Höhe des Reservationslohns.

Trotz zunehmender Personalkosten pro Beschäftigten innerhalb des Intervalls innerer Lösungen im flexiblen System steigt die Beschäftigung auch in diesem

[134] Die Unterschiede in den Beschäftigungsniveaus sind allerdings nicht besonders groß.

[135] Siehe Abbildung 7.11, Abbildung 7.10 und Abbildung 7.12.

Bereich bei Kürzungen der Lohnersatzleistungen – allerdings weniger rasch als bei starren Arbeitszeitbedingungen.[136]

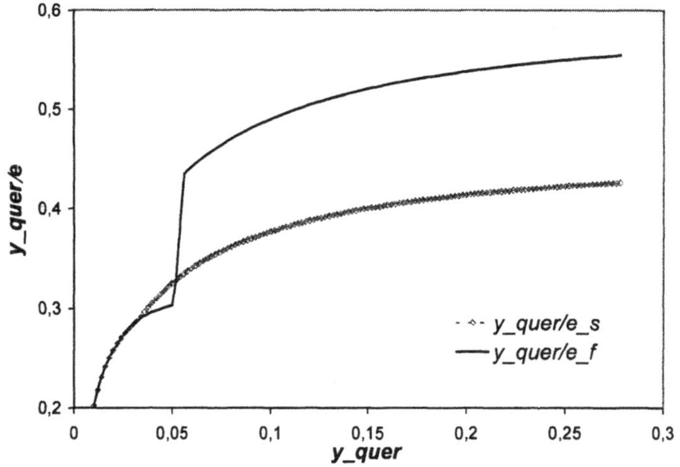

Abbildung 7.12 Veränderung der Relation zwischen Alternativeinkommen und Entgelt

Abbildung 7.12 stellt das aus der Simulation resultierende Verhältnis der Arbeitslosenunterstützung zum Arbeitsentgelt in Abhängigkeit von der Höhe der Arbeitslosenunterstützung dar. Aufgrund der aktuellen Lohnersatzraten in Deutschland und anderen Ländern (siehe Abschnitt 7.1) scheinen insbesondere Alternativeinkommen ab einer Höhe von etwa 0,1 plausible Parameterannahmen zu sein. Wiederum wären die Randlösungsfälle $b_f = h_f$ am realistischsten: Die Beschäftigung im flexiblen System würde demnach über dem Niveau im starren Regime liegen, während Arbeitszeit und Entgelt der Beschäftigten niedriger wären.[137]

[136] Das Entgelt pro Beschäftigten erhöht sich trotz sinkender Löhne im inneren Lösungsbereich des flexiblen Systems, weil die tatsächliche Arbeitsdauer in diesem Intervall äußerst stark zunimmt, wenn die Arbeitslosenunterstützung reduziert wird. Im starren Arbeitszeitregime dagegen nehmen die variablen Personalkosten, die dem von der Gewerkschaft angestrebten Einkommen entsprechen, bei sinkendem Alternativeinkommen kontinuierlich ab (Abbildung 7.11).

[137] Bei inkorrekter Vorwegnahme der Faktornachfragen; siehe Abschnitt 7.6 Flexibles Arbeitszeitsystem ohne Asymmetrien.

7.4 Variation des Überstundenzuschlags

Anders als Fixkosten und Alternativeinkommen hat der Überstundenzuschlag keinen Einfluss auf das Niveau des tariflichen Arbeitszeitstandards – auch nicht im flexiblen Fall (Abbildung 7.13).[138]

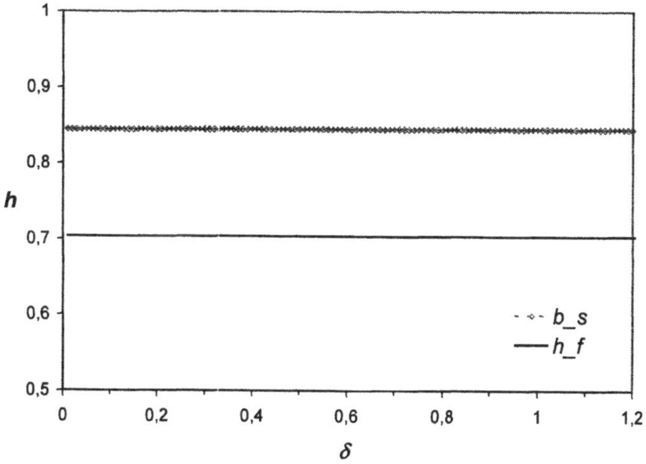

Abbildung 7.13 Wirkung des Überstundenzuschlags auf den tariflichen Arbeitszeitstandard

h ist stets von δ unabhängig: $h_\delta = 0$. Wie bereits in der komparativ statischen Analyse festgestellt wurde, spielt der Überstundenzuschlag für die Lösung des Optimierungsproblems der Monopolgewerkschaft keine Rolle. Da δ in der Optimalitätsbedingung (5.1.47) nicht vorkommt, haben Veränderungen des Überstundenzuschlags keine Effekte auf das erwartete Einkommen $w\ X$ und die voraussichtliche Arbeitszeit $x\ h$.[139] Für die Gewerkschaft besteht also kein Anlass, den bisher optimalen Arbeitszeitstandard h zu verändern. Dass der Überstundenzuschlag auch im flexiblen Fall bei der Entscheidung über den tariflichen Arbeitszeitstandard außer Acht gelassen wird, ist auf die vereinfachende Annahme der Gewerkschaft bezüglich der zu leistenden Arbeitsstunden zurückzuführen. Indem sie von einem festen Überstundenverhältnis ausgeht, nimmt die Gewerkschaft die

---

[138] Bei starren Arbeitszeitregeln, wenn es also gar nicht zu Überstunden kommen kann, sind geänderte Vorschriften über die Entgeltung von Überstunden irrelevant und bleiben natürlich ohne Auswirkung.

[139] Die Kurven in den Abbildungen 5.1 und 6.1, den grafischen Darstellungen der Optimallösung, bleiben unverändert.

tatsächliche Nachfrage der Unternehmung nicht korrekt, sondern nur näherungsweise vorweg.[140]

Wie schon zuvor bei den Variationen von Personalfixkosten und Arbeitslosenunterstützung erläutert, muss die tarifliche Arbeitszeit im starren System ($x_s = 1$) länger sein als im flexiblen Fall ($x_f > 1$), denn $x_f\, h_f = h_s$. Bei flexiblen Arbeitszeitregelungen geht die Gewerkschaft davon aus, dass Überstunden zu leisten sind, d.h., die Stundennachfrage des Unternehmens vom tariflichen Standard abweichen wird.

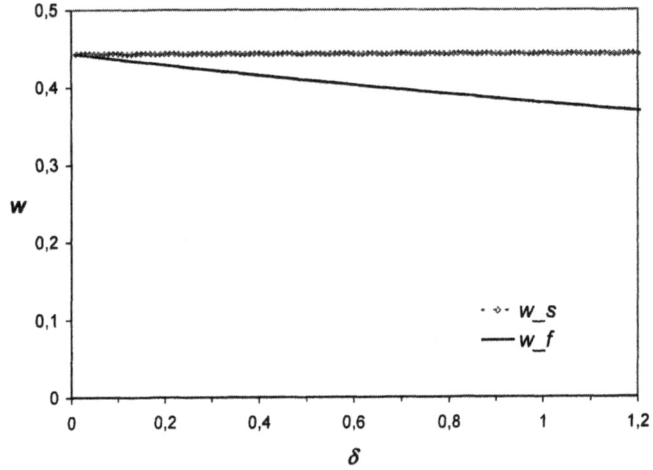

Abbildung 7.14 Wirkung des Überstundenzuschlags auf die tarifliche Lohnhöhe

Im Gegensatz zum Arbeitszeitstandard ist der Tariflohn im flexiblen System von der Höhe des Überstundenzuschlags abhängig (Abbildung 7.14).[141] Diese Abhängigkeit des Lohnsatzes ist aufgrund der Stundenkomponente des Beschäftigungseinkommens $X = x\,h + \delta\,(x\,h - h)$ gegeben. Sie enthält den Überstundenzuschlag und verändert sich in gleicher Richtung wie δ. Um das optimale Beschäftigungseinkommen $w\,X$ zu erzielen, ist bei höherem Überstundenzuschlag ein geringerer Lohnsatz erforderlich: Die Veränderung des Tariflohns im flexiblen System w_f ist der Variation des Überstundenzuschlags entgegengesetzt. Wenn $\delta > 0$,

[140] Der tarifliche Stundenstandard würde bei korrekter Vorwegnahme der Arbeitszeitnachfrage im inneren Lösungsbereich vom Überstundenzuschlag abhängen.

[141] In einem starren Arbeitszeitsystem ohne Überstunden werden natürlich weder die tarifliche Arbeitsdauer noch die Lohnhöhe von δ beeinflusst.

muss der Lohnsatz bei flexiblen Arbeitszeitregelungen unter dem Lohnsatz im starren Regime liegen.

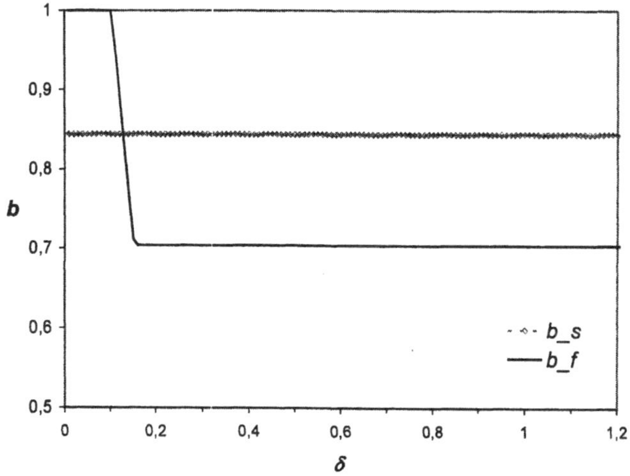

Abbildung 7.15 Wirkung des Überstundenzuschlags auf die tatsächliche Arbeitszeit

Die Modellsimulation zeigt, dass die tatsächlich zu leistenden Arbeitsstunden bei inneren Lösungen im flexiblen Arbeitszeitsystem stark verringert werden, wenn der Überstundenzuschlag zunimmt (Abbildung 7.15). Die in der komparativ statischen Analyse ermittelte notwendige Bedingung (6.1.25) ist erfüllt: Im Bereich innerer Arbeitszeitoptima führen steigende Überstundenzuschläge erwartungsgemäß zu reduzierten Arbeitszeiten. Ist die untere Randlösung $b_f = h_f$ erreicht, führen höhere Zuschläge zu keiner weiteren Reduktion der Arbeitsstunden. Aufgrund der zuvor dargestellten Unabhängigkeit des tariflichen Standards von δ gilt wie im starren Fall $b_\delta = h_\delta = 0$. Auch innerhalb des Intervalls oberer Randlösungen $b_f = 1$ haben Veränderungen des Überstundenzuschlags keine Auswirkungen auf die Arbeitszeit. Wenn die Arbeitsdauer bereits der gesetzlichen Stundenobergrenze entspricht, können durch weiteres Absenken des Zuschlags δ keine längeren Arbeitszeiten verursacht werden. Beim Parameterwert $\delta = 0,5$ würde sich die Randlösung $b_f = h_f$ ergeben.

Da die tatsächliche Arbeitsdauer im Randlösungsbereich $b_f = 1$ vom Überstundenzuschlag unabhängig ist und über den Stundenstandard ($h_f = 1/x_f$) liegt, führt ein Anheben des Überstundenzuschlags zu einer Zunahme von $\delta(b_f - h_f)$. In der Modellsimulation kommt es daher trotz sinkenden Lohnsatzes w_f zu leicht steigenden Einkommen pro Beschäftigten $e_f = w_f [b_f + \delta (b_f - h_f)]$ (Abbildung 7.16).

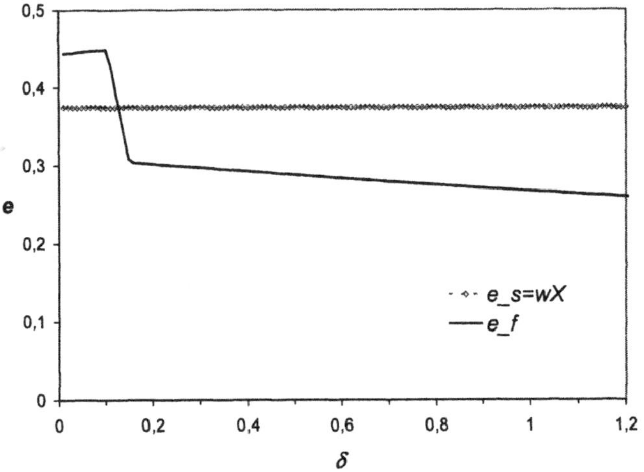

Abbildung 7.16 Wirkung des Überstundenzuschlags auf das Entgelt eines Beschäftigten

Bei inneren Lösungen reduzieren sich die variablen Personalkosten dagegen sehr rasch, wenn δ erhöht wird und somit sowohl der Lohn als auch die Arbeitszeit abnehmen. Auch im Randlösungsfall $b_f = h_f$ verursachen höhere Überstundenzuschläge niedrigere Einkommen pro Beschäftigten, da dann $e_f = w_f b_f$ und nur noch der Lohnsatz von δ – negativ – abhängig ist. Im starren Arbeitszeitsystem ohne Überstunden ist der Zuschlag δ irrelevant.

Bei niedrigen Überstundenzuschlägen überschreiten die variablen – und folglich die gesamten – Personalkosten pro Beschäftigten im flexiblen Fall jene im starren System: $e_f + \phi > e_s + \phi$. Aufgrund dieser Kostensituation werden dann im flexiblen Arbeitszeitsystem weniger Arbeitnehmer beschäftigt, die dafür mehr Arbeitsstunden zu leisten haben. Ab dem Schnittpunkt der beiden Kurven im Bereich innerer Lösungen sind die Kosten pro Beschäftigten im flexiblen Fall geringer als im starren Regime: Bei höheren Zuschlägen liegt die Nachfrage nach Beschäftigten über dem Beschäftigungsniveau im starren System und die Arbeitszeiten sind kürzer (vgl. Abbildung 7.15 und 7.17).

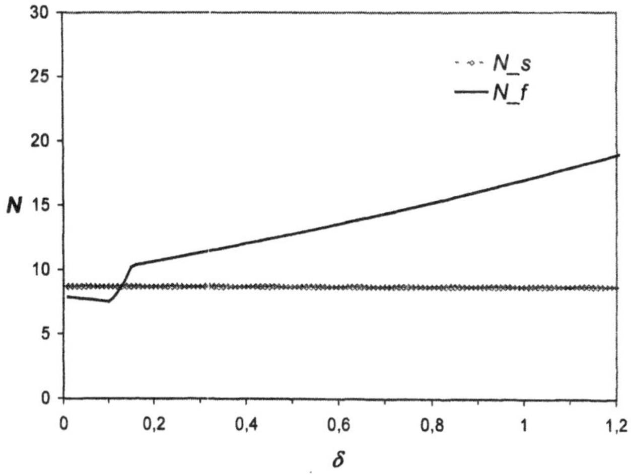

Abbildung 7.17 Wirkung des Überstundenzuschlags auf die Beschäftigungsnachfrage

Die Beschäftigungsnachfrage im flexiblen Arbeitszeitsystem reagiert im Simulationsbeispiel negativ auf Erhöhungen des Überstundenzuschlags, wenn die Randlösungen $b_f = 1$ zutreffen. Bei inneren Lösungen bewirkt ein Ansteigen der Überstundenzuschläge dagegen Beschäftigungszunahmen. Dies gilt auch innerhalb des Intervalls unterer Randlösungen $b_f = h_f$. Die Abhängigkeit der Beschäftigungsnachfrage in den Randlösungsbereichen kommt zustande, weil der Tariflohn w_f auch in diesen Bereichen mit steigenden Überstundenzuschlägen abnimmt (siehe Abbildung 7.14).[142]

7.5 Gesetzlich maximal zulässige Arbeitsdauer

Als Ergänzung zu den Effekten von Veränderungen der Personalfixkosten, des Alternativeinkommens und des Überstundenzuschlags sollen nun anschließend die Auswirkungen veränderter gesetzlicher Vorschriften über die maximal zulässige Arbeitsdauer simuliert werden. Da die gesetzliche Stundenobergrenze auf

[142] Bei korrekter Vorwegnahme der tatsächlichen Arbeitszeitnachfrage durch die Gewerkschaft müsste $w_\delta = 0$ im Randlösungsbereich $b = h$ gelten; die Abhängigkeit von δ in der Modellsimulation ist darauf zurückzuführen, dass die Gewerkschaft die tatsächliche Arbeitszeitnachfrage in ihrem Optimierungskalkül nur näherungsweise berücksichtigt.

eins normiert ist,[143] bedeuten neue Arbeitszeitnormen im Modell veränderte Werte der Variablen T, der natürlichen Länge der betrachteten Periode bezogen auf das gesetzliche Maximum. Die anderen Modellvariablen werden mit den eingangs beschriebenen Parameterwerten belegt und konstant gehalten. In dieser Konfiguration resultieren auch im flexiblen System ausschließlich untere Randlösungen $b_f = h_f$, selbst wenn gesetzliche Arbeitszeitrestriktionen zur Gänze abgeschafft würden und die Beschäftigten täglich bis zu 24 Stunden eingesetzt werden dürften.

Für die Darstellung der Ergebnisse wird nun die Periodenlänge (t_{phys}) als Bezugspunkt gewählt. Denn andernfalls würde jeder Ergebnispunkt in einer eigenen Zeiteinheit – der veränderten Stundengrenze – gemessen werden. Tatsächliche bzw. tarifliche Arbeitszeit sowie gesetzliche Beschränkung werden als Anteile an t_{phys} angegeben. Der Quotient b/T entspricht der Arbeitszeit bezogen auf die natürliche Periodenlänge, $1/T$ steht für die gesetzlich maximal zulässige Arbeitsdauer in Anteilen an der Periodenlänge.[144]

Zu Reaktionen der tariflichen Arbeitszeit (die hier wegen der Randlösungssituation $b_f = h_f$ auch im flexiblen System mit der tatsächlichen Stundennachfrage übereinstimmt) führen Veränderungen des gesetzlichen Arbeitsstundenmaximums selbstverständlich ausschließlich in solchen Fällen, in denen $xh = 1$ aus dem gewerkschaftlichen Optimierungskalkül resultiert (Abbildung 7.18). Geht die Gewerkschaft dagegen davon aus, dass die Arbeitszeitnachfrage sowieso weniger als die maximal zulässige Stundenanzahl beträgt, so bleiben neue Arbeitszeitnormen ohne tatsächliche Bedeutung. Verkürzungen des gesetzlichen Stundenmaximums bewirken dann keine kürzeren Arbeitszeiten.
Im starren System fallen mehr Stunden an als im flexiblen Fall. Bei flexiblen Arbeitszeitregelungen rechnet die Gewerkschaft damit, dass Überstunden zu leisten sind ($x_f > 1$). Da $b_f = h_f$, werden diese tatsächlich jedoch nicht von der Unternehmung beansprucht.[145]

Wie die (tarifliche) Arbeitszeit reagiert natürlich auch der Lohnsatz nur dann, wenn die gesetzlich festgelegte Stundenrestriktion tatsächlich bindet – die Gewerkschaft aufgrund ihres Optimierungskalküls mit $xh = 1$ rechnet.

---

[143] Siehe Abschnitt 4.2, 4.3 sowie Tabelle 9.2 Beschreibung der Modellvariablen im Anhang (Abschnitt 9.7).

[144] $T = \frac{t_{phys}}{t_{gesetz}}$, $b = \frac{t_{arb}}{t_{gesetz}}$, $\frac{b}{T} = \frac{t_{arb}}{t_{phys}}$, $\frac{1}{T} = \frac{t_{gesetz}}{t_{phys}}$.

[145] Vgl. Abschnitt 7.6 Flexibles Arbeitszeitsystem ohne Asymmetrien.

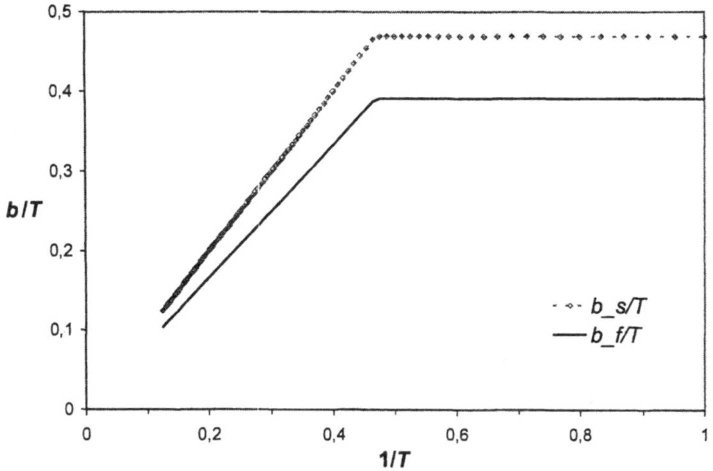

Abbildung 7.18 Wirkung der gesetzlichen Stundengrenze auf die tatsächliche Arbeitszeit

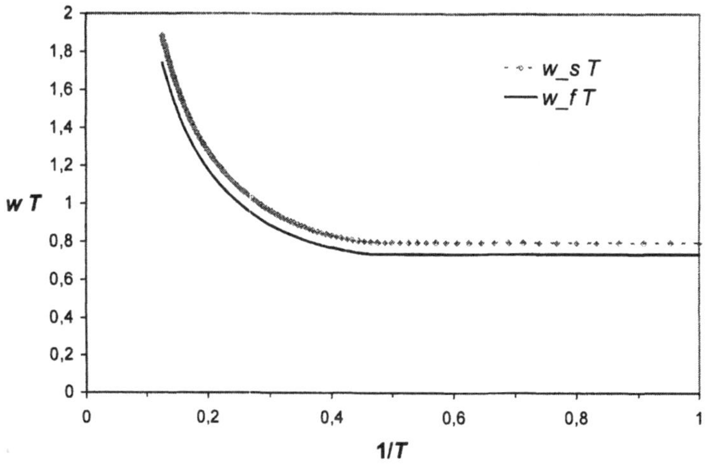

Abbildung 7.19 Wirkung der gesetzlichen Stundengrenze auf die tarifliche Lohnhöhe

Da sich der Lohnsatz *w* im Modell auf die gesetzlich maximal zulässige Arbeitsdauer bezieht, wurde $w\ T$, der auf die natürliche Periodenlänge t_{phys} bezogene, entsprechende Lohnsatz berechnet und in Abbildung 7.19 gegen $1/T$, das gesetzliche Maximum in Anteilen an t_{phys} aufgetragen.[146]

Sinkt die Arbeitszeit aufgrund einer Verkürzung der gesetzlich zulässigen Arbeitsdauer, so bedeutet dies Einkommenseinbußen für die Beschäftigten, die nicht durch den zusätzlichen Nutzen aus vermehrter Freizeit ausgeglichen werden. Die Gewerkschaft sieht sich veranlasst, den Lohnsatz anzuheben. Weil die Gewerkschaft die Arbeitszeitnachfrage im flexiblen Fall nicht korrekt vorwegnimmt und mit Überstunden rechnet, ist der Lohn niedriger als im starren System.

Die Einkünfte und somit die variablen Personalkosten pro Beschäftigten sinken, wenn niedrigere gesetzliche Stundenmaxima (im Lösungsbereich $xh = 1$) zu kürzeren Arbeitszeiten führen (Abbildung 7.20).

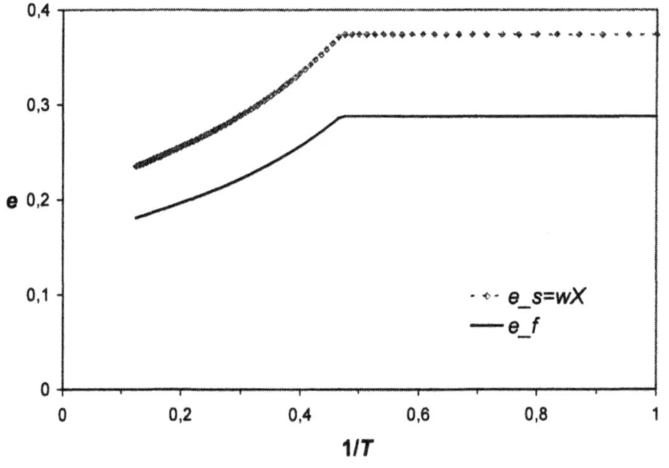

Abbildung 7.20 Wirkung der gesetzlichen Stundengrenze auf das Entgelt eines Beschäftigten

Wegen der Lohnzunahmen verringern sich die Beschäftigungseinkommen allerdings weniger stark als die Arbeitszeiten. Da in den individuellen Nutzenfunktio-

[146] Siehe Tabelle 9.2 Beschreibung der Modellvariablen im Anhang (Abschnitt 9.7); $w = \frac{e}{b}$, $wT = \frac{e}{b/T}$.

nen der Arbeitnehmer auch die Freizeitzunahmen berücksichtigt werden, lässt die Gewerkschaft in einem gewissen Maß reduzierte Arbeitsentgelte zu. Des weiteren profitiert die Gewerkschaft in der Modellsimulation von den dadurch ermöglichten Beschäftigungszuwächsen, und besteht deshalb nicht auf „vollen Lohnausgleich".[147]

Im flexiblen Fall liegen die Einkommen bzw. die variablen Personalkosten pro Beschäftigten auf einem niedrigeren Niveau als im starren Fall. Die Gewerkschaft geht von Überstunden aus. Tatsächlich triff jedoch $b_f = h_f$ ein, sodass geringere Beschäftigungseinkommen als beabsichtigt zustande kommen (vgl. Abschnitt 7.6).

Die sinkenden Einkünfte bzw. – aus der Sicht des Unternehmens – Kosten pro Beschäftigten ermöglichen somit Beschäftigungszuwächse in der Folge von Verkürzungen der gesetzlich zulässigen Arbeitsdauer (Abbildung 7.21). Die Personalkosten pro Beschäftigten im flexiblen System sind geringer als im starren Fall, es werden mehr Arbeitskräfte mit kürzeren Arbeitszeiten beschäftigt.

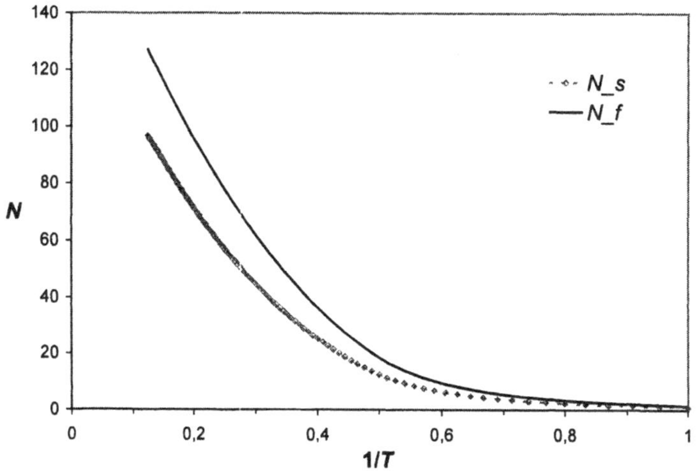

Abbildung 7.21 Wirkung der gesetzlichen Stundengrenze auf die Beschäftigungsnachfrage[148]

[147] Vgl. Abschnitt 7.8 und Abbildung 7.21 (in diesem Abschnitt).

[148] Dass die beiden Kurven in der Abbildung auch dann noch leicht negativ geneigt sind, wenn die gesetzliche Stundenrestriktion nicht bindet (und daher wie gezeigt keine Veränderungen von b/T verursachen kann), ist modelltechnisch bedingt. Denn die Zeiteinheit im Modell entspricht der

Ein Vergleich der Ergebnisse mit der Realität zeigt, dass etwas kürzere Normarbeitszeiten auf europäischer Ebene ohne Auswirkungen auf die tatsächliche Arbeitsdauer und die Beschäftigung blieben, während ein Absenken der deutschen Stundenobergrenze im Simulationsbeispiel abnehmende Arbeitszeiten und höhere Beschäftigungszahlen verursachen würde.[149]
In der Modellsimulation werden nur neue Arbeitszeitvorschriften, die weniger als 11,4 Arbeitsstunden pro Tag ($1/T = 0{,}475$) zulassen, wirksam. Andernfalls bleiben sie ohne Relevanz für die bestehende Nachfragesituation am Arbeitsmarkt.
Auf das Ausmaß der resultierenden Beschäftigungseffekte – insbesondere auch im Vergleich zu den Auswirkungen der anderen Parametervariationen – wird in Abschnitt 7.7 eingegangen.

7.6 Flexibles Arbeitszeitsystem ohne Asymmetrien

Die beschriebenen Ergebnisse lassen auf die Effekte der untersuchten Parametervariationen in einem Modell mit flexiblen Arbeitszeiten ohne Asymmetrien schließen. Das analysierte Modell mit Asymmetrien entspricht dann einem Modell, in dem die Gewerkschaft die korrekten Nachfragewerte (Funktion 5.1.21 bei inneren Lösungen) in ihr Optimierungskalkül einbezieht, wenn sich die gewerkschaftliche Annahme über die Arbeitszeitnachfrage tatsächlich erfüllt, sodass die von der Unternehmung beanspruchten Arbeitsstunden b_f eben genau der Annahme der Gewerkschaft $x_f\, h_f$ entspricht. Da $x_f\, h_f = h_s = b_s$, ist diese Situation dann gegeben, wenn die tatsächliche Arbeitsdauer im starren System ohne Überstunden (b_s) mit der Arbeitszeitnachfrage im flexiblen Fall mit Überstunden (b_f) übereinstimmt.
Wie aus den Modellsimulationen hervorgeht, stimmen stets auch das Beschäftigungsniveau und die Einkünfte pro Beschäftigten in beiden Arbeitszeitregimen überein, wenn $b_s = b_f$. Daraus lässt sich ableiten, dass im flexiblen Arbeitszeitsystem mit korrekter Vorwegnahme der Faktornachfragen der Lohnsatz w und der tarifliche Arbeitszeitstandard h derart festgesetzt werden, dass dieselben Niveaus von N, b und e wie im starren System resultieren. Die Gewerkschaft erzielt somit

gesetzlich maximal zulässigen Arbeitsdauer, die als Konstante ins Modell einging. Für Variationen von t_{gesetz}, wie sie nun ergänzend durchgeführt wurden, war das Modell ursprünglich nicht konzipiert. Anders als beim Lohnsatz w und der Arbeitszeit b, die Relativwerte im Bezug auf das gesetzliche Maximum darstellen, lässt sich die Verzerrung beim Beschäftigungsergebnis nicht einfach durch nachträgliches Ändern der Bezugsgröße ($w\,T$, b/T) aufheben.

[149] Aktuelle Höchstgrenzen: EU 13 Stunden täglich ($1/T = 13/24 = 0{,}54166667$), Deutschland zehn Arbeitsstunden ($1/T = 10/24 = 0{,}4166667$).

bei starren wie bei flexiblen Arbeitszeitregelungen ohne Asymmetrie denselben Nutzenzuwachs, denn $(U - \overline{U}) = N\left[e(T - b) - \overline{y}\,T\right]$.

Da in die Nutzenfunktion der Gewerkschaft das Einkommen pro Beschäftigten (unabhängig von seiner Quelle), die tatsächliche Arbeitszeit (unabhängig von seiner Form) und die Beschäftigtenzahl linear eingehen, ändert sich bei perfekter Voraussicht die gewerkschaftliche Nutzensituation nicht, wenn starre Arbeitszeiten durch flexible Arbeitszeiten ersetzt werden, weil unter diesen Voraussetzungen die Gewerkschaft ihre *h*-*w*-Entscheidung entsprechend anpassen wird. Das Charakteristikum flexibler Arbeitszeitsysteme, die es den Unternehmen ermöglichen, die Stundennachfrage an – unvorhergesehene – Ereignisse anzupassen, verliert in einem Modellrahmen mit perfekter Voraussicht die Bedeutung. Im asymmetrischen Modell mit inkorrekten Erwartungen hingegen kommt die Möglichkeit, die Beschäftigten über die vereinbarte Arbeitszeit hinaus einzusetzen, zum Tragen.

Obwohl das Modell mit flexibler Arbeitszeit und korrekter Vorwegnahme der Faktornachfragen aufgrund seiner Komplexität zu keinen analytischen Lösungen für den Tariflohn und den tariflichen Stundenstandard führte (Abschnitt 5.2.2), können die vom optimalen Tariflohn bzw. Stundenstandard abhängige Beschäftigung und die tatsächliche Arbeitszeit (die Summe aus Standardarbeitszeit und Überstunden) nun dennoch bestimmt werden: Im System mit Überstunden entsprechen Beschäftigtenzahl wie auch tatsächliche Arbeitsdauer trotz unterschiedlicher Niveaus des tariflichen Stundenstandards *h* und des Tariflohns *w* exakt den Beschäftigungs- und Arbeitszeitergebnissen im Modell mit starrer Arbeitszeit, in dem keine Überstunden zugelassen sind. Zwar lassen sich die komparativ statischen Effekte auf Lohn und Arbeitszeitstandard nicht ermitteln, doch Beschäftigung und tatsächliche Arbeitszeit reagieren auf Parameteränderungen gleich wie im starren System. Wenn beispielsweise die Personalfixkosten ϕ zunehmen, würde das (ceteris paribus) sowohl im starren als auch im flexiblen System zu einer Veränderung des Nutzenzuwachses der Gewerkschaft führen – im starren Fall allein aufgrund der veränderten Beschäftigungsnachfrage (5.1.22), bei inneren Lösungen im flexiblen Fall zudem aufgrund der Veränderung der Arbeitszeitnachfrage (5.1.21). In beiden Systemen werden daraufhin Tariflohn und Arbeitszeitstandard angepasst; und zwar solcherart, dass in beiden Fällen wieder derselbe gewerkschaftliche Nutzenzuwachs resultiert. Trotz bzw. wegen der unterschiedlichen Effekte auf Lohn und Stundenstandard haben Fixkostenvariationen im flexiblen System ohne Asymmetrien die gleichen Auswirkungen auf den Nutzenzuwachs der Gewerkschaft wie im starren System.

Entsprechendes gilt für die Veränderung der anderen Parameterwerte. Die Effekte auf gewerkschaftlichen Nutzenzuwachs, Beschäftigung, Arbeitsdauer, Entgelt und damit auch auf den Unternehmensprofit sind in beiden Fällen mit korrekter Vorwegnahme der Arbeitszeit identisch.[150] Im Hinblick auf Erhöhungen des Überstundenzuschlages δ bedeutet dies, dass es auch unter flexiblen Arbeitszeitbedingungen, die der Unternehmung die Inanspruchnahme von Überstunden gestatten, zu keinen Veränderungen der Beschäftigung, der Arbeitsdauer sowie des gewerkschaftlichen Nutzenzuwachses kommt, wenn die Gewerkschaft in ihrem Optimierungskalkül von der korrekten Arbeitszeitnachfragefunktion ausgeht. Anders als im starren Fall würden sich – ceteris paribus – Beschäftigung und Arbeitsdauer bei inneren Lösungen im flexiblen System verändern, wenn der Überstundenzuschlag angehoben wird. Tariflohn und Stundenstandard werden aber so angepasst, dass wieder das ursprüngliche Nutzenzuwachsniveau der Gewerkschaft erreicht wird.

Aufgrund der bei korrekter Vorwegnahme der Faktornachfragen übereinstimmenden individuellen Einkommensniveaus, lässt sich die folgende Beziehung zwischen den tariflichen Lohn- und Stundenvariablen bei flexiblen bzw. starren Bedingungen aufstellen:[151]

$$w_{fk}\left[b+\delta\left(b-h_{fk}\right)\right]=w_s\,b \qquad \text{wobei} \quad b_{fk}=b_s=h_s=b$$

$$w_{fk}=w_s\Big/\left[1+\delta\left(1-\frac{h_{fk}}{b}\right)\right] .$$

Die Abweichungen zwischen flexiblem und starrem System in den vorangehenden grafischen Darstellungen der Beschäftigungs- und Arbeitszeiteffekte sind also stets darauf zurückzuführen, dass die Gewerkschaft im Simulationsmodell bei flexiblen Arbeitszeitregelungen, keine perfekte Voraussicht der unternehmerischen Arbeitszeitnachfrage besitzt, sondern eine vereinfachende Annahme bezüglich der Stundennachfrage trifft. Wenn die Gewerkschaft die Arbeitszeitnachfrage dagegen korrekt vorwegnimmt, entsprechen Beschäftigtenzahl, Arbeitsdauer und Einkommen pro Beschäftigten genau den Niveaus unter starren Bedingungen. Denn im Modell mit korrekten Erwartungen bleibt unberücksichtigt, dass flexible

150 Im starren Arbeitszeitsystem ($b_s = h_s$) ist die Situation der korrekten Vorwegnahme sowieso gegeben.

151 Die Indices fk bezeichnen das flexible Arbeitszeitsystem mit korrekter Vorwegnahme der Faktoreinsatzmengen.

Arbeitszeitsysteme den Unternehmen ex-post Stundenreaktionen ermöglichen, die aber gerade nicht exakt vorhersehbar sind.

7.7 Beschäftigungseffekte im Vergleich

Wenn nun im folgenden auf das Ausmaß der Beschäftigungseffekte der untersuchten Parametervariationen eingegangen wird, geschieht dies zur Vervollständigung der theoretischen Modellanalyse. Unmittelbare beschäftigungspolitische Handlungsoptionen lassen sich aufgrund des partialanalytischen Modellrahmens und der spezifischen Parameterannahmen nicht ablesen. Es ist daher erforderlich, die Simulationsergebnisse mit entsprechender Vorsicht zu interpretieren.
Für den Vergleich der Simulationsresultate, der Aufschluss über die Wirksamkeit von Veränderungen der unterschiedlichen exogenen Parameter geben soll, werden in erster Linie die Ergebnisse bei starren Arbeitszeitregelungen herangezogen. Wie soeben besprochen, sind damit zudem die Effekte in einem flexiblen Modell ohne Asymmetrien erfasst. Wenn besondere Effekte im flexiblen Fall mit Asymmetrien zu besprechen sind, wird an der entsprechenden Stelle explizit darauf hingewiesen. Finden sich keine spezifischen Angaben, dann beziehen sich die genannten Werte auf das starre Simulationsbeispiel. An der Einstufung der unterschiedlichen Wirksamkeit der Variationen von Fixkosten, Alternativeinkommen, Überstundenzuschlag bzw. gesetzlicher Arbeitszeitvorschrift ändert sich jedoch auch dann nichts, wenn statt der Effekte im starren System die Effekte im flexiblen Simulationsbeispiel mit Asymmetrien betrachtet werden.

Zu den deutlichsten Personalkostenreduktionen pro Beschäftigten und damit zu den deutlichsten Beschäftigungseffekten führten Kürzungen des Alternativeinkommens. Dies gilt besonders bei relativ geringen Niveaus des Alternativeinkommens. Doch bereits bei einer Reduktion des Parameterwertes für die Arbeitslosenunterstützung im höheren Bereich von 0,25 auf 0,15, was im starren Modell einer Kürzung der Lohnersatzquote von 42 auf 40 Prozent gleichkommt (im flexiblen Fall von 55 auf 52 Prozent), verringern sich die variablen Kosten pro Beschäftigten im starren System um 37 Prozent (auf $e_s = 0{,}37$), und die Beschäftigung nimmt von einem auf neun Arbeitnehmer zu (bzw. von 1,8 auf 12,8 Mitarbeiter im flexiblen Simulationsbeispiel).[152] Ein Alternativeinkommen in der Höhe von 0,1 würde in der Modellsimulation die Beschäftigung von ca. 39 Personen bedeuten, ein Alternativeinkommen von 0,05 bewirkt 352 Beschäftigte.

[152] Siehe Abbildung 7.10, Abbildung 7.11.

In diesem Bereich sehr geringer Niveaus des Reservationslohns ist die Beschäftigungsnachfrage äußerst hoch. Würde ein Alternativeinkommen in Höhe von 0,014 gelten, so käme es beispielsweise zu einer Beschäftigung von 5003 Arbeitskräften. Diese Beschäftigungswirkung ist in erster Linie von theoretischer Bedeutung. Aus sozialen und politischen Gründen kommen derart drastische Einschnitte bei der Arbeitslosenunterstützung in der Praxis nicht in Betracht. Eine Arbeitslosenunterstützung von 0,05 entspräche im Verhältnis zum Beschäftigungseinkommen 32,5 Prozent, ein Alternativeinkommen von 0,014 nur noch 23,1 Prozent.[153] Diese Werte liegen selbst unter den niedrigsten Lohnersatzquoten im OECD-Vergleich (vgl. Abschnitt 7.1; OECD, 1996).

Auch in der Simulation einer Reduktion der Personalfixkosten verringern sich die Arbeitseinkünfte pro Beschäftigten, jedoch weniger stark als bei Kürzungen des Alternativeinkommens. Die Beschäftigungszunahmen fallen dementsprechend moderater aus. Werden die Fixkosten beispielsweise ausgehend von der Höhe ϕ = 0,2 um 80 Prozent auf ϕ = 0,04 reduziert, so sinken die variablen Personalkosten pro Beschäftigten – im starren Fall – um 20 Prozent von 0,435 auf 0,348.[154] Die beiden Fixkostenniveaus wurden deshalb gewählt, weil sie in den aufgrund der empirischen Daten eingegrenzten Plausibilitätsbereich fallen (vgl. Abschnitt 7.1 sowie Munz et al., 1998). ϕ = 0,2 ist mit Fixkosten in Höhe von 46 Prozent des Einkommens gleichzusetzen, ϕ = 0,04 entspricht einem Anteil von 11,5 Prozent am Nettoeinkommen eines Beschäftigten.[155] Realistische Fixkostenanteile liegen in Deutschland eben gerade in diesem Intervall. Die resultierende Beschäftigungszunahme aufgrund einer derartigen Fixkostenreduktion beträgt 14,6 Arbeitskräfte; bei Fixkosten von 0,04 werden im starren Modellbeispiel 17 Personen beschäftigt.[156] Im flexiblen Modell führt eine Senkung der Fixkostenanteile von 45 (ϕ = 0,14) auf 10 Prozent (ϕ = 0,04) zu einem Beschäftigungsanstieg von 6 auf 28 Mitarbeiter.

Variationen des Überstundenzuschlages verursachen bei starren Arbeitszeitregelungen (bzw. auch im flexiblen Fall, wenn die Gewerkschaft die Stundennachfrage der Unternehmung korrekt vorwegnimmt) keine Reaktionen. Durch höhere Überstundenzuschläge verändert sich ausschließlich im Simulationsmodell mit flexibler Arbeitszeit und Asymmetrie die Kostensituation des Unternehmens – weil die Gewerkschaft vereinfachende Annahmen über die Arbeitszeit trifft und

[153] Vgl. Abbildung 7.12.
[154] Siehe Abbildung 7.4.
[155] Abbildung 7.6.
[156] Siehe Abbildung 7.5.

mit einem festen Überstundenverhältnis rechnet. Vor dem Hintergrund der tatsächlich eintretenden Faktoreinsatzmengen handelt es sich beim tariflich festgelegten Lohnsatz und Arbeitszeitstandard daher um suboptimale Niveaus für die Gewerkschaft. Bei korrekter Vorwegnahme der Arbeitszeitnachfrage würde sie Lohn und Stundenstandard derart anpassen, dass Beschäftigung und Arbeitsdauer auch bei einem Anheben der Überstundenzuschläge unverändert blieben (vgl. Abschnitt 7.6).

Im flexiblen Simulationsbeispiel (mit Asymmetrie) werden bei einem zehnprozentigen Überstundenzuschlag, $\delta = 0,1$, die höchsten Einkünfte pro Beschäftigten erreicht: $e_f = 0,45$. Diese sinken auf 0,267, d.h. um 40,5 Prozent, wenn der Überstundenzuschlag auf 100 Prozent erhöht wird, $\delta = 1$. Das Beschäftigungsniveau steigt dabei von einem Minimum von 7,5 auf 17 Personen.[157]

Wie in Abschnitt 7.5 dargestellt, führt eine Senkung der gesetzlich maximal zulässigen Stundenanzahl nur dann zu Beschäftigungseffekten, wenn die neue Stundenobergrenze unter 11,4 Stunden pro Tag liegt ($1/T < 0,48$). Eine Reduktion der maximal zulässigen Arbeitszeit von zehn ($1/T = 0,417$) auf acht Stunden ($1/T = 0,333$) würde im starren Modell zu einer zwölfprozentigen Verringerung der Einkünfte pro Beschäftigten auf 0,302 führen. Der resultierende Beschäftigungszuwachs beträgt 14,6 Arbeitnehmer. Für ein gesetzliches Maximum von acht Stunden ergibt sich aus der Simulation eine Beschäftigtenzahl von 37,5. Die Summe der Einkommen aller Beschäftigten erhöht sich deshalb trotz verringerter individueller Arbeitsentgelte um 44,6 Prozent (von 7,848 auf 11,345).

7.8 Effekte auf Unternehmensprofit und Nutzenzuwachs der Gewerkschaft

Im folgenden wird untersucht, was die besprochenen Beschäftigungs-, Arbeitszeit- und Kosteneffekte letztlich für den Nutzenzuwachs der Gewerkschaft sowie für den Gewinn der Unternehmung bedeuten.

Wie gerade gezeigt wurde, steigt im starren Simulationsfall die Summe der Einkommen aller Beschäftigten bei einer Reduktion der gesetzlichen Stundenobergrenze von zehn auf acht Stunden – und zwar trotz niedrigerer Einkünfte pro Beschäftigten, weil nun mehr Personen beschäftigt werden. Dementsprechend erhöht sich der Nutzenzuwachs der Gewerkschaft: von 2,742 auf 5,813 (Abbildung 7.22).

---

[157] Siehe Abbildung 7.20, Abbildung 7.21.

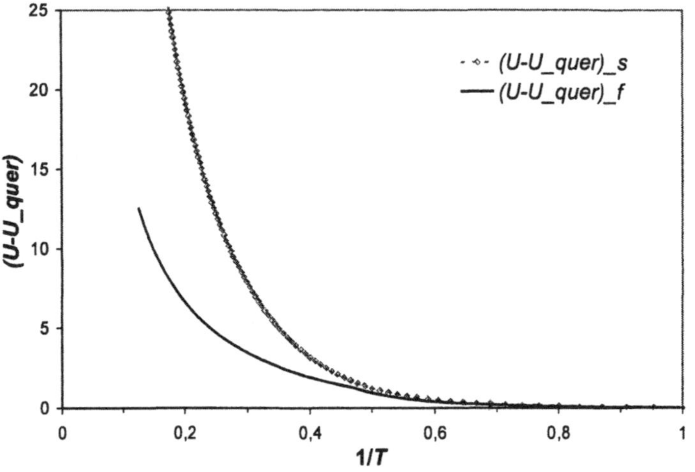

Abbildung 7.22 Wirkung der gesetzlichen Stundengrenze auf den gewerkschaftlichen Nutzenzuwachs

Aufgrund der Beschäftigungszunahme[158] steigen zudem die Produktion sowie der Gewinn der Unternehmung. In der Modellsimulation wachsen die Profite um 1,184 auf 3,633.
Trotz abnehmender Arbeitszeiten verursachen auch verringerte Personalfixkosten aufgrund des erhöhten Beschäftigungseinsatzes Produktionssteigerungen.[159] Im zuvor gewählten Beispiel einer Reduktion von 0,2 auf 0,04 steigt der Output (im starren Fall) von 1,89 auf 8,15. In weiterer Folge nimmt der Unternehmensprofit zu. Bei $\phi = 0{,}2$ entsteht ein Gewinn von 0,38, bei $\phi = 0{,}04$ ist $\pi = 1{,}63$ (Abbildung 7.23).

Zwar reduzieren niedrige Personalfixkosten die Arbeitseinkünfte bzw. variablen Kosten pro Beschäftigten, wegen des Beschäftigungsanstiegs nimmt jedoch die Summe der Einkommen aller Beschäftigten zu.[160]
Der Nutzenzuwachs der Gewerkschaft steigt somit von etwa 0,265 auf 1,302 im starren Beispiel (Abbildung 7.24).[161]

---

[158] Siehe Abbildung 7.21.
[159] Zu von ϕ unabhängigen Arbeitszeiten $b = 1$ kommt es erst bei höheren Fixkosten außerhalb des Bereichs plausibler ϕ-Werte, siehe Abbildung 7.3.
[160] Außer bei inneren Lösungen im flexiblen Fall; in diesem Intervall nimmt die Einkommenssumme aller Beschäftigten – kaum merklich – ab, wenn die Fixkosten verringert werden.
[161] Im Bereich innerer Lösungen im flexiblen System (welcher in der Modellsimulation jedoch unrealistisch hohen Fixkosten entspricht) würden sinkende Fixkosten nur zunächst zu höheren

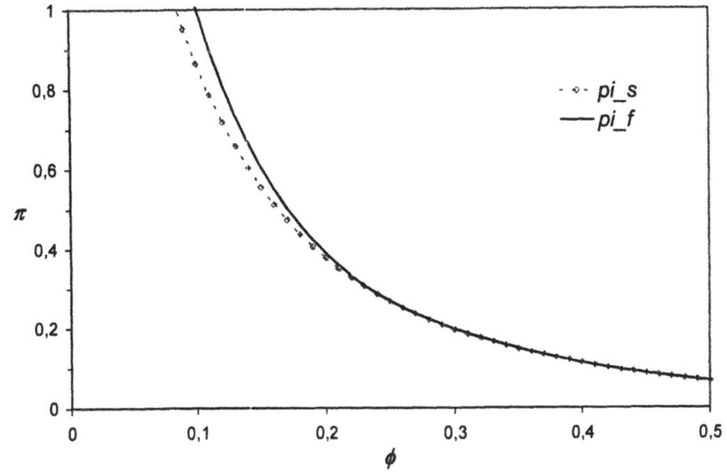

Abbildung 7.23 Wirkung der Personalfixkosten auf den Unternehmensprofit

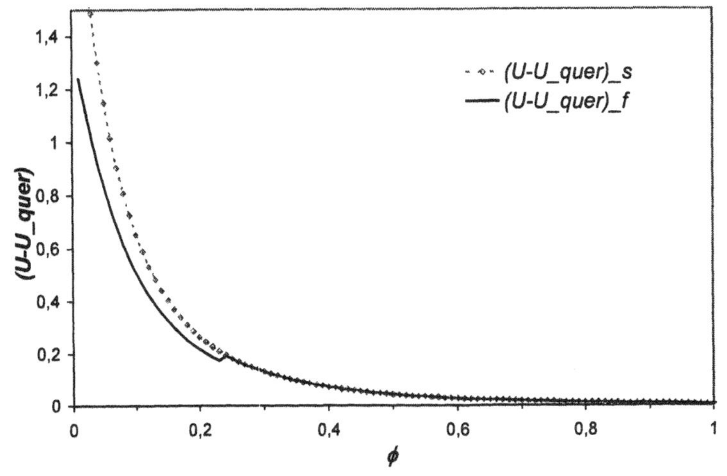

Abbildung 7.24 Wirkung der Personalfixkosten auf den gewerkschaftlichen Nutzenzuwachs

Nutzenzuwächsen für die Gewerkschaft führen. Liegen Arbeitszeit und Beschäftigungseinkommen im flexiblen Fall unter den Niveaus im starren System, so vermindert sich der gewerkschaftliche Nutzenzuwachs bei Fixkostenreduktionen im inneren Lösungsintervall.

Da ein niedrigerer Reservationslohn zu höheren Faktoreinsatzmengen führt (siehe Abbildung 7.9 und Abbildung 7.11), nimmt auch die Produktion des Unternehmens zu, wenn es zu Kürzungen des Alternativeinkommens kommt. Bei einem Alternativeinkommen von 0,05 werden 105 Outputeinheiten hergestellt, bei 0,15 hingegen lediglich fünf. Die Produktionskosten steigen zwar ebenfalls – denn auch die Summe der variablen Personalkosten für alle Beschäftigten $N\,e$ nimmt zu – aber in geringerem Ausmaß als der Unternehmensertrag. Deshalb erhöht sich der Profit (von etwa eins bei $\bar{y} = 0{,}15$ auf 21, wenn $\bar{y} = 0{,}05$; Abbildung 7.25). Wie der Beschäftigungszuwachs fallen auch die – theoretisch möglichen – Auswirkungen verringerter Alternativeinkommen deutlicher aus als die Effekte reduzierter Personalfixkosten. Im Bereich realistischer Parameterwerte für die Arbeitslosenunterstützung resultieren dagegen nur moderate Zunahmen.

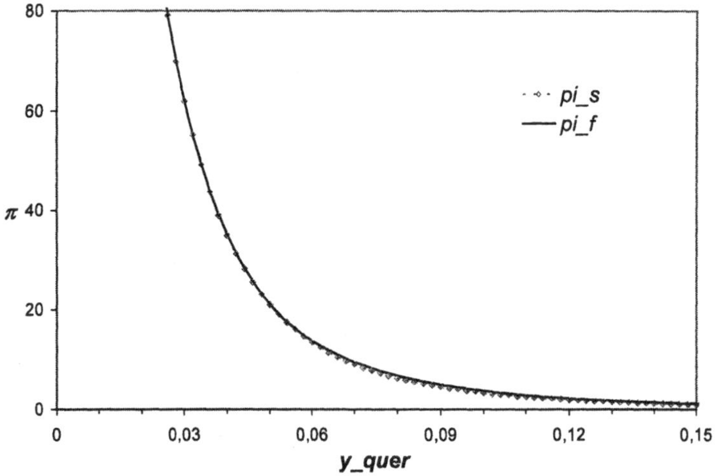

Abbildung 7.25 Wirkung des Alternativeinkommens auf den Unternehmensprofit

Aufgrund der Zunahme der Einkommenssumme aller Beschäftigten steigt auch der Nutzenzuwachs der Gewerkschaft (Abbildung 7.26). Niedrigere Alternativeinkommen bewirken nur auf individueller Ebene ein Absinken der Arbeitseinkünfte.[162] Durch die Beschäftigungszuwächse kommt es jedoch zu höheren Einkommen in Summe für alle Beschäftigten. Ein niedriger Reservationslohn

[162] Nicht jedoch bei inneren Lösungen im flexiblen Fall; aufgrund der längeren Arbeitszeiten führen hier sinkende Arbeitslosenunterstützungen trotz sinkender Löhne zu steigenden Entgelten pro Beschäftigten.

$\bar{y} = 0{,}05$ hat im starren Modellbeispiel einen gewerkschaftlichen Nutzenzuwachs von 14,289 zur Folge, bei einer Arbeitslosenunterstützung in Höhe von 0,15 entspricht der Nutzenzuwachs der Gewerkschaft 0,765. Nur sehr geringe Alternativeinkommen führen – aufgrund der äußerst hohen Beschäftigungszahlen – zu deutlich besseren Nutzensituationen für die Gewerkschaft als niedrige Fixkosten.

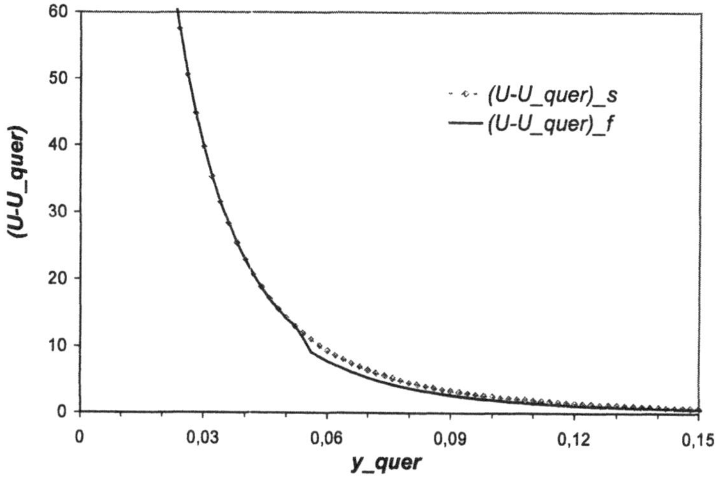

Abbildung 7.26 Wirkung des Alternativeinkommens auf den gewerkschaftlichen Nutzenzuwachs

Dieses auf den ersten Blick überraschende Ergebnis ist durch die Gewichtung der Beschäftigung in der utilitaristischen Zielfunktion der Gewerkschaft bedingt. Wie in Abschnitt 4.3 dargestellt, strebt die Gewerkschaft danach, die Summe der individuellen Nutzen ihrer Mitglieder – sowohl der beschäftigten als auch der beschäftigungslosen – zu maximieren. Aufgrund der Annahme einer utilitaristischen Zielfunktion nimmt das Beschäftigungsniveau stark positiven Einfluss auf den Gewerkschaftsnutzen, und zwar insbesondere dann, wenn das Alternativeinkommen bei Beschäftigungslosigkeit sehr gering ist. In der Realität ist ein derart hohes Gewicht der Beschäftigtenanzahl in der Zielfunktion der Gewerkschaft vermutlich nicht gegeben. Das analysierte Modell abstrahiert von jeglichen Insider-Outsider-Konflikten. Zudem finden auch soziale Zumutbarkeitsgrenzen, wie Existenzminima bzw. deutlich darüber liegende sozialverträgliche Niveaus, im Modell keine Berücksichtigung. Im Fall einer Reduktion der Alternativeinkommen sinkt der Tariflohn, und die Arbeitszeit sowie die Beschäftigung nehmen zu. Somit führt die Modellsimulation zu Ergebnissen, die keinen Widerstand gegen Kürzungen von Lohnersatzleistungen erwarten ließen. Denn die verringerten Alternativeinkommen würden sowohl zu höheren Profiten als auch zu höheren Nutzenzuwächsen für die Gewerkschaft führen.

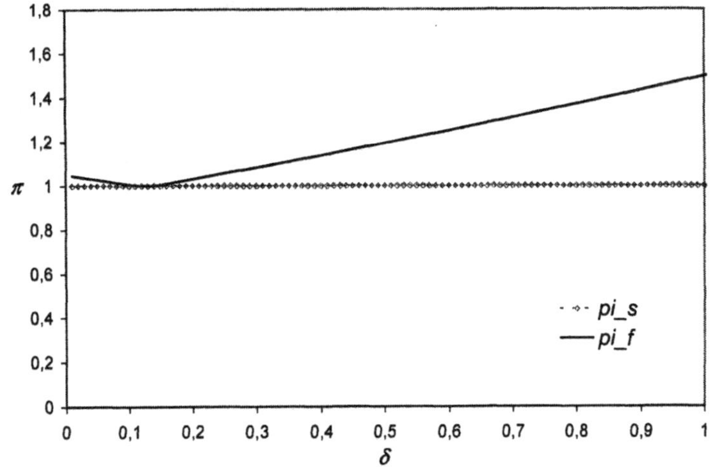

Abbildung 7.27 Wirkung des Überstundenzuschlags auf den Unternehmensprofit

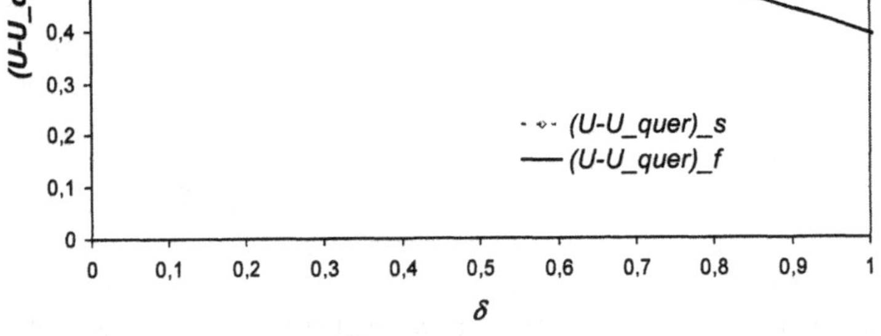

Abbildung 7.28 Wirkung des Überstundenzuschlags auf den gewerkschaftlichen Nutzenzuwachs

Die Effekte auf Unternehmensgewinn (Abbildung 7.27) und Nutzenzuwachs der Gewerkschaft (Abbildung 7.28), die aus Veränderungen der Überstundenzuschläge folgen, verdeutlichen noch einmal, dass die Auswirkungen von δ auf Beschäftigung und Kostensituation nur durch die inkorrekten Annahmen der Gewerkschaft verursacht werden. Je höher der Überstundenzuschlag umso stärker verschlechtert sich die gewerkschaftliche Nutzensituation aufgrund inkorrekter Vorwegnahmen der Arbeitsdauer im flexiblen System. Die Unternehmensprofite nehmen dagegen zu. Während es im starren System und bei korrekter Vorwegnahme zu keinen Effekten auf Profit und Nutzenzuwachs käme, bewirken Asymmetrien im flexiblen Fall Veränderungen zu Gunsten der Unternehmung und auf Kosten der Gewerkschaft. Bei $\delta = 0{,}125$ entspricht die angenommene Arbeitszeit im flexiblen System der tatsächlichen (vgl. Abschnitt 7.4), danach ziehen Erhöhungen des Überstundenzuschlages Produktions- und Profitsteigerungen nach sich. Ursache dafür sind die Beschäftigungszuwächse.

Im Gegensatz zum Unternehmensgewinn sinkt der Nutzenzuwachs der Gewerkschaft im flexiblen Beispiel, wenn höhere Überstundenzuschläge als 0,125 festgesetzt werden. Da die Gewerkschaft in ihrem Optimierungskalkül nicht von der korrekten Arbeitszeitnachfrage der Unternehmung ausgeht, kommt es zu sinkenden Löhnen und in weiterer Folge zu abnehmenden Einkünften pro Beschäftigten. Der individuelle Nutzen eines Arbeitnehmers aus einer Beschäftigung verringert sich, der Alternativnutzen bei Beschäftigungslosigkeit bleibt dagegen konstant. Die Beschäftigungszuwächse (die aufgrund der reduzierten Kosten pro Beschäftigten zustande kommen) reichen nicht aus, um die Verminderung des individuellen Nutzenvorteils bei Beschäftigung auszugleichen.

8 Zusammenfassung der Modellergebnisse

Ziel der durchgeführten Modellanalyse war zum einen, eine Antwort darauf zu finden, wie die Beschäftigung und die Arbeitsdauer in flexiblen und starren Arbeitszeitsystemen voneinander abweichen. Dazu wurde das einfachste flexible Arbeitszeitsystem – die Überstundenarbeit – in ein Right-to-Manage-Modell, in dem die Gewerkschaft außer dem Lohnsatz auch den tariflichen Arbeitszeitstandard festsetzt, integriert. Demgegenüber stand das starre Modell, in dem die Unternehmung die tarifliche Arbeitszeit nicht überschreiten darf und nur die Zahl der Beschäftigten bestimmen kann.
Zum anderen wurden die komparativ statischen Effekte exogener Parametervariationen untersucht. Das Interesse galt auch hier insbesondere den Folgen für die Beschäftigungs- und die Arbeitszeitnachfrage, wenn Rahmenbedingungen wie die Personalfixkosten, das Alternativeinkommen bei Arbeitslosigkeit oder der Überstundenzuschlag verändert werden.

8.1 Arbeitsdauer und Beschäftigungsniveau bei starren und flexiblen Arbeitszeiten

Asymmetrisches Modell

Sowohl die analytischen Modellergebnisse (Kapitel 6) als auch die numerischen Simulationen (Kapitel 7) zeigen, dass das Beschäftigungsniveau bzw. die Arbeitszeit im flexiblen asymmetrischen Modell höher, geringer oder gleich den entsprechenden Niveaus im starren Arbeitszeitmodell sein können.

Im Bereich realistischer Parameterwerte (produzierendes Gewerbe in Deutschland) führen die numerischen Simulationen des flexiblen asymmetrischen Modells zu unteren Randlösungen: Die Arbeitszeitnachfrage entspricht dem tariflichen Arbeitszeitstandard ($b_f = h_f < h_s$). Das Beschäftigungsniveau ist höher als im starren Fall. Anders als von der Gewerkschaft erwartet, nimmt das Unternehmen ***keine Überstunden*** in Anspruch, und das tatsächliche Arbeitsentgelt beträgt weniger als das von der Gewerkschaft angestrebte Einkommen. Die Personalkosten pro Beschäftigten liegen somit ***unter*** den Kosten im starren Arbeitszeitsystem, mit dem Resultat, dass ***mehr*** Arbeitnehmer zu kürzeren Arbeitszeiten beschäftigt werden.
Dass unter plausiblen Bedingungen keine Überstundenlösungen aus den Modellsimulationen resultieren, mag mit den Parameterannahmen aufgrund der Datensi-

tuation im produzierenden Gewerbe in Zusammenhang stehen. Zudem ist davon auszugehen, dass bei einer Betrachtung neuerer flexibler Arbeitszeitmodelle noch häufiger untere Randlösungsfälle eintreten würden. Denn diese tragen durch die flexible Verteilung der vereinbarten Regelarbeitszeit zur Vermeidung zuschlagspflichtiger Überstunden bei.

Die numerischen Simulationsergebnisse machen deutlich, dass die Beschäftigungs- bzw. Arbeitszeitnachfragen im flexiblen Arbeitszeitsystem dann von den Niveaus im starren System abweichen, wenn die Gewerkschaft die Stundennachfrage der Unternehmung nicht korrekt vorwegnimmt. Denn dann kommt das Charakteristikum eines flexiblen Arbeitszeitsystems zum Tragen, dass die Unternehmen ihre Stundennachfrage an die herrschenden Gütermarktbedingungen anpassen können. Im asymmetrischen Modell, in welchem die Gewerkschaft die Arbeitszeitnachfrage nicht perfekt vorhersieht, sondern von einer konstanten Relation zwischen tariflicher Arbeitszeit und Überstunden ausgeht, findet der wesentliche Aspekt, dass die Stundenreaktion des Unternehmens auf unvorhergesehene Schwankungen der Produktions- bzw. Marktbedingungen eben grundsätzlich nicht exakt vorhersehbar ist, Berücksichtigung. Bei inkorrekten Arbeitszeitannahmen vereinbart die Gewerkschaft tarifliche Arbeitszeiten und Lohnsätze, die in Verbindung mit den tatsächlichen Faktornachfragen der Unternehmung zu ***suboptimalen gewerkschaftlichen Nutzenniveaus*** führen. Die Unternehmensprofite liegen daher über den Gewinnen im starren Fall.
Eine Übereinstimmung zwischen starrem und flexiblem Arbeitszeitsystem tritt im asymmetrischen Modell nur für jene Parameterwerte auf, bei welchen die von der Gewerkschaft unterstellte Arbeitszeitnachfrage mit der tatsächlichen übereinstimmt ($b_f = x_f\, h_f = h_s = b_s$). In den Simulationsdiagrammen sind dies die Schnittpunkte bzw. die gemeinsamen Randlösungsbereiche.

Symmetrisches Modell

Das Modell mit flexiblen Arbeitszeiten und korrekter Vorwegnahme führte aufgrund seiner mathematischen Komplexität zu keinen analytischen Lösungen.
Aus den Ergebnissen der numerischen Simulationen für das asymmetrische Modell folgt jedoch, dass sich im flexiblen Arbeitszeitsystem mit Überstunden die gleichen Niveaus von Gewerkschaftsnutzen, Profit, Beschäftigungseinkommen, tatsächlicher Arbeitsdauer und Beschäftigung ergeben wie im starren System ohne Überstunden, wenn die Gewerkschaft in der Lage ist, die tatsächlichen Nachfragewerte in ihr Optimierungskalkül einzubeziehen. Da in die Nutzenfunktion der Gewerkschaft das Einkommen pro Beschäftigten (unabhängig von seiner Quelle), die tatsächliche Arbeitszeit (unabhängig davon, ob in Form von Standardstunden

oder Überstunden) und die Beschäftigtenzahl linear eingehen, ändert sich bei perfekter Voraussicht die gewerkschaftliche Nutzensituation nicht, wenn starre Arbeitszeiten durch flexible Arbeitszeiten ersetzt werden, weil unter diesen Voraussetzungen die Gewerkschaft ihre *h*-*w*-Entscheidung entsprechend anpassen wird. Das Charakteristikum flexibler Arbeitszeitsysteme, die es den Unternehmen ermöglichen, die Stundennachfrage an – unvorhergesehene – Ereignisse anzupassen, verliert in einem Modellrahmen mit perfekter Voraussicht die Bedeutung.
Für die komparativ statischen Effekte auf Arbeitszeitstandard und Lohnhöhe bedeutet dies: Bei Parametervariationen werden *h* und *w* derart angepasst, dass dieselbe Auswirkung auf den gewerkschaftlichen Nutzenzuwachs resultiert wie in einem starren System, das keine Überstunden zulässt. Trotz bzw. wegen der unterschiedlichen Effekte auf Lohnsatz und Arbeitszeitstandard haben Veränderungen exogener Parameter die gleiche Wirkung auf Beschäftigung, Arbeitsdauer, Entgelt, gewerkschaftlichen Nutzen und Unternehmensgewinn wie unter starren Bedingungen.

8.2 Komparativ statische Effekte

Die Untersuchung der komparativ statischen Effekte führte zu einer Reihe von Bedingungen, die entscheidend dafür sind, in welche Richtung sich Tariflohn und Arbeitszeitstandard sowie Beschäftigung und tatsächliche Arbeitsdauer verändern, wenn exogene Parameter variiert werden. Es wurde gezeigt, dass Modelllösungen, die unter plausiblen Parameterannahmen zustande kommen, durch das Zutreffen der Ungleichung (6.1.20) charakterisiert sind. In diesen realistischen Lösungsfällen erhöhen sich Tariflohn $\left(w_\phi > 0\right)$ und Arbeitszeitstandard $\left(h_\phi > 0\right)$, wenn die Personalfixkosten ϕ zunehmen.

Variation der Personalfixkosten

Im flexiblen Modell mit Asymmetrie steigt die Arbeitszeit und nimmt die Beschäftigung ab, wenn[163]

- Stundenstandard (und Lohnsatz) nicht zu elastisch auf Fixkostenvariationen reagieren und
- die zusätzlichen Kosten einer Überstunde (δw) im Vergleich zu den Fixkosten pro Tarifstunde (ϕ / h) nicht allzu hoch sind.

[163] Siehe Bedingung (6.1.22) für $b_\phi > 0$ und Bedingung (6.1.28) für $N_\phi < 0$.

Bei starren Arbeitszeiten nimmt die Stundenanzahl auf jeden Fall zu $\left(b_{\phi} > 0\right)$, wenn die Fixkosten steigen, da $b = h$. Die Beschäftigung sinkt $\left(N_{\phi} < 0\right)$, wenn[164]

- die Elastizität des Outputs bezüglich der Arbeitszeit sowie die Elastizität der Arbeitszeit bezüglich der Fixkosten relativ gering sind,
- der Lohnsatz relativ elastisch auf Fixkostenvariationen reagiert und
- die gesamten Personalkosten pro Stunde und Beschäftigten ($w + \phi/h$) im Vergleich zu den variablen Lohnkosten (w) nicht zu hoch sind.

Die numerischen Simulationen resultieren sowohl im starren als auch im flexiblen Fall in steigenden Löhnen, tariflichen und tatsächlichen Arbeitszeiten, wenn die Personalfixkosten zunehmen. Die Beschäftigung nimmt ab: Da höhere Personalfixkosten ceteris paribus zunächst eine verringerte Beschäftigungsnachfrage bedeuten, strebt die Gewerkschaft eine Erhöhung des erwarteten Einkommens bzw. des individuellen Nutzens an, um Reduktionen des Gewerkschaftsnutzens zu kompensieren. Tariflohn und Arbeitszeitstandard werden zu diesem Zweck angehoben.
Die veränderten tariflichen Arbeitszeit- und Lohnvorgaben führen im starren wie im flexiblen Simulationsmodell zu höheren Kosten pro Beschäftigten – daher sinkt die Zahl der Beschäftigten, während die zu leistende Arbeitszeit zunimmt.

Variation des Alternativeinkommens

Wenn sich das Alternativeinkommen der Arbeitnehmer im Falle der Beschäftigungslosigkeit verringert, dann wird die tarifliche Arbeitszeit angehoben: $h_{\bar{y}} < 0$.

Dagegen lassen die komparativ statischen Ergebnisse – auch wenn vom wahrscheinlichen Fall (6.1.20) ausgegangen wird – sowohl positive als auch negative Lohnreaktionen zu. Die tatsächliche Arbeitszeitnachfrage des Unternehmens wird im flexiblen Modell mit Asymmetrie bei sinkendem Reservationslohn dann zunehmen $\left(b_{\bar{y}} < 0\right)$, wenn[165]

- die Elastizität des Tariflohnes bezüglich des Alternativeinkommens relativ hoch und positiv ist,
- der Stundenstandard nicht zu elastisch auf veränderte Alternativeinkommensniveaus reagiert und
- die zusätzlichen Kosten einer Überstunde im Vergleich zu den Fixkosten pro Tarifstunde nicht zu hoch ausfallen.

---

[164] Siehe Bedingung (6.2.3).
[165] Siehe Bedingung (6.1.24).

Die Beschäftigung wird bei Kürzungen der Arbeitslosenunterstützung jedenfalls dann steigen $\left(N_{\bar{y}} < 0\right)$, wenn[166]

- die Elastizität des Lohnsatzes bezüglich des Alternativeinkommens positiv und
- das Verhältnis der zusätzlichen Kosten einer Überstunde zu den Fixkosten pro Tarifstunde geringer ist als $\alpha \beta$, die Elastizität des Outputs bezüglich der Arbeitszeit.

Im starren System gilt $b_{\bar{y}} = h_{\bar{y}} < 0$. Zudem ist $N_{\bar{y}} < 0$, wenn die hinreichende Bedingung erfüllt ist, dass

- sich Lohn und Alternativeinkommen in gleicher Richtung verändern $\left(w_{\bar{y}} > 0\right)$ und
- das Verhältnis der variablen Lohnkosten zu den Gesamtkosten pro Stunde und Beschäftigten geringer als die Elastizität des Outputs bezüglich der Arbeitszeit ist (vgl. Tabelle 6.3).

Aus den numerischen Simulationsbeispielen resultieren $w_{\bar{y}} > 0$, $h_{\bar{y}} < 0$, $b_{\bar{y}} < 0$, $N_{\bar{y}} < 0$ für starre ebenso wie für flexible Arbeitszeitregelungen: Höhere Alternativeinkommen würden eine Verbesserung der Fall-back-Position der Gewerkschaft bedeuten, die individuelle Nutzeneinbuße, die einem Arbeitnehmer im Falle von Arbeitslosigkeit droht, verringert sich. Somit vermindert sich auch der negative Effekt von Lohnerhöhungen. Die Gewerkschaft kann das Lohnniveau stärker anheben als bei einer Fixkostensteigerung, die zunächst zu einer Abnahme der Beschäftigtenzahl verursachen würde. Bei gleichzeitiger Zunahme des angestrebten Beschäftigungseinkommens setzt die Gewerkschaft einen niedrigeren Arbeitszeitstandard fest, sodass auch die erwartete Freizeit zunimmt. Tatsächliche Arbeitsdauer und Beschäftigung sinken.

Variation des Überstundenzuschlags

Veränderungen des Überstundenzuschlags δ wirken sich natürlich nur in flexiblen Arbeitszeitsystemen aus, die dem Unternehmen die Inanspruchnahme von Überstunden gestatten. Im starren Regime ohne Überstunden gilt $w_\delta, h_\delta, b_\delta, N_\delta = 0$.

Da die Gewerkschaft im flexiblen Fall mit Asymmetrie von einem festen Überstundenverhältnis ausgeht, gilt $h_\delta = 0$. Ein – negativer – Effekt auf die Lohnhöhe

166 Siehe Bedingung (6.1.30).

ist hingegen aufgrund der Stundenkomponente X des erwarteten Beschäftigungseinkommens gegeben. Denn bei einem höheren Überstundenzuschlag ist ein geringerer Lohnsatz erforderlich, um den maximalen gewerkschaftlichen Nutzen zu erzielen. Arbeitszeitnachfrage und Überstundenzuschlag werden sich dann in entgegengesetzter Richtung verändern ($b_\delta < 0$), wenn[167]

- die Fixkosten pro Tarifstunde im Vergleich zu den Gesamtkosten pro Tarifstunde gering sind,
- die gesamten Kosten einer Überstunde $w\ (1+\delta)$ im Verhältnis zu den zusätzlichen Kosten einer Überstunden (δw) nicht zu hoch sind,
- die Elastizität des Lohnes bezüglich Veränderungen des Überstundenzuschlages vergleichsweise niedrig ist.

Ein Ansteigen der Überstundenzuschläge bewirkt auf jeden Fall Beschäftigungszunahmen, wenn die Elastizität des Lohnes zwischen – 1 und – $\delta/(1+\delta)$ liegt (hinreichende Bedingung 6.1.32).

In der numerischen Simulation führen steigende Überstundenzuschläge im Bereich innerer Lösungen erwartungsgemäß zu reduzierten Arbeitszeiten. Die Beschäftigungseinkommen nehmen ab, und es kommt zu Beschäftigungszuwächsen. Diese Beschäftigungseffekte sind auf die inkorrekte Vorwegnahme der Arbeitsdauer zurückzuführen. Im Hinblick auf die tatsächlichen Faktornachfragemengen stellen der tariflich festgesetzte Lohnsatz und Arbeitszeitstandard suboptimale Niveaus für die Gewerkschaft dar. Je höher der Überstundenzuschlag, umso mehr verschlechtert sich die gewerkschaftliche Nutzensituation. Beschäftigung und Unternehmensprofit nehmen dagegen zu. Im flexiblen Simulationsmodell wächst die Beschäftigung von N = 7,5 auf 17 Arbeitskräfte, wenn der Überstundenzuschlag von zehn auf hundert Prozent erhöht wird. Die Beschäftigungszunahmen reichen nicht aus, um die Verminderung der Arbeitseinkünfte und somit des individuellen Nutzenvorteils bei Beschäftigung auszugleichen.

Beschäftigungseffekte im Vergleich

Die Gegenüberstellung der komparativ statischen Effekte in den numerischen Modellsimulationen zeigt, dass die deutlichsten Beschäftigungszuwächse durch Kürzungen des Alternativeinkommens zustande kommen. Besonders ausgeprägt ist dies im Bereich sehr geringer Alternativeinkommensniveaus, die selbst die niedrigsten Lohnersatzraten im OECD-Vergleich unterschreiten würden. Eine

---

[167] Siehe Bedingung (6.1.26).

Verringerung der Lohnersatzraten von etwa 33 auf 23 Prozent führt in der Simulation des starren Modells beispielsweise zu einem Beschäftigungsanstieg von 352 auf 5003 Mitarbeiter. Doch auch bei realistischen Parameterwerten resultieren beträchtliche Zunahmen. Bei einer Kürzung des Alternativeinkommens von 42 auf 40 Prozent des Beschäftigungseinkommens nimmt die Beschäftigung von einem auf neun Arbeitnehmer zu. Im flexiblen Simulationsmodell verursacht eine Reduktion der Lohnersatzquote von 55 auf 52 Prozent eine Beschäftigungszunahme von 1,8 auf 12,8 Mitarbeiter.
Das etwas überraschende Ergebnis, dass stark gekürzte Lohnersatzleistungen zu deutlichen Nutzenverbesserungen für die Gewerkschaft führen, kommt deshalb zustande, weil das analysierte Modell Insider-Outsider-Konflikte sowie soziale Unverträglichkeitsschranken unberücksichtigt lässt. Aufgrund der unterstellten gewerkschaftlichen Zielfunktion hat das Beschäftigungsniveau einen starken positiven Einfluss auf den Gewerkschaftsnutzen. Im Fall einer Reduktion der Alternativeinkommen sinkt der Tariflohn, und die Arbeitszeit sowie die Beschäftigung nehmen zu. Da sowohl die Profite als auch die gewerkschaftlichen Nutzenzuwächse ansteigen, wäre aufgrund der Modellsimulation kein Widerstand gegen Kürzungen von Lohnersatzleistungen zu erwarten. Wie die aktuelle Diskussion um die Umsetzung der Vorschläge der Hartz-Kommission zeigt, ist dies in der Praxis nicht der Fall. Die Gewerkschaften stehen den Plänen, Lohnersatzleistungen zu kürzen, sehr skeptisch und ablehnend gegenüber.

Auch Fixkostenreduktionen verursachen steigende gewerkschaftliche Nutzenzuwächse, Unternehmensprofite und Beschäftigungsniveaus. Eine Verringerung der Personalfixkosten von 46 auf 11,5 Prozent des Nettoentgelts pro Beschäftigten würde im starren Modellbeispiel zu einer Beschäftigungszunahme von 2,4 auf 17 Arbeitnehmer führen. Im flexiblen Modell führt eine Senkung der Fixkostenanteile von 45 auf 10 Prozent zu einem Beschäftigungsanstieg von 6 auf 28 Mitarbeiter.

Auch bei einer Senkung der gesetzlich maximal zulässigen Arbeitszeit von zehn auf acht Stunden täglich würde in der Modellsimulation das Beschäftigungsniveau ansteigen, und zwar um 14,6 Arbeitnehmer auf 37,5 im starren Fall. Die gesetzlich festgelegte Stundenrestriktion bindet im Simulationsbeispiel erst dann, wenn sie weniger als 11,4 Stunden pro Tag beträgt. Höhere Obergrenzen haben keinerlei Auswirkungen, da die Gewerkschaft dann damit rechnet, dass die zu leistende Arbeitszeit ohnehin unter der maximal zulässigen Stundenanzahl liegt. Die Beschäftigungszunahme in den Randlösungsfällen, wenn die gesetzliche Beschränkung tatsächlich bindet, entspricht dem positiven Beschäftigungseffekt einer Arbeitszeitverkürzung „ohne vollen Lohnausgleich“. Da sowohl die Beschäftigungszuwächse als auch die Freizeitzunahmen zu einer Verbesserung der gewerkschaftlichen Nutzensituation beitragen, besteht die Gewerkschaft im Modell nicht auf vollen Lohnausgleich. Die Beschäftigungseinkommen nehmen ab.

Abschließend sei noch einmal auf den Stellenwert der soeben dargestellten Resultate hingewiesen. Die numerisch simulierten Beschäftigungseffekte dienen einer beispielhaften Illustration der analytisch hergeleiteten Modellergebnisse. Aufgrund des partialanalytischen Modellcharakters sowie aufgrund der zwar plausiblen aber sehr spezifischen Parameterannahmen sind die Simulationsergebnisse nicht ohne weiteres auf konkrete beschäftigungspolitische Handlungsoptionen übertragbar.

9 Anhang

9.1 Wirtschaftswachstum und Beschäftigungsfluktuationen

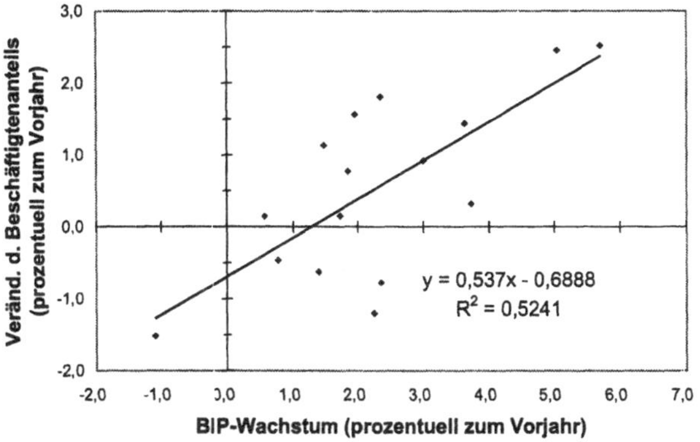

Abbildung 9.1 Korrelation zwischen den jährlichen Veränderungsraten von realem BIP und Beschäftigtenanteil (an der Bevölkerung im Alter von 15 bis 64), Deutschland 1986 – 2001; Quelle: OECD (2002a, 2002d), eigene Berechnungen.

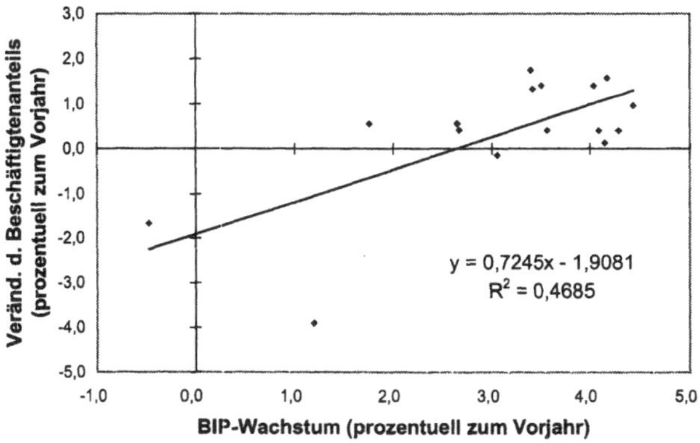

Abbildung 9.2 Korrelation zwischen den jährlichen Veränderungsraten von realem BIP und Beschäftigtenanteil (an der Bevölkerung im Alter von 15 bis 64), USA 1986 – 2001; Quelle: OECD (2002a, 2002d), eigene Berechnungen.

9.2 Überstundenmodell und neuere flexible Arbeitszeitsysteme

Wie schon in Abschnitt 3.3 hervorgehoben, wurde in der vorliegenden Arbeit der einfachste Fall flexibler Arbeitszeitsysteme analysiert: das traditionelle Überstundenmodell. Nun stellt sich die Frage, in welcher Weise der Right-to-Manage-Ansatz zu verändern ist, wenn anstelle des Überstundenmodells modernere Organisationsformen wie die KAPOVAZ oder die ungleichmäßige Verteilung der Arbeitszeit[168] betrachtet werden. Zur besseren Übersicht und Vergleichbarkeit werden zunächst noch einmal jene Gleichungen der vorangegangenen Abschnitte zusammengefasst, die den Right-to-Manage-Ansatz beim gewöhnlichen Überstundensystem charakterisierten.

9.2.1 Traditionelles Überstundenmodell

Es wurde angenommen, dass das Unternehmen für einen Gütermarkt mit vollkommener Konkurrenz produziert und seinen Output zum gegebenen Preis $p > 0$ verkauft. Die Produktionsfunktion ist von der Anzahl der Beschäftigten N und der Länge der Arbeitszeit (= Betriebszeit) b abhängig. Die Personalkosten stellen die einzigen Produktionskosten dar. Lässt das Unternehmen seine Beschäftigten länger als h, den zu verhandelnden Arbeitszeitstandard, arbeiten, so müssen diese Überstunden zu einem um den Zuschlag δ erhöhten Lohnsatz vergütet werden. Neben den stundenabhängigen Lohnkomponenten w und δ entstehen pro Mitarbeiter zusätzliche fixe Personalkosten ϕ.

$$\underset{N,b}{\text{Max}} \quad \pi = D - K_p = p\,f(N,b) - N\big(wb + \delta w(b-h) + \phi\big)$$
$$\text{s. t.} \quad h \leq b \leq 1 \qquad \text{vgl. (4.2.1)}^{169}$$

Das Unternehmen zielt darauf ab, seinen Gewinn – den Überschuss der Erträge D über die (Personal-)Kosten K_p – zu maximieren, und wählt im Anschluss an die Verhandlung über Lohnsatz und Arbeitszeitstandard die optimalen Faktoreinsatzmengen. Da die Arbeitsstunden b über dem tariflichen Standard h aber nicht über der gesetzlichen Obergrenze (= 1) liegen können, entspricht das Optimierungsproblem der Unternehmung einem nichtlinearen Programm. Die Lagrangefunktion Z lautet

[168] Siehe Kapitel 2 Formen der Arbeitszeitflexibilisierung (Abschnitt 2.2.2).

[169] In der Analyse der vorangehenden Abschnitte wurde $p = 1$ gesetzt.

$$Z = \pi - k(h-b) - l(b-1) \qquad \text{vgl. (4.2.2),}$$

und die Kuhn-Tucker-Bedingungen

$$\begin{array}{lll} N Z_N = 0 = N \pi_N & Z_N \leq 0 & N \geq 0 \\ b Z_b = 0 = b(\pi_b + k - l) & Z_b \leq 0 & b \geq 0 \\ k Z_k = 0 = k(b-h) & Z_k \geq 0 & k \geq 0 \\ l Z_l = 0 = l(1-b) & Z_l \geq 0 & l \geq 0 \end{array} \qquad \text{vgl. (4.2.3).}$$

Werden nur innere Lösungen betrachtet, können die Lagrangemultiplikatoren gleich null gesetzt werden: Da sie nicht ausgeschöpft sind, bleiben die Restriktionen für die Optimallösung unwesentlich. Zur Ermittlung der Faktornachfragefunktionen *N*(*w*,*h*), *b*(*w*,*h*) dienen die gewöhnlichen Marginalbedingungen

$$\pi_N = p\frac{\partial f(N,b)}{\partial N} - \left(wb + \delta w(b-h) + \phi\right) = 0 \qquad \text{vgl. (4.2.9),}$$

$$\pi_b = p\frac{\partial f(N,b)}{\partial b} - N(w + \delta w) = 0 \qquad \text{vgl. (4.2.10).}$$

Ziel der Gewerkschaft ist es, die Summe der individuellen Nutzen ihrer *M* Mitglieder zu maximieren. In ihren Präferenzordnungen sind sich die einzelnen Arbeitnehmer gleich, sodass für alle dieselbe neoklassische individuelle Nutzenfunktion *u* gilt:

$$u = u\left(\frac{y}{p}, T - b\right), \qquad y = wb + \delta w(b-h) \qquad \text{vgl. (4.3.1).}$$

Der Nutzenzuwachs für die Gewerkschaft aus einer Einigung mit dem Unternehmen entspricht

$$U - \overline{U} = N(u - \overline{u}), \qquad \overline{u} = u\left(\frac{\overline{y}}{p}, T\right) \qquad \text{vgl. (4.4.1).}$$

Denn ohne Verhandlungsergebnis würden nicht (*M-N*), sondern alle Gewerkschaftsmitglieder ohne Beschäftigung bleiben und den Reservationslohn erhalten. Scheitert die Verhandlung, resultieren für die Unternehmung Null-Gewinne, kommt eine Einigung zustande, entsteht ein positiver Unternehmensgewinn. Der Vorteil aus der Verhandlungslösung für das Unternehmen entspricht somit dem Gewinn π.

Die Verhandlung zwischen Unternehmen und Gewerkschaft über den Lohnsatz und den Arbeitszeitstandard wird als Optimierung eines asymmetrischen Nash-Produkts, d.h. des gewichteten geometrischen Mittels aus den Verhandlungsvorteilen der beiden Parteien, modelliert. Unternehmen und Gewerkschaft berücksichtigen in der Verhandlung, dass die Zahl der Beschäftigten und die tatsächlich zu leistenden Stunden anschließend von der gewinnmaximierenden Unternehmung bestimmt werden. Die Verhandlungslösung ergibt sich daher aus dem Optimierungsansatz

$$\max_{w,h} \quad \hat{J} = \hat{\pi}^{1-\gamma} (\hat{U} - \overline{U})^{\gamma} \qquad \text{s. t.} \quad h \leq \hat{b} \leq 1 \qquad \text{vgl. (5.2.5).}$$

mit $\hat{N} = N(w,h), \quad \hat{b} = b(w,h)$.

Die Parameter γ und $1\text{-}\gamma$ bezeichnen die Verhandlungsstärken der beiden Parteien. Zudem sind im asymmetrischen Nash-Produkt die von Lohnsatz und Arbeitszeitstandard abhängigen Faktornachfragefunktionen der Unternehmung enthalten, sodass

$$\hat{J} = \left\{ p\, f\left(\hat{N},\hat{b}\right) - \left(w\hat{b} + \delta\, w\left(\hat{b} - h\right) + \phi\right)\hat{N} \right\}^{1-\gamma} \left\{ \hat{N}\left[u\left(\frac{\hat{y}}{p}, T - \hat{b}\right) - u\left(\frac{\overline{y}}{p}, T\right) \right] \right\}^{\gamma}.$$

Interessieren nur innere Lösungsfälle, bleiben die Restriktionen auch hier ohne Bedeutung für das Verhandlungsoptimum. Es reicht somit aus, anstelle der vollständigen Kuhn-Tucker-Bedingungen die einfachen Bedingungen erster Ordnung anzuschreiben.

$$\begin{aligned}
\hat{J}_w = &\left\{ p\left(\frac{\partial f(\hat{N},\hat{b})}{\partial \hat{N}} \frac{\partial \hat{N}}{\partial w} + \frac{\partial f(\hat{N},\hat{b})}{\partial \hat{b}} \frac{\partial \hat{b}}{\partial w} \right) - \hat{N}\left(\hat{b} + w\frac{\partial \hat{b}}{\partial w}(1+\delta) + \delta\left(\hat{b} - h\right) \right) \right. \\
&\left. - \frac{\partial \hat{N}}{\partial w}\left(w\hat{b} + \delta\, w\left(\hat{b} - h\right) + \phi \right) \right\} (1-\gamma)\, \hat{\pi}^{-\gamma} (\hat{U} - \overline{U})^{\gamma} \\
&+ \hat{\pi}^{1-\gamma}\, \gamma\, (\hat{U} - \overline{U})^{\gamma-1} \left\{ \frac{\partial \hat{N}}{\partial w}(\hat{u} - \overline{u}) + \hat{N}\frac{\partial \hat{u}}{\partial w} \right\} = 0
\end{aligned}$$

$$\hat{J}_w = (1-\gamma)\frac{\partial\hat{\pi}}{\partial w}\hat{N}(\hat{u}-\bar{u}) + \hat{\pi}\gamma\frac{\partial(\hat{U}-\bar{U})}{\partial w} = 0 = (1-\gamma)\eta_w^{\hat{\pi}} + \gamma\,\eta_w^{(\hat{U}-\bar{U})}$$

$$= (1-\gamma)\eta_w^{\hat{\pi}} + \gamma\,\eta_w^{\hat{N}} + \gamma\,\eta_w^{(\hat{u}-\bar{u})} \qquad \text{vgl. (5.2.9)}$$

$$\hat{J}_h = \left\{ p\left(\frac{\partial f(\hat{N},\hat{b})}{\partial\hat{N}}\frac{\partial\hat{N}}{\partial h} + \frac{\partial f(\hat{N},\hat{b})}{\partial\hat{b}}\frac{\partial\hat{b}}{\partial h}\right) - \hat{N}\left(w\frac{\partial\hat{b}}{\partial h}(1+\delta) - \delta w\right)\right.$$

$$\left. - \frac{\partial\hat{N}}{\partial h}\left(w\hat{b} + \delta w\left(\hat{b}-h\right) + \phi\right)\right\}(1-\gamma)\hat{\pi}^{-\gamma}(\hat{U}-\bar{U})^{\gamma}$$

$$+ \hat{\pi}^{1-\gamma}\gamma(\hat{U}-\bar{U})^{\gamma-1}\left\{\frac{\partial\hat{N}}{\partial h}(\hat{u}-\bar{u}) + \hat{N}\frac{\partial\hat{u}}{\partial h}\right\} = 0$$

$$\hat{J}_h = (1-\gamma)\frac{\partial\hat{\pi}}{\partial h}\hat{N}(\hat{u}-\bar{u}) + \hat{\pi}\gamma\frac{\partial(\hat{U}-\bar{U})}{\partial h} = 0 = (1-\gamma)\eta_h^{\hat{\pi}} + \gamma\,\eta_h^{(\hat{U}-\bar{U})}$$

$$= (1-\gamma)\eta_h^{\hat{\pi}} + \gamma\,\eta_h^{\hat{N}} + \gamma\,\eta_h^{(\hat{u}-\bar{u})} \qquad \text{vgl. (5.2.10)}$$

Diesen Optimalitätsbedingungen entsprechend, muss die Summe der mit den Verhandlungsparametern gewichteten Lohn- bzw. Stundenelastizitäten von Unternehmensgewinn, Beschäftigung und individuellem Nutzenzuwachs null ergeben: Grenzkosten und Grenznutzen einer Veränderung des Lohnsatzes bzw. einer Veränderung des Arbeitszeitstandards müssen sich ausgleichen.

Im folgenden Abschnitt wird gezeigt, wie das Right-to-Manage-Modell erweitert werden muss, um die Verhandlungslösung im System der ungleichmäßigen Verteilung der Arbeitszeit herzuleiten.

9.2.2 Ungleichmäßige Verteilung der Arbeitszeit

Verhandlungsablauf und -inhalt – die Charakteristika für den Right-to-Manage-Ansatz – bleiben unverändert: Gewerkschaft und Unternehmung verhandeln zunächst über den Lohnsatz w sowie den Arbeitszeitstandard h. Dabei berücksichtigen sie bereits die Nachfragefunktionen des Unternehmens nach Stunden und Beschäftigten, denn danach wird die Unternehmung in Abhängigkeit vom Verhandlungsergebnis die Faktoreinsatzmengen bestimmen.

Um die Situation einer ungleichmäßigen Verteilung der Arbeitszeit im Right-to-Manage-Modell abbilden zu können, müssen mehr als lediglich eine Periode betrachtet werden. Hier soll nun gelten, dass der zwischen den Verhandlungsparteien abzuschließende Vertrag für zwei Perioden Gültigkeit hat. Innerhalb dieses Ausgleichszeitraums kann die Unternehmung zwar nicht die Zahl ihrer Beschäftigten N, dafür jedoch die Dauer der Betriebszeit b_i wie auch die Anzahl der eingesetzten Arbeitskräfte n_i variieren.[170]

$$\sum_{i=1}^{2} n_i\, b_i = 2\,N\,h \qquad \text{vgl. (2.2.6)}$$

Die tarifvertraglich vereinbarte Arbeitszeit h muss nur im Durchschnitt erreicht werden. Ansprüche auf Überstundenzuschläge entstehen erst dann, wenn das Arbeitszeitvolumen $2\,N\,h$ überschritten wird. Bis zu diesem Rahmen wird die Mehrarbeit in einer Periode einfach mit Zeitausgleich in der anderen Periode abgegolten. Der Unternehmung ist es somit möglich, auf Veränderungen der Nachfrage mit entsprechenden Anpassungen des Mitarbeitereinsatzes zu reagieren, (ohne dass in Phasen mit erhöhtem Arbeitsanfall sofort Mehrarbeitszuschläge zu bezahlen wären).

Die Möglichkeit von Nachfrageschwankungen wird in Form von Preisunsicherheiten in das Modell integriert. Dabei wird ein Ansatz gewählt, der in ähnlicher Form in Booths (1997) Modell zur Analyse der Konsequenzen von Abfertigungszahlungen oder im Modell dualer Arbeitsmärkte von Rebitzer und Taylor (1991) angewandt wurde. Das Unternehmen muss die Lohnhöhe und den Arbeitszeitstandard mit der Gewerkschaft aushandeln, bevor ihm die Outputpreise p_i der zwei Perioden bekannt werden. Der Absatzpreis in Periode i bestimmt sich gemäß einer bekannten Wahrscheinlichkeitsverteilung:

$$p_i = \begin{cases} p_H > p_L & \text{mit Wahrscheinlichkeit } P \\ p_L > 0 & \text{mit Wahrscheinlichkeit } (1-P) \end{cases}$$

Optimierungsziel der (risikoneutralen) Unternehmung ist es, den maximalen Gewinn im Gültigkeitszeitraum des ausgehandelten Tarifvertrages zu erreichen. Ihre Zielfunktion entspricht daher dem Erwartungswert der diskontierten Periodengewinne:

$$E(\pi) = \sum_{i=1}^{2} R^i\, E\left(D_i - \overline{K}_{pi}\right) - R^2\, E\left(K_{pü}\right) = \sum_{i=1}^{2} R^i \left[E(D_i) - \overline{K}_{pi}\right] - R^2\, E\left(K_{pü}\right) \qquad (9.2.1).$$

[170] Siehe Abschnitt 2.2.2.

Der Ertrag D_i einer Periode wird vom Absatzpreis sowie von der Zahl der eingesetzten Arbeitskräfte n_i und der Länge der Betriebszeit b_i bestimmt. In Hinsicht auf die Personalkosten, den einzigen Produktionskosten im Modell, werden folgende Annahmen getroffen: Das Übertragen unverbrauchter Arbeitsstunden über den aktuellen Ausgleichszeitraum (von zwei Perioden) hinaus ist nicht zulässig. Somit entstehen dem Unternehmen zwingend in jeder Periode Zahlungen in Höhe von $(w\ h + \phi)\ N$, wobei ϕ wieder die Personalfixkosten pro Beschäftigten bezeichnet. Außerdem werden in der zweiten Periode etwaige Überstunden ($K_{pü}$) abgegolten – und zwar zu einem um den Mehrarbeitszuschlag δ erhöhten Lohnsatz. Die Personalkosten erhöhen sich dementsprechend, wenn die Summe der Erwartungswerte des Arbeitseinsatzes über dem vereinbarten Arbeitszeitvolumen $2\,N\,h$ liegt.

$$E(\pi)=\sum_{i=1}^{2} R^i\left[E(p_i\, f(n_i,b_i))-N\left(w h+\phi\right)\right] \\ -R^2\left[\sum_{i=1}^{2} E(b_i\, n_i)-2\,h\,N\right](1+\delta)\,w \tag{9.2.2}$$

$$E(\pi)=\sum_{i=1}^{2} R^i\left[\sum_{H,L} P_j\, p_j\, f(n_{ij},b_{ij})-N\left(w h+\phi\right)\right] \\ -R^2\left[\sum_{i=1}^{2}\sum_{H,L} P_j\, b_{ij}\, n_{ij}-2\,h\,N\right](1+\delta)\,w \tag{9.2.3}$$

Im Anschluss an die Verhandlung mit der Gewerkschaft fixiert die Unternehmung ihre vom Lohnsatz und der tarifvertraglichen Arbeitszeit abhängigen Faktoreinsatzmengen. Während sie die Anzahl der Beschäftigten noch ohne Kenntnis der tatsächlichen Nachfragebedingungen wählen muss, bestimmt sie die Zahl der eingesetzten Arbeitskräfte und die Dauer der Betriebszeit erst nach Bekanntwerden der Absatzpreise. Wie im Fall des traditionellen Überstundensystems stellt das Maximierungskalkül der Unternehmung aufgrund der Arbeitszeitrestriktionen ein nichtlineares Programm dar:

$$\underset{N,n_{ij},b_{ij}}{\text{Max}}\quad E(\pi)\quad \text{s. t.}\quad \sum_{i=1}^{2} E(b_i\, n_i)\geq 2\,h\,N\,,\quad b_{ij}\leq 1 \tag{9.2.4}$$

mit der Lagrangefunktion

$$Z=E(\pi)-k\left(2hN-\sum_{i=1}^{2}\sum_{H,L}P_j\,b_{ij}n_{ij}\right)-l_{ij}\left(b_{ij}-1\right) \qquad (9.2.5).$$

Somit gelten die folgenden Kuhn-Tucker-Bedingungen:

$$\begin{array}{lll}
b_{ij}\,Z_{b_{ij}}=0=b_{ij}\left[E(\pi)_{b_{ji}}+k\,P_j\,n_{ij}-l_{ij}\right] & Z_{b_{ij}}\leq 0 & b_{ij}\geq 0 \\
n_{ij}\,Z_{n_{ij}}=0=n_{ij}\left[E(\pi)_{n_i}+k\,P_j\,b_{ij}\right] & Z_{n_{ij}}\leq 0 & n_{ij}\geq 0 \\
N\,Z_N=0=N\left[E(\pi)_N-k2h\right] & Z_N\leq 0 & N\geq 0 \\
k\,Z_k=0=k\left(\sum_{i=1}^{2}\sum_{H,L}P_j\,b_{ij}n_{ij}-2hN\right) & Z_k\geq 0 & k\geq 0 \\
l_{ij}\,Z_{l_{ij}}=0=l_{ij}\left(1-b_{ij}\right) & Z_{l_{ij}}\leq 0 & l_{ij}\geq 0
\end{array} \qquad (9.2.6).$$

Wenn (innere) Lösungen mit Überstunden betrachtet werden, können die üblichen Marginalbedingungen zur Ermittlung der Faktornachfragefunktionen $N(w,h)$, $n_{ij}(w,h)$, $b_{ij}(w,h)$ eingesetzt werden. Die Lagrangemultiplikatoren sind dann gleich null, da die Restriktionen nicht ausgeschöpft und somit für die Optimallösung unwesentlich werden.

$$E(\pi)_N=-\sum_{i=1}^{2}R^i(wh+\phi)+R^2(1+\delta)w2h \qquad (9.2.7)$$

$$E(\pi)_{n_{ij}}=R^i\,P_j\,p_j\frac{\partial f\left(n_{ij},b_{ij}\right)}{\partial n_{ij}}-R^2\,P_j\,b_{ij}\left(1+\delta\right)w \qquad (9.2.8)$$

$$E(\pi)_{b_{ij}}=R^i\,P_j\,p_j\frac{\partial f\left(n_{ij},b_{ij}\right)}{\partial b_{ij}}-R^2P_j\,n_{ij}\left(1+\delta\right)w \qquad (9.2.9)$$

Die (utilitaristische) Zielfunktion der Gewerkschaft ist als Summe der individuellen Nutzen ihrer *M* Mitglieder definiert. Da von identischen Präferenzordnungen sowie von einheitlichen Arbeitsstunden[171] für alle Mitarbeiter ausgegangen wird, entsteht aufgrund des sicheren Einkommens *w h* für jeden in Periode *i* bei Nachfragebedingungen *j* derselbe individuelle Nutzen u_{ij} :

---

[171] Vereinfachend wird unterstellt, dass alle Beschäftigten einheitlich dieselbe tatsächliche Arbeitszeit – und somit auch gleich viele Überstunden – absolvieren.

$$u_{ij} = u\left(\frac{y}{p_j}, T - \frac{b_{ij} n_{ij}}{N}\right) \qquad y = wh \qquad (9.2.10).$$

Wenn Überstunden geleistet werden, bekommen die Beschäftigten diese in der zweiten Periode vergütet. In den erwarteten gewerkschaftlichen Nutzenzuwachs aus der Verhandlung ist daher auch der individuelle Erwartungsnutzen aus einem Überstundenentgelt, $E(u_{ü})$, mit einzubeziehen:

$$\begin{aligned} E(U - \overline{U}) &= \sum_{i=1}^{2} R^i \, N \, E(u_i - \overline{u}_i) + R^2 \, N \, E(u_{ü}) \\ &= \sum_{i=1}^{2} R^i \, N \sum_{H,L} P_j (u_{ij} - \overline{u}_{ij}) + R^2 \, N \, E(u_{ü}) \end{aligned} \qquad (9.2.11),$$

wobei

$$\begin{aligned} E(u_{ü}) &= u\left(\frac{\left[E(b_1 n_1) + E(b_2 n_2) - 2hN\right](1+\delta)w}{E(p_2)N}, T\right) \\ &= u\left(\frac{\left[\sum_{i=1}^{2}\sum_{H,L} P_j b_{ij} n_{ij} - 2hN\right](1+\delta)w}{\left(\sum_{H,L} P_j p_j\right)N}, T\right) \end{aligned}$$

und

$$\overline{u}_{ij} = \overline{u}_j = u\left(\frac{\overline{y}}{p_j}, T\right)$$

Falls keine Einigung zustande kommt, wird kein Gewerkschaftsmitglied beschäftigt, und alle M Mitglieder erhalten den Reservationslohn.

In das zu maximierende asymmetrische Nash-Produkt sind somit der erwartete gewerkschaftliche Nutzenzuwachs und – als Verhandlungsvorteil der Unternehmung – der Erwartungswert der diskontierten Periodengewinne aufzunehmen. Annahmegemäß schreibt das Unternehmen weder Gewinne noch Verluste, wenn die Verhandlungen zu keinem Ergebnis führen. Da die beiden Verhandlungsparteien das Recht der Unternehmung berücksichtigen, anschließend die optimalen Faktoreinsatzmengen zu bestimmen, muss das asymmetrische Nash-Produkt bereits die entsprechenden Nachfragefunktionen des Unternehmens enthalten. Das Verhandlungsproblem entspricht dem Maximierungsansatz

$$\underset{w,h}{\text{Max}} \quad \hat{J} = \hat{\pi}^{1-\gamma}(\hat{U}-\overline{U})^{\gamma} \qquad \text{s. t.} \quad \sum_{i=1}^{2} E\left(\hat{b}_i \hat{n}_i\right) \geq 2h\hat{N}, \quad \hat{b}_{ij} \leq 1 \tag{9.2.12}$$

mit $\hat{N} = N(w,h)$, $\hat{n}_{ij} = n_{ij}(w)$, $\hat{b}_{ij} = b_{ij}(w)$.

Werden auch hier nur innere Lösungen betrachtet, so lässt sich das Verhandlungsoptimum wiederum mit einfachen Bedingungen erster Ordnung beschreiben. Da die Lagrangemultiplikatoren gleich null gesetzt werden können, ist es dann nicht nötig, die Kuhn-Tucker-Bedingungen vollständig anzugeben. Partielles Ableiten der Verhandlungsfunktion

$$\begin{aligned}\hat{J} = & \left\{\sum_{i=1}^{2} R^i \left[\sum_{H,L} P_j\, p_j\, f(\hat{n}_{ij},\hat{b}_{ij}) - \hat{N}(wh+\phi)\right]\right. \\ & \left. - R^2\left[\sum_{i=1}^{2}\sum_{H,L} P_j\, \hat{b}_{ij}\, \hat{n}_{ij} - 2h\hat{N}\right](1+\delta)\,w\right\}^{1-\gamma} \\ & \cdot\left\{\sum_{i=1}^{2} R^i\, \hat{N} \sum_{H,L} P_j\left[u\left(\frac{wh}{p_j}, T - \frac{\hat{b}_{ij}\hat{n}_{ij}}{\hat{N}}\right) - u\left(\frac{\overline{y}}{p_j}, T\right)\right]\right. \\ & \left. + R^2\, \hat{N}\, u\left(\frac{\left[\sum_{i=1}^{2}\sum_{H,L} P_j b_{ij}\, n_{ij} - 2hN\right](1+\delta)\,w}{N\sum_{H,L} P_j p_j}, T\right)\right\}^{\gamma}\end{aligned} \tag{9.2.13}$$

führt zu den folgenden Optimalitätsbedingungen (9.2.14) und (9.2.15). Anstelle der Elastizitäten des Unternehmensgewinns und des individuellen Nutzenzuwachses enthalten die Bedingungen nun die Elastizitäten der entsprechenden Erwartungswerte über zwei Perioden. Da sich der Right-to-Manage-Ansatz selbst für das herkömmliche Überstundenmodell nur aufgrund spezifischer, vereinfachender Annahmen analytisch lösen ließ, wurde in der vorliegenden Arbeit von einer weitergehenden Analyse der moderneren Gestaltungsformen flexibler Arbeitszeiten als in den Abschnitten 9.2.2, 9.2.3 Abstand genommen.

$$\hat{J}_w = \left\{ \sum_{i=1}^{2} R^i \left[\sum_{H,L} P_j p_j \frac{\partial \hat{f}_{ij}}{\partial w} - \left(\frac{\partial \hat{N}}{\partial w} (w h + \phi) + \hat{N} h \right) \right] - R^2 (1+\delta) \right.$$
$$\cdot \left. \left[\left(\sum_{i=1}^{2} \sum_{H,L} P_j \hat{b}_{ij} \hat{n}_{ij} - 2h\hat{N} \right) + w \left(\sum_{i=1}^{2} \sum_{H,L} P_j \left(\frac{\partial \hat{b}_{ij}}{\partial w} \hat{n}_{ij} + \frac{\partial \hat{n}_{ij}}{\partial w} \hat{b}_{ij} \right) - 2h \frac{\partial \hat{N}}{\partial w} \right) \right] \right\}$$
$$\cdot (1-\gamma) E(\hat{\pi})^{-\gamma} E(\hat{U} - \overline{U})^{\gamma} + E(\hat{\pi})^{1-\gamma} \gamma E(\hat{U} - \overline{U})^{\gamma-1}$$
$$\cdot \left\{ \sum_{i=1}^{2} R^i \left[\frac{\partial \hat{N}}{\partial w} \sum_{H,L} P_j (\hat{u}_{ij} - \overline{u}_j) + \hat{N} \sum_{H,L} P_j \frac{\partial \hat{u}_{ij}}{\partial w} \right] + R^2 \left(\frac{\partial \hat{N}}{\partial w} E(\hat{u}_{ü}) + \hat{N} \frac{\partial E(\hat{u}_{ü})}{\partial w} \right) \right\}$$

$$\hat{J}_w = (1-\gamma) \frac{\partial E(\hat{\pi})}{\partial w} \hat{N} E(\hat{u} - \overline{u}) + E(\hat{\pi}) \gamma \frac{\partial E(\hat{U} - \overline{U})}{\partial w} = 0$$
$$= (1-\gamma) \eta_w^{E(\hat{\pi})} + \gamma \eta_w^{E(\hat{U}-\overline{U})} = (1-\gamma) \eta_w^{E(\hat{\pi})} + \gamma \eta_w^{\hat{N}} + \gamma \eta_w^{E(\hat{u}-\overline{u})} \qquad (9.2.14)$$

mit $\dfrac{\partial \hat{f}_{ij}}{\partial w} = \dfrac{\partial f(\hat{n}_{ij}, \hat{b}_{ij})}{\partial \hat{n}_{ij}} \dfrac{\partial \hat{n}_{ij}}{\partial w} + \dfrac{\partial f(\hat{n}_{ij}, \hat{b}_{ij})}{\partial \hat{b}_{ij}} \dfrac{\partial \hat{b}_{ij}}{\partial w}$,

$$E(\hat{u} - \overline{u}) = \sum_{i=1}^{2} R^i E(\hat{u}_i - \overline{u}_i) + R^2 E(\hat{u}_{ü})$$

$$\hat{J}_h = \left\{ \sum_{i=1}^{2} R^i \left[-\frac{\partial \hat{N}}{\partial h} (w h + \phi) - \hat{N} w \right] + R^2 (1+\delta) w 2 \left(\hat{N} + h \frac{\partial \hat{N}}{\partial h} \right) \right\}$$
$$\cdot (1-\gamma) E(\hat{\pi})^{-\gamma} E(\hat{U} - \overline{U})^{\gamma} + E(\hat{\pi})^{1-\gamma} \gamma E(\hat{U} - \overline{U})^{\gamma-1}$$
$$\cdot \left\{ \sum_{i=1}^{2} R^i \left[\frac{\partial \hat{N}}{\partial h} \sum_{H,L} P_j (\hat{u}_{ij} - \overline{u}_j) + \hat{N} \sum_{H,L} P_j \frac{\partial \hat{u}_{ij}}{\partial h} \right] + R^2 \left(\frac{\partial \hat{N}}{\partial h} E(\hat{u}_{ü}) + \hat{N} \frac{\partial E(\hat{u}_{ü})}{\partial h} \right) \right\}$$

$$\hat{J}_h = (1-\gamma) \frac{\partial E(\hat{\pi})}{\partial h} \hat{N} E(\hat{u} - \overline{u}) + E(\hat{\pi}) \gamma \frac{\partial E(\hat{U} - \overline{U})}{\partial h} = 0$$
$$= (1-\gamma) \eta_h^{E(\hat{\pi})} + \gamma \eta_h^{E(\hat{U}-\overline{U})} = (1-\gamma) \eta_h^{E(\hat{\pi})} + \gamma \eta_h^{\hat{N}} + \gamma \eta_h^{E(\hat{u}-\overline{u})} \qquad (9.2.15)$$

9.2.3 KAPOVAZ

Das Right-to-Manage-Modell einer (Lohn- und Arbeitszeit-)Verhandlung zwischen Unternehmen und Gewerkschaft im System der kapazitätsorientierten variablen Arbeitszeit weist stärkere Ähnlichkeiten mit dem traditionellen Überstundenmodell auf als der eben dargestellte Ansatz bei ungleichmäßiger Verteilung der Arbeitszeit. Mit der kapazitätsorientierten variablen Arbeitszeit lässt sich der Arbeitsvertrag so gestalten, dass jede Planungsperiode einem eigenen Abrechnungszeitraum entspricht.[172] Zu Beginn der Periode werden Lohn und Arbeitszeitvolumen vereinbart, und das Unternehmen bestimmt die Zahl der Beschäftigten. In einem Zeitraum über mehrere Perioden wird das Beschäftigungsniveau somit zu einer variablen Größe, verhandelt bzw. optimiert wird aber stets nur für eine Periode. Sollen Verhandlung und Wahl der gewinnmaximalen Beschäftigungsmenge vor dem Zeitpunkt stattfinden, zu dem die tatsächlichen Nachfragebedingungen bekannt werden, kommt das Right-to-Manage-Modell bei KAPOVAZ einem traditionellen Überstundenmodell mit Preisunsicherheiten gleich.

Nachfrageschwankungen und Preisunsicherheiten lassen sich im Modell wiederum anhand der Wahrscheinlichkeitsverteilung abbilden, die den Absatzpreis für das Produkt der Unternehmung festlegt:

$$p = \begin{cases} p_H > p_L & \text{mit Wahrscheinlichkeit } P \\ p_L > 0 & \text{mit Wahrscheinlichkeit } (1-P) \end{cases}$$

Die Produktion des Unternehmens ist von der Anzahl der Beschäftigten N und von der Länge der Betriebszeit b_j abhängig. Nach der Enthüllung des wahren Outputpreises kann die Unternehmung zwar nicht mehr mit einer Anpassung der Beschäftigungsmenge, dafür jedoch mit einer Anpassung der Betriebszeit reagieren. Vereinfachend wird davon ausgegangen, dass die Betriebszeit in keine Abschnitte mit unterschiedlichen Besetzungszahlen zu unterteilen ist
Die Zielfunktion der Unternehmung entspricht dem erwarteten Gewinn und lautet

$$\begin{aligned} E(\pi) &= E(D - K_p) = \sum_{H,L} P_j (D_j - K_{pj}) \\ &= P(D_H - K_{pH}) + (1-P)(D_L - K_{pL}) \qquad (9.2.16), \end{aligned}$$

[172] Siehe Abschnitt 2.2.2.

$$E(\pi)=\sum_{H,L} P_j\left[p_j\, f(N,b_j)-N\left(w\,b_j+\delta\, w\left(b_j-h\right)+\phi\right)\right] \qquad (9.2.17).$$

Wird der vereinbarte Arbeitszeitstandard h überschritten, müssen die Überstunden zu einem um den Zuschlag δ erhöhten Lohnsatz vergütet werden. Des weiteren wird angenommen, dass Arbeitszeit, die vom Unternehmen (bis Periodenende) nicht abgerufen wurde, trotzdem zu bezahlen ist. Das Übertragen unverbrauchter Arbeitszeit in den nächsten Abrechnungszeitraum ist nicht zulässig.[173] Für das Unternehmen fallen somit pro Beschäftigten Mindestkosten in Höhe von $(w\,h + \phi)$ an. Aufgrund der Arbeitszeitrestriktionen – die Betriebszeit kann über dem tariflichen Standard h aber nicht über der gesetzlichen Schranke (=1) liegen – handelt es sich beim Optimierungsproblem der Unternehmung um ein nichtlineares Programm:

$$\operatorname*{Max}_{N,\,b_j}\; E(\pi) \qquad \text{s. t.} \quad h \le b_j \le 1,\; b_j = b_H\,,\; b_L \qquad (9.2.18).$$

mit der Lagrangefunktion

$$Z=E(\pi)-k_j\left(h-b_j\right)-l_j\left(b_j-1\right) \qquad (9.2.19).$$

Die Kuhn-Tucker-Bedingungen lauten:

$$\begin{array}{lll}
N\,Z_N = 0 = N\,E(\pi)_N & Z_N \le 0 & N \ge 0 \\
b_j\,Z_{b_j} = 0 = b_j\left[E(\pi)_{b_j} + k_j - l_j\right] & Z_{b_j} \le 0 & b_j \ge 0 \\
k_j\,Z_{k_j} = 0 = k_j\left(b_j - h\right) & Z_{k_j} \ge 0 & k_j \ge 0 \\
l_j\,Z_{l_j} = 0 = l_j\left(1 - b_j\right) & Z_{l_j} \ge 0 & l_j \ge 0
\end{array} \qquad (9.2.20).$$

Auch an dieser Stelle sollen sich weitere Betrachtungen ausschließlich auf (innere) Lösungsfälle mit Inanspruchnahme von Überstunden konzentrieren. Wie in den beiden vorangehenden Modellansätzen lassen sich daher die Faktornachfragefunktionen $N(w,h)$, $b_j(w,h)$ einfach mithilfe der folgenden Marginalbedingungen ermitteln:

173 Die gegenteilige Regelung würde ein Verfallen von Lohnzahlungen bedeuten (Rechtliche Rahmenbedingungen siehe Abschnitt 2.2.2).

$$E(\pi)_N = \sum_{H,L} P_j \left[p_j \frac{\partial f(N,b_j)}{\partial N} - \left(w\,b_j + \delta\,w\left(b_j - h\right) + \phi\right)\right] \qquad (9.2.21),$$

$$E(\pi)_{b_j} = P_j \left[p_j \frac{\partial f(N,b_j)}{\partial b_j} - N\left(w + \delta\,w\right)\right] \qquad (9.2.22).$$

Im Hinblick auf die Arbeitnehmernutzen werden wie zuvor identische Präferenzordnungen unterstellt, sodass für alle Arbeitnehmer dieselbe individuelle Nutzenfunktion u gilt. Damit beträgt das Nutzenniveau eines Beschäftigten

$$u_j = u\left(\frac{y_j}{p_j}, T - b_j\right), \qquad y_j = w\,b_j + \delta\,w\left(b_j - h\right) \qquad (9.2.23).$$

Arbeitnehmern, die keine Beschäftigung finden, entsteht ein Nutzen in Höhe von

$$\overline{u}_j = u\left(\frac{\overline{y}}{p_j}, T\right) \qquad (9.2.24).$$

Falls keine Einigung zustande kommt, wird kein Gewerkschaftsmitglied beschäftigt, und alle M Mitglieder erhalten den Reservationslohn. Da wieder von einer utilitaristischen Zielfunktion der Gewerkschaft ausgegangen wird, resultiert bei erfolgreichem Verhandlungsabschluss ein gewerkschaftlicher Nutzenzuwachs

$$E(U - \overline{U}) = N\,E(u - \overline{u}) = N \sum_{H,L} P_j\left(u_j - \overline{u}_j\right) \qquad (9.2.25).$$

Für das Unternehmen bewirkt ein Scheitern der Verhandlung Null-Gewinne, der Verhandlungsvorteil entspricht somit dem Erwartungswert des Unternehmensgewinnes $E(\pi)$. Im asymmetrischen Nash-Produkt, dessen Optimierung zur Verhandlungslösung des Modells führen soll, finden die Verhandlungsvorteile der beiden Parteien und die Machtparameter γ bzw. $(1-\gamma)$ Berücksichtigung.

$$\underset{w,h}{\text{Max}} \quad \hat{J} = E(\hat{\pi})^{1-\gamma}\, E(\hat{U} - \overline{U})^{\gamma} \qquad \text{s. t.} \quad h \le \hat{b}_j \le 1 \qquad (9.2.26).$$

mit $\hat{N} = N(w,h),\ \hat{b}_j = b_j(w,h)$

In der Verhandlung berücksichtigen beide Parteien, dass die Unternehmung anschließend die vom Lohnsatz und der tarifvertraglichen Arbeitszeit abhängigen optimalen Faktoreinsatzmengen fixieren wird. Im Maximierungsansatz sind deshalb die vom Verhandlungsergebnis abhängigen Faktornachfragefunktionen des Unternehmens enthalten. Das asymmetrische Nash-Produkt entspricht somit

$$\hat{J} = \left\{ \sum_{H,L} P_j \left[p_j\, f\big(\hat{N},\hat{b}_j\big) - \big(w\hat{b}_j + \delta w\big(\hat{b}_j - h\big) + \phi\big)\hat{N} \right] \right\}^{1-\gamma}$$

$$\cdot \left\{ \hat{N} \sum_{H,L} P_j \left[u\!\left(\frac{\hat{y}_j}{p_j}, T - \hat{b}_j \right) - u\!\left(\frac{\overline{y}}{p_j}, T \right) \right] \right\}^{\gamma} \qquad (9.2.27).$$

Da sich das Interesse wieder nur auf innere Lösungen richtet, lässt sich das Verhandlungsoptimum mit den folgenden Bedingungen erster Ordnung beschreiben:

$$\hat{J}_w = \left\{ \sum_{H,L} P_j \left[p_j \left(\frac{\partial f\big(\hat{N},\hat{b}_j\big)}{\partial \hat{N}} \frac{\partial \hat{N}}{\partial w} + \frac{\partial f\big(\hat{N},\hat{b}_j\big)}{\partial \hat{b}_j} \frac{\partial \hat{b}_j}{\partial w} \right) \right.\right.$$

$$\left.\left. - \hat{N} \left(\hat{b}_j + w \frac{\partial \hat{b}_j}{\partial w}(1+\delta) + \delta\big(\hat{b}_j - h\big) \right) - \frac{\partial \hat{N}}{\partial w}\big(w\hat{b}_j + \delta w\big(\hat{b}_j - h\big) + \phi\big) \right] \right\}$$

$$\cdot (1-\gamma)\, E(\hat{\pi})^{-\gamma}\, E(\hat{U} - \overline{U})^{\gamma}$$

$$+ E(\hat{\pi})^{1-\gamma}\, \gamma\, E(\hat{U} - \overline{U})^{\gamma-1} \left\{ \frac{\partial \hat{N}}{\partial w} \sum_{H,L} P_j \big(\hat{u}_j - \overline{u}_j\big) + \hat{N} \sum_{H,L} P_j \frac{\partial \hat{u}_j}{\partial w} \right\} = 0$$

$$\hat{J}_w = (1-\gamma) \frac{\partial E(\hat{\pi})}{\partial w} E(\hat{U} - \overline{U}) + E(\hat{\pi})\gamma \frac{\partial E(\hat{U} - \overline{U})}{\partial w} = 0$$

$$= (1-\gamma)\, \eta_w^{E(\hat{\pi})} + \gamma\, \eta_w^{E(\hat{U}-\overline{U})} = (1-\gamma)\, \eta_w^{E(\hat{\pi})} + \gamma\, \eta_w^{\hat{N}} + \gamma\, \eta_w^{E(\hat{u}-\overline{u})} \qquad (9.2.28),$$

$$\hat{J}_h = \left\{ \sum_{H,L} P_j \left[p_j \left(\frac{\partial f(\hat{N},\hat{b}_j)}{\partial \hat{N}} \frac{\partial \hat{N}}{\partial h} + \frac{\partial f(\hat{N},\hat{b}_j)}{\partial \hat{b}_j} \frac{\partial \hat{b}_j}{\partial h} \right) - \hat{N} \left(w \frac{\partial \hat{b}_j}{\partial h}(1+\delta) - \delta w \right) \right.\right.$$
$$\left.\left. - \frac{\partial \hat{N}}{\partial h} \left(w \hat{b}_j + \delta w (\hat{b}_j - h) + \phi \right) \right] \right\} (1-\gamma) E(\hat{\pi})^{-\gamma} E(\hat{U} - \overline{U})^{\gamma}$$
$$+ E(\hat{\pi})^{1-\gamma} \gamma E(\hat{U} - \overline{U})^{\gamma-1} \left\{ \frac{\partial \hat{N}}{\partial h} \sum_{H,L} P_j (\hat{u}_j - \overline{u}_j) + \hat{N} \sum_{H,L} P_j \frac{\partial \hat{u}_j}{\partial h} \right\} = 0$$

$$\hat{J}_h = (1-\gamma) \frac{\partial E(\hat{\pi})}{\partial h} E(\hat{U} - \overline{U}) + E(\hat{\pi}) \gamma \frac{\partial E(\hat{U} - \overline{U})}{\partial h} = 0$$
$$= (1-\gamma) \eta_h^{E(\hat{\pi})} + \gamma \eta_h^{E(\hat{U}-\overline{U})} = (1-\gamma) \eta_h^{E(\hat{\pi})} + \gamma \eta_h^{\hat{N}} + \gamma \eta_h^{E(\hat{u}-\overline{u})} \qquad (9.2.29).$$

9.3 Steigungen der Faktornachfragefunktionen

Um die Steigungen der Beschäftigungs- und der Arbeitszeitnachfrage des Unternehmens zu ermitteln, müssen zunächst die beiden Marginalbedingungen (4.2.9) und (4.2.10) total differenziert werden. Es resultieren:

$$f_{NN}\, dN + [f_{Nb} - w(1+\delta)]\, db = [b + \delta(b-h)]\, dw - w\delta\, dh \qquad (9.3.1),$$

$$[f_{Nb} - w(1+\delta)]\, dN + f_{bb}\, db = N(1+\delta)\, dw \qquad (9.3.2).$$

Dieses Gleichungssystem lässt sich – mithilfe der Cramerschen Regel – rasch nach *dN* bzw. *db* auflösen.

$$dN = \frac{\begin{vmatrix} \{[b+\delta(b-h)]dw - w\delta\, dh\} & [f_{Nb} - w(1+\delta)] \\ N(1+\delta)dw & f_{bb} \end{vmatrix}}{\begin{vmatrix} f_{NN} & [f_{Nb} - w(1+\delta)] \\ [f_{Nb} - w(1+\delta)] & f_{bb} \end{vmatrix}}$$
$$= \frac{\{f_{bb}[b+\delta(b-h)] - f_{Nb} N(1+\delta) + N w (1+\delta)^2\} dw - f_{bb} w \delta\, dh}{f_{NN} f_{bb} - [f_{Nb} - w(1+\delta)]^2} \qquad (9.3.3)$$

$$db = \frac{\begin{vmatrix} f_{NN} & \{[b+\delta(b-h)]\,dw \;-\; w\,\delta\, dh\} \\ [f_{Nb} - w(1+\delta)] & N(1+\delta)\,dw \end{vmatrix}}{\begin{vmatrix} f_{NN} & [f_{Nb} - w(1+\delta)] \\ [f_{Nb} - w(1+\delta)] & f_{bb} \end{vmatrix}}$$

$$= \frac{\{f_{NN}\, N(1+\delta) - [f_{Nb} - w(1+\delta)][b+\delta(b-h)]\}\; dw}{f_{NN}\, f_{bb} - [f_{Nb} - w(1+\delta)]^2}$$

$$+ \frac{[f_{Nb} - w(1+\delta)]\, w\,\delta\, dh}{f_{NN}\, f_{bb} - [f_{Nb} - w(1+\delta)]^2} \qquad (9.3.4)$$

Aus den Gleichungen (9.3.3) und (9.3.4) ergeben sich durch einfaches Dividieren die Steigungen $\frac{dN}{dw}$, $\frac{dN}{dh}$, $\frac{db}{dw}$ sowie $\frac{db}{dh}$.

9.4 Elastizitäten des individuellen Nutzenvorteils

Die Elastizität des individuellen Nutzenvorteils eines Beschäftigten in Bezug auf den Tariflohn lässt sich folgenderweise angeben:

$$\eta_w^{\hat{u}-\bar{u}} = \frac{w}{\hat{u}-\bar{u}} \frac{\partial \hat{u}}{\partial w}$$

$$= \frac{w}{\hat{u}-\bar{u}} \left[\left(\hat{b} + w\frac{\partial \hat{b}}{\partial w} - \delta(\hat{b} - h) + \delta\, w \frac{\partial \hat{b}}{\partial w} \right)(T - \hat{b}) - \left(w\hat{b} + \delta\, w(\hat{b} - h) \right) \frac{\partial \hat{b}}{\partial w} \right]$$

$$= \frac{w}{\hat{u}-\bar{u}} \left[\left((1+\delta)\left(\hat{b} + w\frac{\partial \hat{b}}{\partial w} \right) - \delta\, h \right)(T - \hat{b}) - \left((1+\delta) w\hat{b} - \delta\, w\, h \right) \frac{\partial \hat{b}}{\partial w} \right]$$

$$=\frac{w}{\hat{u}-\overline{u}}\left[\left((1+\delta)\left(\frac{\beta(\phi-\delta w h)}{w(1+\delta)(1-\beta)}-w\frac{\beta\left(\delta h+\frac{\phi-\delta w h}{w}\right)}{w(1+\delta)(1-\beta)}\right)-\delta h\right)\right.$$

$$\left.\cdot\left(T-\frac{\beta(\phi-\delta w h)}{w(1+\delta)(1-\beta)}\right)-\left(\frac{\beta(\phi-\delta w h)}{(1-\beta)}-\delta w h\right)\frac{-\beta\left(\delta h+\frac{\phi-\delta w h}{w}\right)}{w(1+\delta)(1-\beta)}\right]$$

$$=\frac{1}{\hat{u}-\overline{u}}\left[\left(\frac{\beta(\phi-\delta w h)}{(1-\beta)}-\frac{\beta(\delta w h+\phi-\delta w h)}{(1-\beta)}-\delta w h\right)\left(T-\frac{\beta(\phi-\delta w h)}{w(1+\delta)(1-\beta)}\right)\right.$$

$$\left.-\left(\frac{\beta(\phi-\delta w h)}{(1-\beta)}-\delta w h\right)\frac{-\beta(\delta w h+\phi-\delta w h)}{w(1+\delta)(1-\beta)}\right]$$

$$=\frac{1}{\hat{u}-\overline{u}}\left[\left(\frac{\beta(\phi-\delta w h)}{(1-\beta)}-\frac{\beta(\delta w h+\phi-\delta w h)}{(1-\beta)}-\delta w h\right)\left(T-\frac{\beta(\phi-\delta w h)}{w(1+\delta)(1-\beta)}\right)\right.$$

$$\left.-\left(\frac{\beta\phi-\delta w h}{(1-\beta)}\right)\frac{-\beta\phi}{w(1+\delta)(1-\beta)}\right]$$

$$=\frac{1}{\hat{u}-\overline{u}}\left[\frac{-\delta w h}{1-\beta}\left(T-\hat{b}\right)-\hat{y}\left(\frac{-\beta\phi}{w(1+\delta)(1-\beta)}\right)\right] \qquad (9.4.1),$$

wobei

$\hat{u}=\hat{y}\left(T-\hat{b}\right)=\left(w\hat{b}+\delta w\left(\hat{b}-h\right)\right)$.[174]

Die Elastizität des individuellen Nutzenvorteils bezüglich des tariflichen Arbeitszeitstandards lautet

---

[174] Diese Definition des Einkommens ergibt sich bei Einsetzen der Arbeitszeitnachfrage (5.1.21) in $\hat{y}=w\hat{b}+\delta w\left(\hat{b}-h\right)$.

$$\eta_h^{\hat{u}-\bar{u}} = \frac{h}{\hat{u}-\bar{u}}\frac{\partial \hat{u}}{\partial h} = \frac{h}{\hat{u}-\bar{u}}\left[\left(w\frac{\partial \hat{b}}{\partial h} + \delta w\left(\frac{\partial \hat{b}}{\partial h} - 1\right)\right)\left(T-\hat{b}\right) - \left(w\hat{b} + \delta w\left(\hat{b}-h\right)\right)\frac{\partial \hat{b}}{\partial h}\right]$$

$$= \frac{h}{\hat{u}-\bar{u}}\left[\left((1+\delta)w\frac{\partial \hat{b}}{\partial h} - \delta w\right)\left(T-\hat{b}\right) - \left((1+\delta)w\hat{b} - \delta w h\right)\frac{\partial \hat{b}}{\partial h}\right]$$

$$= \frac{h}{\hat{u}-\bar{u}}\left[\left(\frac{-\beta\delta w - \delta w + \beta\delta w}{(1-\beta)}\right)\left(T-\hat{b}\right)\right.$$

$$\left. - \left(\frac{\beta(\phi - \delta w h)}{(1-\beta)} - \delta w h\right)\frac{-\beta\delta}{(1+\delta)(1-\beta)}\right]$$

$$= \frac{1}{\hat{u}-\bar{u}}\left[\frac{-\delta w h}{1-\beta}\left(T-\hat{b}\right) - \hat{y}\left(\frac{-\beta\delta h}{(1+\delta)(1-\beta)}\right)\right] \qquad (9.4.2).$$

9.5 Komparativ statische Effekte im allgemeinen Monopolmodell ohne Asymmetrien

Im allgemeinen Monopolmodell ohne Asymmetrien (Abschnitt 5.2.1) ist es nicht möglich, eindeutige komparativ statische Effekte zu ermitteln. Wie nun beispielhaft anhand der Wirkung von Variationen der Personalfixkosten auf den Lohnsatz gezeigt wird, lässt sich die Richtung der Anpassungsreaktion im allgemein formulierten Modell nicht voraussagen. Aufschlussreichere Ergebnisse folgen aus der Analyse in Kapitel 6, die auf einem Modellansatz mit spezifizierten Produktions- und Nutzenfunktionen basiert. In der allgemein gehaltenen Version des Monopolmodells mit flexibler Arbeitszeit sind dagegen nicht alle Vorzeichen der erforderlichen partiellen Ableitungen definiert.

Um die Effekte von Veränderungen exogener Variablen auf die Monopollösung zu bestimmen, wird das Theorem impliziter Funktionen (vgl. Chiang, 1984) auf die Bedingungen erster Ordnung (5.2.2) und (5.2.3) angewandt. Erforderliche Voraussetzung dafür ist zum einen, dass es sich bei allen partiellen Ableitungen von (5.2.2) bzw. (5.2.3) – nach endogenen und exogenen Variablen – um stetige Funktionen handelt; zum anderen, dass keine Abhängigkeit zwischen den zwei Bedingungen erster Ordnung bestehen darf. Diese Voraussetzung ist dann gegeben, wenn die Jacobsche Determinante des Gleichungssystems in der Ausgangssituation ungleich null ist. Aufgrund der Bedingungen zweiter Ordnung für die Maximierung der gewerkschaftlichen Nutzenzuwachsfunktion

$$\left(\hat{U}-\overline{U}\right)_{ww}, \left(\hat{U}-\overline{U}\right)_{hh} < 0 \text{ und}$$
$$\left(\hat{U}-\overline{U}\right)_{ww}\left(\hat{U}-\overline{U}\right)_{hh} > \left(\hat{U}-\overline{U}\right)_{wh}^{2} \qquad (9.5.1),$$

muss die Hessesche Determinante positiv sein. Da diese genau der relevanten Jacobschen Determinante entspricht, ist auch die Voraussetzung für die Anwendung des Theorems erfüllt:

$$|J| = \begin{vmatrix} \left(\hat{U}-\overline{U}\right)_{ww} & \left(\hat{U}-\overline{U}\right)_{wh} \\ \left(\hat{U}-\overline{U}\right)_{hw} & \left(\hat{U}-\overline{U}\right)_{hh} \end{vmatrix} = |H| > 0 \qquad (9.5.2).$$

In der Ausgangssituation – der anfänglichen Optimallösung – stellen die Bedingungen erster Ordnung Identitäten dar. Ihre totalen Differentiale können daher gleich null gesetzt werden. Werden nun lediglich Variationen der exogenen Variable ϕ, der Personalfixkosten, zugelassen,[175] resultiert somit (nach Division durch $d\phi$)

$$\begin{bmatrix} \left(\hat{U}-\overline{U}\right)_{ww} & \left(\hat{U}-\overline{U}\right)_{wh} \\ \left(\hat{U}-\overline{U}\right)_{hw} & \left(\hat{U}-\overline{U}\right)_{hh} \end{bmatrix} \begin{bmatrix} w_{\phi} \\ h_{\phi} \end{bmatrix} = \begin{bmatrix} -\left(\hat{U}-\overline{U}\right)_{w\phi} \\ -\left(\hat{U}-\overline{U}\right)_{h\phi} \end{bmatrix} \qquad (9.5.3).$$

Die gesuchten partiellen Ableitungen der endogenen Variablen lassen sich sodann mithilfe der Cramerschen Regel ermitteln. Der komparativ statische Effekt veränderter Fixkosten auf den Lohnsatz entspricht demnach

$$w_{\phi} = \frac{|J^{w}|}{|J|} \qquad (9.5.4),$$

wobei

$$|J^{w}| = \begin{vmatrix} -\left(\hat{U}-\overline{U}\right)_{w\phi} & \left(\hat{U}-\overline{U}\right)_{wh} \\ -\left(\hat{U}-\overline{U}\right)_{h\phi} & \left(\hat{U}-\overline{U}\right)_{hh} \end{vmatrix} \qquad (9.5.5).$$

---

[175] Die Differentiale aller anderen exogenen Variablen werden gleich null gesetzt.

Da die Hessesche bzw. Jacobsche Determinante positiv ist, bestimmt das Vorzeichen von (9.5.5) die Richtung des Effektes:

$$-(\hat{U}-\overline{U})_{w\phi}(\hat{U}-\overline{U})_{hh}+(\hat{U}-\overline{U})_{h\phi}(\hat{U}-\overline{U})_{wh}>0 \quad \Rightarrow \quad w_\phi>0$$

$$-(\hat{U}-\overline{U})_{w\phi}(\hat{U}-\overline{U})_{hh}+(\hat{U}-\overline{U})_{h\phi}(\hat{U}-\overline{U})_{wh}<0 \quad \Rightarrow \quad w_\phi<0 \qquad (9.5.6).$$

Ohne nähere Spezifikation der zugrundeliegenden Produktions- und Nutzenfunktionen lassen sich jedoch keine eindeutigen Aussagen über folgende partielle Ableitungen der Bedingungen erster Ordnung (5.2.2) und (5.2.3) treffen:

$$(\hat{U}-\overline{U})_{wh}=\hat{N}_{wh}(\hat{u}-\overline{u})+\hat{N}_w\hat{u}_h+\hat{N}_h\hat{u}_w+\hat{N}\hat{u}_{wh} \qquad (9.5.7),$$

$$(\hat{U}-\overline{U})_{w\phi}=\hat{N}_{w\phi}(\hat{u}-\overline{u})+\hat{N}_\phi\hat{u}_w \qquad (9.5.8),$$

$$(\hat{U}-\overline{U})_{h\phi}=\hat{N}_{h\phi}(\hat{u}-\overline{u})+\hat{N}_\phi\hat{u}_h \qquad (9.5.9).$$

könnten sowohl positive als auch negative Vorzeichen aufweisen. Die Frage nach dem Vorzeichen von w_ϕ und somit, ob sich das Lohnoptimum in gleicher oder entgegengesetzter Richtung wie die Fixkosten verändert, lässt sich so nicht beantworten.

9.6 Lohnkostenstrukturen

Tabelle 9.1 Jährliche Personalkosten und fixe Lohnnebenkosten pro Vollzeitbeschäftigten (Produzierendes Gewerbe, Westdeutschland, 1992)

	Personalkosten	**Fixe Lohnnebenkosten**	
	DM	DM	% Jahresnettoeink.
Textil und Bekleidung	52.200	3.498	11,2
Baugewerbe	67.800	6.738	17,5
Fahrzeugbau	87.900	13.995	30,7
Energie- und Wasserversorgung	97.900	21.779	47,2
Produzierendes Gewerbe gesamt	**75.200**	**9.413**	**22,6**

Quelle: Munz et al. (1998), eigene Berechnungen.

9.7 Beschreibung der Modellvariablen

Tabelle 9.2 Beschreibung grundlegender Modellvariablen und Funktionen

Variable, Funktion	Bedeutung	gemessen in
$f(L)=q$	Produktionsfunktion → ergibt Output	
$L=N\,\varepsilon(b)$	Arbeitseinsatz	
$\varepsilon(b)=b^{\beta}$	Effizienzfunktion → effektiver, produktiver Arbeitseinsatz eines Beschäftigten	
$f(N,b) = A\,N^{\alpha}\,b^{\alpha\beta} = f(L)=q$	Spezifizierte Produktionsfunktion → Output	Output-einheiten (z.B. Stück)
N	Beschäftigung	Anzahl der beschäftigten Personen
b	Arbeitszeit pro Beschäftigten	Anteilen an t_{gesetz}
t_{gesetz}	Gesetzlich maximal zulässige Arbeitsdauer pro Beschäftigten	Stunden
$\alpha = \eta_N^q = \dfrac{\frac{\partial q}{q}}{\frac{\partial N}{N}}$	Beschäftigungselastizität des Outputs	
$\alpha\beta = \eta_b^q = \dfrac{\frac{\partial q}{q}}{\frac{\partial b}{b}}$	Arbeitszeitelastizität des Outputs	
$A=1$	Output pro effektiver (Arbeitnehmer-) Arbeitszeiteinheit[176]	(normiert auf 1)
$\pi = p\,f(N,b) - N[wb+\delta w(b-h)+\phi]$	Gewinn = Ertrag – Kosten	
$p=1$	Monetärer Preis (z.B. Euro) pro Outputeinheit (Stück)	(normiert auf 1)[177]

176 Analog zu „Mann"-Monat.

w	Tarifliche Lohnhöhe	Anteilen am Ertrag pro effektiver Arbeits-zeiteinheit $(p\,A)$
δ	Überstundenzuschlag	
ϕ	Fixe Personalkosten pro Beschäftigten	Anteilen am Ertrag pro effektiver Arbeits-zeiteinheit $(p\,A)$
h	Tarifvertraglicher Arbeitszeitstandard	Anteilen an t_{gesetz}
$u(y, T-b) = u$	Individuelle Nutzenfunktion eines Beschäftigten	
$y = w[b + \delta(b-h)]$	Einkommen pro Beschäftigten = Variable Personalkosten pro Beschäftigten	Anteilen am Ertrag pro effektiver Arbeits-zeiteinheit $(p\,A)$
T	Natürliche, physikalische Länge der betrachteten Periode (z.B. die 24 Stunden eines Tages)	Vielfachen von t_{gesetz}
$(U-\overline{U}) = N(u-\overline{u})$	Gewerkschaftlicher Nutzenzuwachs aus der Verhandlung	
$\overline{u} = u(\overline{y}, T)$	Individueller Nutzen eines Beschäftigungslosen	

[177] Aufgrund von $A = 1$, $p = 1$ entspricht die Geldeinheit in der Modellsimulation dem Ertrag pro effektiver Arbeitszeiteinheit.

$\bar{y}$	Alternativeinkommen, Arbeitslosenunterstützung, Lohnersatzleistung	Anteilen am Ertrag pro effektiver Arbeitszeiteinheit ($p\,A$)
x $x_s = 1$ $x_f > 1$	Von der Gewerkschaft angenommenes Verhältnis zwischen tatsächlicher und tariflicher Arbeitszeit	
Index s, z.B. b_s, x_s	Variablen im Falle starrer Arbeitszeitregelungen	
Index f, z.B. b_f, x_f	Variablen im Falle flexibler Arbeitszeitregelungen	
$w\,X$	Von der Gewerkschaft erwartetes Einkommen pro Beschäftigen	Anteilen am Ertrag pro effektiver Arbeitszeiteinheit ($p\,A$)
$X = x\,h + \delta(x\,h - h)$	Zeitkomponente des erwarteten Beschäftigungseinkommens	
e	Tatsächliches Einkommen pro Beschäftigten	Anteilen am Ertrag pro effektiver Arbeitszeiteinheit ($p\,A$)
$w_s = \frac{e_s}{b_s}$, $e_s = w\,X = w_s\,h_s$, $b_s = h_s$	Starres Arbeitszeitsystem: Einkommen pro Beschäftigten / Arbeitszeit (in Anteilen an t_{gesetz}) = Einkommen pro Arbeitszeiteinheit (t_{gesetz}) = Lohnsatz bezogen auf die gesetzlich maximal zulässige Arbeitsdauer t_{gesetz}	
$w_f = \frac{e_s}{X_f}$	Flexibles Arbeitszeitsystem: Lohnsatz bezogen auf die gesetzlich maximal zulässige Arbeitsdauer t_{gesetz}	
$1/T$	Gesetzlich maximal zulässige Arbeitsdauer pro Beschäftigten	Anteilen an t_{phys}

t_{phys}	Natürliche, physikalische Länge der betrachteten Periode (z.B. die 24 Stunden eines Tages)	Stunden
B/T	Arbeitszeit pro Beschäftigten	Anteilen an t_{phys}
$w_s\, T = \dfrac{e_s}{b_s/T}$	Starres Arbeitszeitsystem: Einkommen pro Beschäftigten / Arbeitszeit (in Anteilen an t_{phys}) = Einkommen pro Arbeitszeiteinheit (t_{phys}) = Lohnsatz bezogen auf die natürliche Länge der betrachteten Periode t_{phys}	Anteilen am Ertrag pro effektiver Arbeits-zeiteinheit ($p\,A$)

9.8 Abbildungsverzeichnis

9.9 Tabellenverzeichnis

Literatur

Anxo, Dominique; O'Reilly, Jacqueline (2000): Beschäftigung, Arbeitszeit und Übergangsarbeitsmärkte in vergleichender Perspektive, FS I 00-205, Berlin: WZB.

Bach, Hans-Uwe (2001): Arbeitsvolumen steigt wieder dank mehr Beschäftigung. Arbeitszeit und Arbeitsvolumen – Teil I, IAB-Kurzbericht 03/2001, Nürnberg: IAB.

Barth, Alfons; Zika, Gerd (1996): Volkswirtschaftliche Effekte einer Arbeitszeitverkürzung. Eine Simulationsstudie für Westdeutschland mit dem makroökonometrischen Modell SYSIFO, in: MittAB, 29(2), 179-202.

Bauer, Frank; Bosch, Gerhard; Bundesmann-Jansen, Jörg; Groß, Hermann; Stille, Frank; Wagner, Alexandra (1998): Betriebszeiten 1996. Ergebnisse einer repräsentativen Betriebsbefragung zu Betriebs- und Arbeitszeiten im verarbeitenden Gewerbe, Düsseldorf: Ministerium für Arbeit, Gesundheit und Soziales des Landes Nordrhein-Westfalen.

Bauer, Frank; Groß, Hermann; Schilling, Gabi (1996a): Arbeitszeit '95. Arbeitszeitstrukturen, Arbeitszeitwünsche und Zeitverwendung der abhängig Beschäftigten in West- und Ostdeutschland, Düsseldorf: Ministerium für Arbeit, Gesundheit und Soziales des Landes Nordrhein-Westfalen.

Bauer, Frank; Groß, Hermann; Schilling, Gabi (1996b): Zur Geschlechtsspezifik der Arbeitszeitformen, der Arbeitszeitwünsche und der Zeitverwendung bei den abhängig Beschäftigten, in: MittAB, 29(3), 409-427.

Bauer, Thomas; Zimmermann, Klaus F. (1999): Overtime Work and Overtime Compensation in Germany, IZA Discussion Paper No. 48, Bonn: Institute for the Study of Labor (IZA).

Beckmann, Petra (1998): Working Hours and Wishes Concerning Working Hours among Women in Western and Eastern Germany, IAB Labour Market Research Topics 27, Nürnberg: IAB.

Bellmann, Lutz; Düll, Herbert; Kühl, Jürgen; Lahner, Manfred; Lehmann, Udo (1997): Patterns of Enterprise Flexibility: IAB Establishment Panel Results, Western Germany, 1993 – 95, IAB Labour Market Research Topics 24, Nürnberg: IAB.

Bellmann, Lutz; Gerlach, Knut; Hübler, Olaf; Meyer, Wolfgang (Hrsg.) (2001): Beschäftigungseffekte betrieblicher Arbeitszeitgestaltung, BeitrAB 251, Nürnberg: IAB.

Bentolila, Samuel; Bertola, Giuseppe (1990): Firing Costs and Labour Demand: How Bad is Eurosclerosis, in: Review of Economic Studies, 57, 381-402.

Bentolila, Samuel; Dolado, Juan J. (1994): Labour Flexibility and Wages: Lessons from Spain, in: Economic Policy, 18, 53-99.

Bentolila, Samuel; Saint-Paul, Gilles (1994): A Model of Labor Demand with Linear Adjustment Costs, in: Labour Economics, (1), 303-326.

Bertola, Giuseppe (1990): Job Security, Employment and Wages, in: European Economic Review, 34, 851-886.

Bertola, Giuseppe; Rogerson, Richard (1997): Institutions and Labor Reallocation, in: European Economic Review, 41, 1147-1171.

Bielenski, Harald; Bosch, Gerhard; Wagner, Alexandra (2001): Beschäftigung und Arbeitszeit in Europa, Dublin: Europäische Stiftung zur Verbesserung der Lebens- und Arbeitsbedingungen.

Bispinck, Reinhard (1998): Zwischen Plus und Minus: Zeitkonten in Tarifverträgen. Eine Analyse ausgewählter tariflicher Regelungen in 70 Tarifbereichen, WSI-Tarifarchiv: Elemente qualitativer Tarifpolitik Nr. 35, Düsseldorf: WSI.

Blanchard, Olivier J.(1997): Macroeconomics, Upper Saddle River: Prentice-Hall.

Booth, Alison L. (1997): An Analysis of Firing Costs and their Implication for Unemployment Policy, in: Snower, Dennis J.; de la Dehesa, Guillermo (eds.): Unemployment Policy – Government Options for the Labour Market, Cambridge: Cambridge University Press.

Booth, Alison L.; Ravallion, Martin (1993): Employment and Length of the Working Week in a Unionized Economy in which Hours of Work Influence Productivity, in: The Economic Record, 69, 428-436.

Booth, Alison; Schiantarelli, Fabio (1987): The Employment Effects of a Shorter Working Week, in: Economica, 54, 237-248.

Booth, Alison; Schiantarelli, Fabio (1988): Reductions in Hours and Employment: What Do Union Models Tell Us?, in: Hart (ed.): Employment, Unemployment and Labor Utilization, Boston et al.: Unwin Hyman.

Borjas, George J. (1996): Labour Economics, NY: McGraw-Hill.

Bosch, Gerhard (2001): Von der Umverteilung zur Modernisierung der Arbeitszeit. Paradigmenwechsel in der Arbeitszeitpolitik, Graue Reihe des Instituts Arbeit und Technik 2001-02, Gelsenkirchen: IAT.

Bothfeld, Silke (1997): Teilzeitarbeit für alle? Eine Untersuchung von Teilzeitpräferenzen in Deutschland und Großbritannien unter beschäftigungspolitischen Gesichtspunkten, FS I 97 – 205, Berlin: WZB.

Bundesmann-Jansen, Jörg; Groß, Hermann; Munz, Eva (2000): Arbeitszeit '99. Ergebnisse einer repräsentativen Beschäftigtenbefragung zu traditionellen und neuen Arbeitszeitformen in der Bundesrepublik Deutschland, im Auftrag des Ministeriums für Arbeit, Soziales und Stadtentwicklung, Kultur und Sport des Landes Nordrhein-Westfalen, Köln: ISO.

Bundesministerium für Arbeit und Sozialordnung (1997): Mobilzeit. Ein Leitfaden für Arbeitnehmer und Arbeitgeber, Bonn: BMA.

Bundesministerium für Arbeit und Sozialordnung (2000): Arbeitsförderung. SGB III, Bonn: BMA.

Bundesministerium für Arbeit und Sozialordnung (2001): Teilzeit – Neue Perspektiven. Menschen – Motive - Modelle, Bonn: BMA.

Bundesministerium für Arbeit und Sozialordnung (2002a): Teilzeit – alles, was Recht ist. Rechtliche Rahmenbedingungen für Arbeitnehmer und Arbeitgeber, Bonn: BMA.

Bundesministerium für Arbeit und Sozialordnung (2002b): Tarifliche Arbeitsbedingungen im Jahr 2001, Bonn: BMA.

Bundesministerium für Arbeit und Sozialordnung (2002c): Datenbank Flexible Arbeitszeitmodelle, Einleitungskapitel. Zur Dokumentation „Arbeitszeit-Praxisbeispiele", http://www.bma.de/index.cfm?22A50CAA27434C6A8A 86F35A75C6919D.

Büssing, Andre; Glaser, Jürgen (1998): Arbeitszeit und neue Organisations- und Beschäftigungsformen, in: MittAB, 31(3), 585-598.

Cahuc, Pierre; Granier, Pierre (1997): The Consequences of a Shorter Working Time. Some Lessons from a General Equilibrium Analysis, in: Recherches Economiques de Louvain, 63(1), 13-29.

Cahuc, Pierre; Zylberberg, André (1996): Économie du travail. La formation des salaires et les déterminants du chômage, Paris/Bruxelles: De Boeck.

Cahuc, Pierre; Zylberberg, André (1999): Job Protection, Minimum Wage and Unemployment, IZA Discussion Paper No. 95, Bonn: Institute for the Study of Labor (IZA).

Calmfors, Lars (1985): Work Sharing, Employment and Wages, in: European Economic Review, 27, 293-309.

Chan, William (1996): Intersectoral Mobility and Short-Run Labor Market Adjustments, in: Journal of Labor Economics, 14(3), 454-471.

Chiang, Alpha C. (1984): Fundamental Methods of Mathematical Economics, Third Edition, Singapore et al.: McGraw-Hill.

Contensou, Francois; Vranceanu, Radu (2000): Working Time. Theory and Policy Implications, Cheltenham/Northampton: Edward Elgar.

D'Autume, Antoine; Cahuc, Pierre (1997): Réduction de la Durée de Travail. De la Contrainte Légale à la Négociation, in: Revue Economique, 48(3), 549-558.

Dathe, Dietmar (1998): Wechselwirkungen zwischen Arbeitszeitpolitik und Arbeitsangebotsverhalten, FS I 98-201, Berlin: WZB.

DeBeaumont, Ronald; Singell, Larry D. Jr. (1999): The Return to Hours and Workers in U.S. Manufacturing. Evidence on Aggregation Bias, in: Southern Economic Journal, 66(2), 336-352.

Delsen, Lei (1995): Atypical Employment: an International Perspective. Causes, Consequences and Policy, Groningen: Wolters-Noordhoff.

Drèze, Jacques; Modigliani, Franco (1981): The Trade-off between Real Income and Employment in an Open Economy, in: European Economic Review, 15, 1-40.

Düll, Herbert; Ellguth, Peter (1997): Schicht- und Wochenendarbeit im Fokus des betrieblichen Arbeitszeitmanagements, in: MittAB, 30(4), 746-765.

Düll, Herbert; Ellguth, Peter (1999): Arbeitszeitstrukturen in der Bundesrepublik Deutschland. Empirische Ergebnisse aus dem IAB-Betriebspanel 1993-1997, Schriftenreihe der Bundesanstalt für Arbeitsschutz und Arbeitsmedizin, Forschung Nr. 871, Bremerhaven: Wirtschaftsverlag NW.

Ehrenberg, Ronald G.; Smith, Robert S. (1997): Modern Labor Economics. Theory and Public Policy, Sixth Edition, Reading, MA et al.: Addison-Wesley.

EIRO (1998): Flexibility of Working Time in Europe, http://eiro.eurofound.ie/1998/05/study/tn98052015.html.

EIRO (2001): Working Time Developments and the Quality of Work, http://eiro.eurofound.ie/2001/11/study/tn0111143s.html.

EIRO (2002a): Development of Pay and Labour Costs 2001 Examined, http://www.eiro.eurofound.ie/2002/01/feature/de0201201f.html.

EIRO (2002b): Working Time Developments – Annual Update 2001, http://www.eiro.eurofound.ie/2002/02/Update/tn0202103u.html.

European Foundation for the Improvement of Living and Working (1996): Bulletin of European Studies on Time, Statistiken und Nachrichten Nr. 9, Luxemburg: Amt für amtliche Veröffentlichungen der Europäischen Gemeinschaften.

Euwals, Rob (1999): Female Labour Supply, Flexibility of Working Hours, and Job Mobility in the Netherlands, IZA Discussion Paper No. 83, Bonn: Institute for the Study of Labor (IZA).

Franz, Wolfgang (1991): Arbeitsmarktökonomik, Berlin/Heidelberg: Springer.

Franz, Wolfgang; Smolny, Werner (1993): Sectoral Wage and Price Formation and Working Time in Germany: An Econometric Analysis, Forschungsschwerpunkt „Internationale Arbeitsmarktforschung" Diskussionspapier 5, Konstanz: Center for International Labor Economics (CILE).

Goerke, Laszlo; Holler, Manfred J. (1997): Arbeitsmarktmodelle, Berlin et al.: Springer.

Groß, Hermann; Munz, Eva (2001): Arbeitszeit 2000 in Nordrhein-Westfalen. Auswertung einer telefonischen Befragung von abhängig Beschäftigten, Selbständigen und Erwerbssuchenden, Düsseldorf: Ministerium für Arbeit und Soziales, Qualifikation und Technologie des Landes Nordrhein-Westfalen.

Hamermesh, Daniel S. (1993): Labor Demand, Princeton: Princeton University Press.

Hart, Robert A. (1984): The Economics of Non-wage Labour Costs, London/Boston/Sydney: George Allen & Unwin.

Hart, Robert A. (1987): Working Time and Employment, London/Boston: Allen & Unwin.

Hart, Robert A.; McGregor, Peter G. (1988): The Returns to Labour Services in West German Manufacturing Industry, in: European Economic Review, 32, 947-963.

Hart, Robert A.; Moutos, Thomas (1995): Human Capital, Employment and Bargaining, Cambridge: Cambridge University Press.

Hart, Robert A.; Ruffell, Robin J. (1993): The Cost of Overtime Hours in British Production Industries, in: Economica, 60, 183-201.

Heap, Shaun P. H.; Varoufakis, Yanis (1995): Game Theory. A Critical Introduction, London: Routledge.

Herrmann, Lars (1999): Servicezeiten: Dreh- und Angelpunkt flexibler Arbeitszeitsysteme, http://www.arbeitszeitberatung.de/html/publikation_9.htm.

Hielscher, Volker (2000): Entgrenzung von Arbeit und Leben? Die Flexibilisierung von Arbeitszeiten und ihre Folgewirkungen für die Beschäftigten. Eine Literaturstudie, FS II 00-201, Berlin: WZB.

Hildebrandt, Eckart (1999): Flexible Arbeit und nachhaltige Lebensführung, P 99-507, Berlin: WZB.

Hinrichs, Karl; Roche, William; Sirianni, Carmen (eds.) (1991): Working Time in Transition: the Political Economy of Working Hours in Industrial Nations, Philadelphia: Temple University Press.

Hoel, Michael (1986): Employment and Allocation Effects of Reducing the Length of the Workday, in: Economica, 53, 75-85.

Hölting, Uta (1999): Flexible Arbeitszeitgestaltung. Voraussetzungen, Modelle, Individualrechtliche Probleme, Inaugural-Dissertation zur Erlangung der Doktorwürde einer Hohen Rechtswissenschaftlichen Fakultät der Universität zu Köln.

Holler, Manfred J. (1992): Ökonomische Theorie der Verhandlungen: Einführung, 3. Auflage, München/Wien: Oldenbourg.

Hoff, Andreas (1998): Arbeitszeitkonten: Grundlagen und Gestaltungsempfehlungen, http://www.arbeitszeitberatung.de/html/publikation_6.htm.

Hoff, Andreas; Priemuth, Tobias (2001a): Das Langzeitkonto heute und morgen – Ergebnisse einer Betriebsbefragung, http://www.arbeitszeitberatung.de/dateien/publikationen/betriebsumfrage/langfassung.html.

Hoff, Andreas; Priemuth, Tobias (2001b): Vertrauensarbeitszeit: Gegenwärtige Verbreitung und Entwicklungsperspektiven, http://www.arbeitszeitberatung.de/dateien/publikationen.html.

Hoff, Andreas; Weidinger, Michael (1999): Vom Gleitzeitkonto zur Lebensarbeitszeit? Bisherige Entwicklung und Zukunftsperspektiven betrieblicher Zeitkontenmodelle, http://www.arbeitszeitberatung.de/html/publikation_8.htm.

Hoffmann, Edeltraud; Walwei, Ulrich (1998): Längerfristige Entwicklung von Erwerbsformen in Westdeutschland, IAB-Kurzbericht 02/1998, Nürnberg: IAB.

Hoffmann, Edeltraud; Walwei, Ulrich (1999): The Change in Employment Forms – Empirical Results and First Explanatory Approaches, IAB Labour Market Research Topics 34, Nürnberg: IAB.

Hüpen, Rolf (1994): Arbeitszeit, Betriebszeit und Beschäftigung. Produktionstheoretische Grundlagen und Beschäftigungseffekte kollektiver Arbeitszeitverkürzung, Wiesbaden: Gabler.

Hunt, Jenifer (1996): Has Work-Sharing worked in Germany?, NBER Working Paper 5724, Cambridge, MA: NBER.

Hunt, Jenifer (1999): Has Work-Sharing worked in Germany?, in: Quarterly Journal of Economics, 114, 117-148.

Hunt, Jenifer (2000): Firing Costs, Employment Fluctuations and Average Employment: An Examination of Germany, in: Economica, 67, 177-202.

Kaufman, Bruce E. (1994): The Economics of Labor Markets, Fourth Edition, Forth Worth: The Dryden Press.

Keese, Gundula (1996): Neue Arbeitszeiten für Fach- und Führungskräfte. Anregungen aus der betrieblichen Praxis, Mainz: Ministerium für Wirtschaft, Verkehr, Landwirtschaft und Weinbau Rheinland-Pflalz.

King, Stephen P. (1997): Oligopoly and Overtime, in: Labour Economics, 4, 149-165.

Kleinhenz, Gerhard (1998): Zum Wandel der Organisationsbedingungen von Arbeit, in: MittAB, 31(3), 405-408.

Klein-Schneider, Hartmut (1999): Betriebs- und Dienstvereinbarungen Flexible Arbeitszeit. Analyse und Handlungsempfehlungen, Düsseldorf: Hans Böckler Stiftung.

Koch, Susanne (2001a): Arbeitszeit und Beschäftigung im gesamtwirtschaftlichen Zusammenhang. Arbeitszeitfragen und ihre Behandlung in ökonomischen Modellen: Literaturüberblick und Forschungsperspektiven, in: MittAB, 34(1), 28-44.

Koch, Susanne (2001b): Arbeitszeitkonten stabilisieren die Beschäftigung, IAB-Kurzbericht 04/2001, Nürnberg: IAB.

Koch, Susanne (2001c): Flexible Arbeitszeiten fördern Beschäftigung. Der jüngste Tarifabschluss bei VW zur Auto 5000 GmbH belegt die Aktualität eines alten Themas, IAB-Kurzbericht 17/2001, Nürnberg: IAB.

Kohaut, Susanne; Schnabel, Claus (2001):Tarifverträge – nein danke? Einflussfaktoren der Tarifbindung west- und ostdeutscher Betriebe, Diskussionspapier Nr. 08, Nürnberg et al.: Lehrstuhl für Arbeitsmarkt- und Regionalpolitik.

Kölling, Arnd; Lehmann, Karen (2001): Arbeitszeitregelungen und Tarifbindung, in: Bellmann, Lutz; Gerlach, Knut; Hübler, Olaf; Meyer, Wolfgang (Hrsg.): Beschäftigungseffekte betrieblicher Arbeitszeitgestaltung, BeitrAB 251, Nürnberg: IAB.

Kurz-Scherf, Ingrid (1995): Zeit der Vielfalt – Vielfalt der Zeiten. Individuelle und betriebliche Arbeitszeiten und Arbeitszeitpräferenzen in Berlin. Schriftenreihe der Senatsverwaltung für Frauen und Arbeit, Band 11, Berlin: BBJ-Verlag.

Kutscher, Jan; Weidinger, Michael (1996): Bündnis für flexiblere und individuellere Arbeitszeiten, in: Personalführung 6/96, 494-503.

Layard, Richard; Nickell, Stephen; Jackman, Richard (1991): Unemployment, Oxford: Oxford University Press.

Layard, Richard; Nickell, Stephen; Jackman, Richard (1994): The Unemployment Crisis, Oxford: Oxford University Press.

Lehndorff, Steffen (ed.) (1999): New working time systems, work organisation and re-distribution of work, Graue Reihe des Instituts Arbeit und Technik 1999-03, Gelsenkirchen: IAT.

Lehndorff, Steffen (2000): Die Arbeits- und Betriebszeiten in der europäischen Automobilindustrie, Graue Reihe des Institus Arbeit und Technik 2000-13, Gelsenkirchen: IAT.

Lehndorff, Steffen (2001): Arbeitszeitkonten als Instrument einer besseren Kontrolle der Arbeitszeit durch die Beschäftigten – oder als Türöffner zur Arbeitszeitverlängerung, in: Moderne Zeiten: Arbeitszeitflexibilität durch Arbeitszeitkonten, Bonn: Friedrich-Ebert-Stiftung.

Lindbeck, Assar; Snower, Dennis J. (1988): Cooperation, Harassment, and Involuntary Unemployment: An Insider-Outsider Approach, in: American Economic Review

Lindbeck, Assar; Snower, Dennis J. (1988): The Insider-Outsider Theory of Employment and Unemployment, Cambridge, MA: The MIT Press.

Lindecke, Chrisitiane; Lehndorff, Steffen (Hrsg.) (1997): Beschäftigungssicherung und Neueinstellungen durch neue Arbeitszeitmodelle? Workshop 7. März 1997, Graue Reihe des Instituts Arbeit und Technik 1997-02, Gelsenkirchen: IAT.

Linnenkohl, Karl; Rauschenberg, Hans-Jürgen (1996): Arbeitszeitflexibilisierung. 140 Unternehmen und ihre Modelle, 3. Auflage, Heidelberg: Verl. Recht und Wirtschaft.

Ludewig, Oliver (2001): Betriebliche Bestimmungsgründe von Arbeitszeitkonten, in: MittAB, 34(3), 302-313.

Marimon, Ramon; Zilibotti, Fabrizio (1999): Employment and Distributional Effects of Restricting Working Time, EUI working papers in economics 19, Badia Fiesolana/San Domenico: European University Institute.

Marr, Rainer (Hrsg.) (1987): Arbeitszeitmanagement. Grundlagen und Perspektiven der Gestaltung flexibler Arbeitszeitsysteme, Berlin: Erich Schmidt Verlag.

McDonald, Ian M.; Solow, Robert M. (1981): Wage Bargaining and Employment, in: American Economic Review, 71, 896-908.

Mohr, Wolfgang (1998): Die Wirkungen von Teilzeitbeschäftigung. Theoretische Erklärungsansätze und empirische Ergebnisse für die Niederlande, Diplomarbeit Volkswirtschaftslehre Johannes Gutenberg-Universität Mainz.

Morgan, Julian (1996): Structural Changes in European Labour Markets, in: National Institute Economic Review, 155, 83-89.

Mosley, Hugh; Kruppe, Thomas; Speckesser, Stefan (1995): Flexible Adjustment through Short-time work: A Comparison of France, Germany, Italy and Spain, FS I 95-205, Berlin: WZB.

Munz, Sonja; Vogler-Ludwig, Kurt; Waller, Sandra (1998): The Role of Taxes and Social Security Contributions in the Reorganisation of Work and Working Time, ifo Studien zur Arbeitsmarktforschung 10, München: ifo Institut.

Nash, John F. (1950): The Bargaining Problem, in: Econometrica, 18, 155-162.

Nickell, Steven J.; Andrews, M. (1983): Unions, Real Wages and Employment in Britain 1951-1979, in: Oxford Economic Papers, 35, 183-206.

OECD (1994): The OECD Jobs Study. Facts, Analysis, Strategies, Paris: OECD.

OECD (1995): Flexible Working Time. Collective Bargaining and Government Intervention, Paris: OECD.

OECD (1996): Employment Outlook, Paris: OECD.

OECD (2002a): Economic Outlook, Paris: OECD.

OECD (2002b): Employment Outlook, Paris: OECD.

OECD (2002c): Labour Market Statistics – DATA, OECD Corporate Data Environment (CDE), http://www.oecd.org/scripts/cde/members/LFSDATA Authenticate.asp.

OECD (2002d): Labour Market Statistics – INDICATORS, OECD Corporate Data Environment (CDE), http://www.oecd.org/scripts/cde/members/ LFSINDICATORSAuthenticate.asp.

Oschmiansky, Heidi/Schmid, Günther (2000): Wandel der Erwerbsformen. Berlin und die Bundesrepublik im Vergleich, FS I 00-204, Berlin: WZB.

Oswald, Andrew J. (1982): The Microeconomic Theory of the Trade Union, in: The Economic Journal, 92, 576-595.

Pannenberg, Markus; Wagner, Gert G. (2001a): Umfang und Kompensation von Überstunden – Eine vergleichende Analyse für Westdeutschland und Großbritannien, in: Bellmann, Lutz; Gerlach, Knut; Hübler, Olaf; Meyer, Wolfgang (Hrsg.): Beschäftigungseffekte betrieblicher Arbeitszeitgestaltung, BeitrAB 251, Nürnberg: IAB.

Pannenberg, Markus; Wagner, Gert G. (2001b): Overtime Work, Overtime Compensation and the Distribution of Economic Well-Being. Evidence for West Germany and Great Britain, IZA Discussion Paper No. 318, Bonn: Institute for the Study of Labor (IZA).

Pencavel, John (1991): Labor Markets under Trade Unionism: Employment, Wages, and Hours, Cambridge, MA: Blackwell.

Rebitzer, James B.; Taylor, Lowell J. (1991): A Model of Dual Labor Markets when Product Demand is Uncertain, in: Quarterly Journal of Economics, 106, 1373-1383.

Roche, William K.; Fynes, Brian; Morrissey, Terri (1996): Working Time and Employment: A Review of International Evidence, in: International Labour Review, 135(2), 129-157.

Ross, David R.; Zimmermann, Klaus F. (1993): Evaluating Reported Determinants of Labor Demand, in: Labour Economics, (1), 71-84.

Rothschild, Kurt W. (1988): Theorien der Arbeitslosigkeit: Einführung, München/Wien: Oldenbourg.

Rubinstein, Ariel (1982): Perfect Equilibrium in a Bargaining Model, in: Econometrica, 50, 97-109.

Sadowski, Dieter; Pull, Kerstin (Hrsg.) (1997): Vorschläge jenseits der Lohnpolitik (Optionen für mehr Beschäftigung, 2), Frankfurt/NY: Campus Verlag.

Sadowski, Dieter; Schneider, Martin (Hrsg.) (1997): Vorschläge zu einer neuen Lohnpolitik (Optionen für mehr Beschäftigung, 1), Frankfurt/NY: Campus Verlag.

Sapsford, David; Tzannatos, Zafiris (1993): The Economics of the Labour Market, Hampshire: Macmillan.

Schmid, Günther; Helmer, Maja (1996): Beschäftigungswunder Niederlande? Ein Vergleich der Beschäftigungssysteme in den Niederlanden und in Deutschland, FS I 96-206, Berlin: WZB.

Schömann, Klaus; Kruppe, Thomas (1993): Fixed-Term Employment and Labour Market Flexibility - Theory and Longitudinal Evidence for East and West Germany, FS I 93-204, Berlin: WZB.

Schuh, Sebastian; Schultes-Jaskolla, Gabriele; Stitzel, Michael (1987): Alternative Arbeitszeitstrukturen, in: Marr, Rainer (Hrsg.): Arbeitszeitmanagement. Grundlagen und Perspektiven der Gestaltung flexibler Arbeitszeitsysteme, Berlin: Erich Schmidt Verlag.

Schulze Buschoff, Karin (2000): Über den Wandel der Normalität im Erwerbs- und Familienleben. Vom Normalarbeitsverhältnis und der Normalfamilie zur Flexibilisierung und zu neuen Lebensformen?, P 00-511, Berlin: WZB.

Schulze Buschoff, Karin; Rückert, Jana (1998): Teilzeitbeschäftigte in Europa. Arbeitsbedingungen, Familienkontext, Motive und subjektive Bewertungen, FS III 98-404, Berlin: WZB.

Schulze Buschoff, Karin; Rückert-John, Jana (2000): Vom Normalarbeitsverhältnis zur Flexibilisierung. Über den Wandel der Arbeitszeitmuster: Ausmaß, Bewertung und Präferenzen, P 00-518, Berlin: WZB.

Schulze Buschoff, Karin; Weller, Inge; Rückert, Jana (1998): Das Erwerbsverhalten von Frauen im europäischen Vergleich. Welche Faktoren beeinflussen Arbeitszeiten und Arbeitszeitwünsche?, FS III 98-405, Berlin: WZB.

Simmons, Robert (2001): How Working Time Changes Affect Wages and Employment, in: Bellmann, Lutz; Gerlach, Knut; Hübler, Olaf; Meyer, Wolfgang (Hrsg.): Beschäftigungseffekte betrieblicher Arbeitszeitgestaltung, BeitrAB 251, Nürnberg: IAB.

Smolny, Werner (2001): Korreferat; Discussion, in: Bellmann, Lutz; Gerlach, Knut; Hübler, Olaf; Meyer, Wolfgang (Hrsg.): Beschäftigungseffekte betrieblicher Arbeitszeitgestaltung, BeitrAB 251, Nürnberg: IAB.

Sousa-Poza, Alfonso; Henneberger, Fred (2000): Arbeitszeitpolitik. Eine Analyse der gewünschten Arbeitszeit, der Überstunden und der Stundenrestriktionen in der Schweiz, in: MittAB, 33(2), 277-289.

Summers, Lawrence H. (1990): Understanding Unemployment, Cambridge, MA: MIT Press.

Svejnar, Jan (1986): Bargaining Power, Fear of Disagreement, and Wage Settlements: Theory and Empirical Evidence from U.S. Industry, in: Econometrica, 54, 1055-1078.

Tarling, Roger (ed.) (1987): Flexibility in Labour Markets London: Academic Press Inc.

Trejo, Stephen J. (2001): Does the Statutory Overtime Premium Discourage Long Workweeks? IZA Discussion Paper No. 373, Bonn: Institute for the Study of Labor (IZA).

Ulph, Alistair; Ulph, David (1990): Union Bargaining. A Survey of Recent Work, in: Sapsford, David; Tzannatos, Zafiris (eds.): Current Issues in Labour Economics, Hampshire: Macmillan.

Wagner, Alexandra (2000): Arbeiten ohne Ende? Über die Arbeitszeiten hochqualifizierter Angestellter, in: IAT Jahrbuch 1999/2000, 258-275.

Wagner, Thomas; Jahn, Elke J. (1997): Neue Arbeitsmarkttheorien, wisu-texte, Düsseldorf: Werner.

Walwei, Ulrich (1996): Flexibilisierung und Regulierung des Beschäftigungssystems: Optionen und Effekte, in: MittAB 2/96.

Walwei, Ulrich (1997): Flexibility of Employment Relationships: Possibilities and Limits, IAB Labour Market Research Topics 22, Nürnberg: IAB.

Walwei, Ulrich (1998): Bestimmungsfaktoren für den Wandel der Erwerbsformen, IAB-Kurzbericht 03/1998, Nürnberg: IAB.

Weidinger, Michael; Hoff, Andreas (1999): Bündnis für Arbeit: Der neue Überstunden-Konsens, http://www.arbeitszeitberatung.de/html/publikation_7.htm.

Wilthagen, Ton (1998): Flexicurity: A New Paradigm for Labour Market Policy Reform?, FS I 98-202, Berlin: WZB.

WSI-Tarifarchiv (1999): Tarifliche Öffnungsklauseln und Differenzierungsbestimmungen, http://www.boeckler.de/wsi/tarchiv/regelungen/oeffnung/index.htm.

WSI-Tarifarchiv (2000): Tarifverhandlungssysteme in Europa, Stand: Dezember 1999, http://www.boeckler.de/wsi/tarchiv/europa/tsystem/alle_laender.htm.

Varian, Hal R. (1994): Mikroökonomie, 3. Auflage, München/Wien: Oldenbourg.

Vetterlein, Antje (2000): Verhandelbarkeit von Arbeitszeitverkürzung. Zum Versuch neokorporatistischer Beschäftigungssteuerung im „Bündnis für Arbeit", P 00-517, Berlin: WZB.

Zühlke-Robinet, Klaus (1997): Arbeitszeitverkürzung und betriebliche Arbeitszeitflexibilisierung seit 1985 - eine Literaturstudie, Graue Reihe des Instituts Arbeit und Technik 1997-01, Gelsenkirchen: IAT.

Kolibri 360 GmbH
Ferdinand-Jühlke-Straße 7
99095 Erfurt, Deutschland
produktsicherheit@kolibri360.de

Druck:
CPI Druckdienstleistungen GmbH
im Auftrag der
Kolibri 360 GmbH
Ferdinand-Jühlke-Str. 7
99095 Erfurt